高职高专财经商贸类校企双元“十四五”规划教材
教育部现代学徒制试点院校系列教材

新编国际商法

XINBIAN GUOJI SHANGFA

主　编◎戴丽萍　何善华　陈文彬
副主编◎李　峰　王朝阳

中国铁道出版社有限公司
CHINA RAILWAY PUBLISHING HOUSE CO., LTD.

内 容 简 介

本书结合目前高职院校学生就业工作内容以及课程改革实践而编写，以进出口贸易环节实际所需要的相关法律规定为主线。全书分为11章，内容包括国际商事组织法、代理法、合同法、国际货物买卖法、国际货物运输法、国际货物运输保险法、票据法、产品责任法、工业产权法和国际商事争议的解决等。

本书内容简明，结构严谨，注重理论与实践的结合，适合高职院校国际贸易专业、报关与国际货运专业等相关专业学生以及从事进出口贸易的从业人员使用。

图书在版编目（CIP）数据

新编国际商法 / 戴丽萍，何善华，陈文彬主编 .—北京：中国铁道出版社有限公司，2022.5（2025.7 重印）

教育部现代学徒制试点院校系列教材　高职高专财经商贸类校企双元“十四五”规划教材

ISBN 978-7-113-29023-8

Ⅰ. ①新…　Ⅱ. ①戴… ②何… ③陈…　Ⅲ. ①国际商法-高等职业教育-教材　Ⅳ. ① D996.1

中国版本图书馆 CIP 数据核字（2022）第 053263 号

书　　名：新编国际商法
作　　者：戴丽萍　何善华　陈文彬

策　　划：韩从付　　**编辑部电话：**（010）63549501
责任编辑：贾　星　贾淑媛
封面设计：刘　颖
责任校对：孙　玫
责任印制：赵星辰

出版发行：中国铁道出版社有限公司（100054，北京市西城区右安门西街 8 号）
网　　址：https://www tdpress com/51eds
印　　刷：河北宝昌佳彩印刷有限公司
版　　次：2022 年 5 月第 1 版　2025 年 7 月第 2 次印刷
开　　本：787 mm×1 092 mm　1/16　印张：13.75　字数：325 千
书　　号：ISBN 978-7-113-29023-8
定　　价：42.00 元

前言

随着经济一体化和贸易全球化，国际贸易、国际物流、电子商务等活动日益繁荣。特别是近年来，世界经济和国际贸易发展面临诸多挑战。面对深刻变化的内部和外部环境，我国正在着力推进结构性改革，并已取得了一定成效。技术技能人才在支撑经济社会发展方面发挥了不可或缺的作用，而高等职业教育的主要任务是培养技术、技能应用型人才，以提升职业素养和职业能力为核心，“教、学、做”一体化，强化学生的职业能力培养，注重理论与实践结合。基于此要求，编者根据多年来的教学和实践经验，编写了本书。

“国际商法”是国际贸易专业、报关与国际货运专业以及其他相关专业的一门专业必修课程，具有很强的职业性和实用性。本书在编写过程中，考虑到非法律专业学生的特点，在内容的编写上，采用理论够用、以实践和实用为主的原则，文字表达力求通俗易懂，涉及法律术语的解释尽量简单明了。本书既可作为高职院校非法律专业学生的教学用书，也可作为法律爱好者的自学用书。

为了激发学生的学习兴趣，书中每章开头部分都设置了引导案例；为了培养学生的思考和分析解决问题的能力，每章最后都设置了复习思考题，包括简答题和案例分析题；为了加深学生对书中某些重点法律的理解和把握，文中还穿插了一些案例分析题，便于学生进一步学习和巩固所学知识。另外，书中对原有的《代理法》《合同法》《国际货物买卖法》等相关内容采用了我国最新的《民法典》相关法律规定，其他的章节也采用了最新法律法规的相关规定。

本书由广东机电职业技术学院、广州软件学院、广东伯方律师事务所和济源职业技术学院共同编写，其中，广东机电职业技术学院戴丽萍、何善华老师和广州软件学院陈文彬老师担任主编，济源职业技术学院李峰老师和广东伯方律师事务所王朝阳律师担任副主编。具体分工如下：戴丽萍编写第二章、第三章、第四章、第六章；何善华编写第一章、第五章；陈文彬编写第八章、第九章；李峰编写第七章、第十章，王朝阳编写第十一章。本书的编写思路、编写大纲以及统稿工作由戴丽萍负责完成。

在本书编写过程中，编者借鉴和参考了很多专家与学者的研究成果以及同类教材的相关资料，在此向相关作者表示衷心的感谢。

由于编者水平有限，编写时间仓促，书中难免有不足之处，敬请各位读者和同行批评指正。

编　者

2022 年 1 月

目 录

第一章

绪论

学习目标

认识到法律适用的复杂性，在商事合同中尽量约定适用自己最熟悉的法律法规，以达到利用法律来维护自己合法权益的目的。

引导案例

日本某公司作为卖方将其在中国境内某分公司生产的货物直接卖给中国的某公司，买卖双方在合同中约定处理合同争议所适用的法律为第三国的法律。后因产品质量问题，中国的买方拒绝给付货款并要求日方支付违约金并赔偿损失，日方则坚持中方必须给付货款，双方遂发生争议。日本公司依据双方的协议向中国的法院提起诉讼。同时，因产品存在缺陷，致使中国消费者在中国境内使用时遭受人身伤害。请问：

（1）本案是否属国际商法调整的范围？

（2）法院能否依据买卖双方约定所选择的第三国的法律处理日本卖方与我国买方之间的争议？

（3）当中国消费者向中国法院提起产品责任诉讼时，法院是否也应适用买卖合同所选择的第三国的法律？

知识支撑

我们在从事国际商事活动时，不可避免地会碰到一系列的法律问题。比如我们和其他国家的当事人一起组建一个公司，可能用到商事组织法；我们请他人帮忙处理某些事情或在海外销售产品，可能涉及代理法；我们在国际范围内买进或卖出货物，要用到国际货物买卖法；买卖的货物要运输，就会涉及国际货物运输法；运输的过程中可能会存在相关的风险，就可能会涉及国际货物运输保险法；购进或销售的货物若存在产品缺陷致人受损害，则可能会用到产品责任法；若生产或者销售的产品侵犯了别人的知识产权，会涉及工业产权法；若产品低价销售到其他国家，对其他国家生产同类产品的企业造成了实质性损害等，会涉及国际商事交易管制法；进行商事活动离不开款项的支付，会涉及国际贸易支付法律制度，掌握支付工具（货币和票据）与支付方式（汇款、托收和信用证）是非常重要的；而合同法更是无处不在。接下来，我们将在各章节逐一介绍这些内容。

学习这门课程，我们首先得了解以下问题：什么是国际商法？它有什么特点？国际商法的渊源有哪些？大陆法系与英美法系有什么区别？遇到法律冲突该如何解决？

第一节 国际商法的概念和渊源

一、国际商法的概念

国际商法是指调整跨越国界或地区的国际商事交易和商事组织的各种关系的法律规范的总称。

从概念可以看出，国际商法的调整对象是国际商事关系。国际商事关系是指人们在实施国际商事行为的过程中产生的各种社会关系，是商事主体基于双方营利动机而建立起来的。

要理解国际商法的概念，就要从以下三个方面来把握：

1. “国际”

何谓“国际”，并没有一个确定的标准，但大多数学者认为，“国际”是一个非常广泛的概念，含有“涉外”“跨越国界”之意。一般认为，只要主体涉外或行为涉外即可认为具有国际因素。商事交易的主体，如果一方、双方或多方具有不同的国籍，或其住所、营业所位于不同国家或者地区，即为主体具有国际因素；主体不具有国际因素，但是商事关系所指向的标的位于另一国家或地区，或产生、变更、消灭商事关系的法律事实发生在另一国家或地区，也可以认为具有国际因素。

2. “商”

国际商法只调整商事关系，“商事”一词应从广义上理解，它包括一切经济活动，如买卖、代理、租赁、咨询、支付、运输、保险、银行、娱乐、旅游等。

但是与人身有关的关系，如跨国婚姻、家庭、收养、继承等，则不在国际商法的调整之列。

3. “法”

国际商法是一个庞杂的系统，是各种商事法律规范的总和。它不是一部法典，而是包括各种国际商事条约、国际商事惯例以及各国的国内商事立法。

国际商法既不同于国际经济法，也不同于国际私法。国际商法主要是实体法，但也包含一定的程序规范，在国际商法领域中，学者往往将票据法、公司法、海上货物运输法、保险法等实体法规范和商事仲裁、诉讼等程序法结合在一起研究，使之成为一种实体法和程序法的混合物。

注意：只要当事人的营业地点分布于不同国家或地区，其所进行的商品交换活动，都是国际贸易，而不是国内贸易，都属于国际商法的调整范围。是否属于国际贸易，与当事人的国籍无关，只与营业地点有关。

案例 1.1 我国中山某公司委托深圳某公司采购日本的一套设备，该行为是否属于国际商事交易？是否属于国际商法调整的范围？

【解析】中山某公司与深圳某公司之间是委托代理关系，虽然主体未涉外，但委托代理的内容涉外；深圳某公司接受委托帮中山某公司从日本购进货物，买卖合同当事人是中山某公司和日本某公司，主体涉外。因此，该行为显然属于国际商事交易，属于国际商法调整的范围。

二、国际商法的渊源

国际商法的渊源是指国际商法的表现形式，主要包括国际商事条约、国际商事惯例、各国的国内立法和判例。

1. 国际商事条约

国际商事条约是指国家间缔结的、规定缔约国商事主体在国际商事交易关系中权利和义务的书面协议。国际商事条约是国际商法最重要的渊源。

国际商事条约根据缔结或参与主体的不同可分为双边条约、区域性条约和多边国际商事条约。双边条约如我国与美国签订的《中华人民共和国政府和美利坚合众国政府关于投资保险和投资保证的鼓励投资的协议及有关问题的换文》；区域性条约如2001年欧盟颁布的《关于成员国法院间民商事取证合作第1206/2001号条例》；多边国际商事条约非常多，重要的如1883年的《保护工业产权巴黎公约》、1924年的《海牙规则》、1980年的《联合国国际货物销售合同公约》等。

一国以国家的名义签订并承认了某一国际商事条约，根据国际“条约必须信守”的原则，该国就负有遵守条约的义务。但国际商事条约能否直接适用于国内的商事主体，各国做法不同。有的国家规定国际条约直接优先于国内法适用，如荷兰；有的国家要将国际条约转化为国内法才能适用，如英国。我国的做法是：在民商事领域一般国际条约优先适用。

2. 国际商事惯例

国际商事惯例是指在国际商事交往中，由于长期、反复的国际实践而逐渐形成并受到各国普遍承认和遵守的商事原则和规则。一般由某些国际组织或某些商业团体整理编纂成文，广为接受并普遍遵守。

构成对国际商事活动有约束力的惯例必须同时具备三个条件：第一，该规则具有确定的内容，即具体包含了当事人的权利和义务；第二，它已成为各国长期商事活动中反复使用的习惯；第三，它是各国普遍承认具有拘束力的通例。

国际商事惯例不是一国的国内立法，也不是一国缔结或加入的国际条约，所以从性质上来说，它不是法律，不具有法律的普遍拘束力。但按照各国的法律，一旦当事人双方在合同中采用了某项惯例，则该惯例对合同当事人就具有了法律约束力。

目前，许多重要的国际商事惯例已由一些国际组织编纂成文，在国际贸易和商事交易中发挥着很重要的作用。其中最有代表性的有：国际法协会制定的《1932年华沙—牛津规则》；国际商会制定的1978年《托收统一规则》、1990年和2000年《国际贸易术语解释通则》、1993年

《跟单信用证统一惯例》等，这些商事惯例已获得世界上绝大多数国家和地区的承认、采用和尊重。

3. 各国的国内立法

由于依据现有的国际商事条约和国际商事惯例并不能解决一切商事领域中出现的问题，只是在买卖、支付、海商、保险等领域比较完备，而且现有的国际商事条约和国际商事惯例目前也并没有被世界上所有的国家和地区承认及采用，还有当事人也可能选择某一国内法来解决双方的争议，所以在很多场合下还要依靠冲突规范的指引，适用某一国的国内商事立法或商事判例来处理有关国际商事争议。因此，各国的国内立法也是国际商法的重要渊源。

4. 判例

在英美普通法之中，判例是国家法律的重要渊源或主要渊源，在商事领域也不例外。例如，英国是世界上开展对外贸易较早的国家之一，有关国际商法方面法院判决中的“先例”，对英国，甚至对其他西方国家都产生了很大的影响。因此，在英美法系国家，判例是其商法的重要渊源。

第二节 大陆法系和英美法系

所谓法系，是指根据各国法律的特点及其渊源关系对各国法律进行的分类。一般法学家认为，对世界各国的法律产生重大影响的法系有中华法系、印度法系、伊斯兰法系、大陆法系和英美法系，其中大陆法系和英美法系是目前影响最大的法系。学习国际商法必须先对这两大法系有所了解。

一、大陆法系

1. 大陆法系的概念

大陆法系又称罗马法系、民法法系、罗马—德意志法系，出现于13世纪的西欧，是在继承和发展罗马法的基础上逐渐形成与完善的。大陆法系以1804年实施的《法国民法典》和1900年实施的《德国民法典》为标志，以法国和德国的法律体系为代表，许多欧洲大陆的国家如荷兰、比利时、卢森堡、瑞士、意大利等，整个拉丁美洲、非洲的一部分，以及亚洲的日本、泰国、中国[①]等，其法律体系也属大陆法系。值得注意的是，在英美法系的国家中，有个别地区的法律体系也属于大陆法系，如美国的路易斯安那州和加拿大的魁北克省。

2. 大陆法系的特点

大陆法系的特点是强调成文法的作用，在结构上注重法律的系统化、条理化、逻辑化和法典化。大陆法系在法学上，分为公法和私法两大部分。公法主要是指宪法、行政法、刑法和诉讼法等；私法主要是指民法和商法等。

3. 大陆法系的渊源

大陆法系的渊源主要是成文法，一般包括宪法、法律（指国家立法机关制定的狭义的法律）

① 中国的香港特别行政区属英美法系。

以及条例等。判例在大陆法系国家一般不作为法的正式渊源。这是大陆法系与英美法系最明显的一个区别。但是最近几十年，两大法系在很多方面都有相互借鉴和融合的趋势，判例在大陆法系越来越受到重视。一些法律无明文规定的案件在最高法院作出判决后或在最高法院的指导下作出判决后，对下级法院处理类似案件有重要参考意义。另外，习惯和学理也在大陆法系中起着非常重要的作用，但是它们不是大陆法系的渊源。

二、英美法系

1. 英美法系的概念

英美法系又称普通法法系或海洋法系，是在中世纪时期的英国开始形成的。英美法系虽然以普通法为基础，但并不仅指普通法，它是普通法、衡平法和制定法的总称。

英美法系形成于英国，后扩大到曾经是英国殖民地、附属国的许多国家和地区，包括美国、加拿大、印度、巴基斯坦、孟加拉国、马来西亚、新加坡以及非洲的个别国家和地区。

2. 英美法系的特点

英美法系的结构具有两大特点：一是法律的二元性结构，二是重视程序法。

英美法系不像大陆法系那样将法律明确地分为公法与私法，而是分为普通法与衡平法。

普通法最初是在英国封建社会初期的盎格鲁—撒克逊习惯法的基础上形成的。1066 年诺曼底人占领英格兰后，建立了中央集权式的国家政权。国王威廉一世为了缓和同被征服者之间的矛盾，宣布尊重当地习惯法，并设立了王室法院，实行巡回审判制。巡回法官在审理案件时，除了依据国王的诏书、敕令和制定法外，主要根据当地的习惯与惯例作出判决。各地巡回法官经常在中央聚集，交换审理案件的意见，总结出他们认为正确的、与国王敕令及制定法不相抵触的习惯法作为以后判案的依据。这种通过判例形成的法律规则排除了地方习惯法的作用和影响，并得到了国家的确认，在全国普遍适用，称为普通法。

到了 14 世纪，普通法的内容已经不能适应社会发展的需要，主要表现在普通法的救济方法比较单一，诉讼程序充满形式主义，普通法院的法官拘泥于以往的判例而缺乏灵活性，导致司法失于公正。因此，由于普通法程序的呆板和机械而无法得到救济的案件当事人则向英王提出申诉，由英王的近臣枢密院的大法官在不受普通法约束的条件下，按照公平与公正原则加以审理和判决，以补充和匡正普通法的不足，由此形成了与普通法并行的一种法律制度，即衡平法。

美国法采用英国法的范畴、概念和分类方法，也存在普通法与衡平法。但因其是联邦制国家，所以其法律分为联邦法与州法两部分，这种分类是美国法律结构最显著的特点。凡宪法未授予联邦或不禁止各州行使的权力，其立法权均属于各州，所以各州保留了相当大一部分立法权。但是联邦法高于各州法，当州法与联邦法有冲突时，应适用联邦法。

各州不得在联邦立法范围内制定与联邦法相抵触的法律，但可制定补充性或附加性的法律；反之，联邦只能在联邦法所规定的范围内行使立法权，否则各州可指责联邦违宪，并可拒绝执行违宪的联邦法。凡是联邦法院在处理属于各州立法权范围内的案件时，均应按照其所在地的法律冲突规则确定准据法，并按其所确定的准据法审理案件，准据法中不但包括成文法，也包括判例法。也就是说，一旦联邦法院按有关规定确定某个州的法律作为审理案件的法律依据时，联邦法院就必须按该州的成文法和判例法审理案件。

3. 英美法系的渊源

英美法系的渊源主要有以下几种：

（1）判例法。判例法为其主要渊源。判例法是指高等法院在判决中所包括的判决理由必须得到遵循，即对作出判例的法院本身和对下级法院日后处理同类案件均具有约束力。这就是所谓的“先例约束力原则”。

（2）成文法。成文法也是英美法系的重要渊源，但它只是对判例法所作的补充或修正，它必须通过判例法才能发挥作用。

（3）习惯。习惯在英国法律中的作用已经很小，只有那些在1189年就已经存在的地方习惯才有约束力。

三、两大法系的主要区别

大陆法系和英美法系是当今世界的两大法系，涵盖了世界上许多主要国家的法律体系。大陆法系的代表有德国、法国和中国的法律体系等；而英美法系则以英国和美国的法律体系为主要代表。两大法系在许多方面存在较大的差异，主要包括：

（1）法律渊源不同。大陆法系是成文法系，其法律以成文法即制定法的方式存在。英美法系的法律渊源既包括各种制定法，也包括判例。

（2）法律适用不同。前者习惯用演绎的形式，后者习惯用归纳的形式。

（3）判例地位不同。前者不是正式渊源，后者是正式渊源。

（4）法律分类不同。前者分为公法和私法，后者分为普通法和衡平法。

（5）法律编纂不同。前者倾向法典形式，后者倾向单行法。

（6）诉讼程序不同。前者的诉讼程序以法官为重心，具有纠问程序的特点。后者的诉讼程序以原告、被告及其辩护人和代理人为重心，具有抗辩式的特点，同时还存在陪审团制度。

第三节 法律冲突和法律适用

一、法律冲突的概念

国际商事领域的法律冲突是指对同一涉外商事法律关系因各国商法规定不同且都有可能对它进行管辖而发生的法律适用上的冲突。

简单来说，就是对同一件事情，一国是这样规定的，另一国是那样规定的，解决这个问题，可能用到这一国的法律，也有可能用到那一国的法律，而用不同的法律则可能会产生完全不同的结果。

二、法律冲突的解决

各国对同一问题有不同的立法，那究竟适用哪国的法律来解决问题呢？从各国的立法和实践来看，主要有以下方法：

1. 间接调整的方法

通过冲突规范调整法律冲突，即通过制定国内或国际的冲突规范，只指出适用哪个国家的法律来调整某种涉外民商事法律关系，而不直接规定当事人的权利义务。

冲突规范是由国内法或国际条约规定的，指明不同性质的涉外民商事法律关系应适用何种法律规范的总称。它并未明确地直接规定当事人的权利义务，只指明有关的涉外关系适用哪一国家的法律。

2011 年 4 月 1 日起施行的《中华人民共和国涉外民事关系法律适用法》第十六条“代理适用代理行为地法律……”就是一条冲突规范。如果美国的当事人 A 委托中国的当事人 B 在中国采购货物，双方就代理行为产生的损失发生纠纷，起诉到中国的法院，假定按中国的法律当事人 B 不应承担责任，而按美国的法律当事人 B 应承担责任，中国的法院用哪国的法律作出判决呢？按照上述冲突规范的指引，案件指向中国法，因此应适用中国的法律作出判决。

2. 直接调整的方法

通过统一实体法调整法律冲突，即有关国家通过双边或多边的国际条约和国际惯例来直接确定当事人权利义务，从而避免或消除法律冲突。但是因为各国有不同的利益，所以要在各个方面都达成统一的实体法规范，难度相当大。

三、我国国际商事合同纠纷的法律适用顺序

由于各国国内的立法各异，所以用不同国家的法律解决同一问题的结果可能迥然不同。这就涉及国际私法中的法律适用问题，即受案的仲裁机构或法院应选择以哪个国家的实体法作为处理争议所依据的法律。这是一个非常复杂的问题。考虑到普通高等院校和高职高专非法律专业学生的实际情况以及将来的实用性，本书只介绍我国国际商事合同纠纷的法律适用顺序。

1. 适用合同当事人选择的法律

“意思自治，契约自由”的原则得到各国的广泛承认和运用。合同当事人既可自行确定相互的权利和义务，也可自行选择处理合同争议所适用的法律；既可选择适用本国法或外国法，也可选择适用某项国际条约或国际惯例。凡当事人对解决合同纠纷所适用的法律已有选择的，仲裁机关或法院在审理该合同纠纷时，应以当事人选择的法律为依据。

2. 适用与合同有关的国际条约

如果存在与合同有关的国际条约，而且我国和对方当事人所在国都参加了该条约，则优先适用国际条约的规定，但我国参加国际条约时声明保留的条款除外。这一点，在我国的司法实践中可以很清楚地看到。

3. 适用与合同有最密切联系的国家的法律

最密切联系原则是国际上非常重要的一条确定准据法（即具体用哪国的实体法）的原则。

如果当事人未约定解决合同争议应适用的法律，则应由受理合同争议的仲裁机构或法院来确定，即选择适用与合同有最密切联系的国家的法律。

《最高人民法院关于审理涉外民事或商事合同纠纷案件法律适用若干问题的规定》第五条对各种合同的最密切联系地作了明确规定。例如，买卖合同适用合同订立时卖方住所地法；如果合同是在买方住所地谈判并订立的，或者合同明确规定卖方须在买方住所地履行交货义务的，适用买方住所地法。

4. 适用国际惯例

如果双方对合同纠纷适用的法律未作规定，国际上又无相应的国际公约或虽有但我国或对方国家并没有缔结或参加该公约，可适用国际惯例作为解决合同争议的法律依据。

5. 公共秩序保留

当合同所适用的法律为外国法时，如果适用该外国法将损害我国的公共秩序，则我国法院可以根据公共秩序条款拒绝适用该外国法，以保护我国利益。

从以上对国际商事合同法律适用次序的讨论可知，究竟最后用何种法律来解决纠纷是相当复杂的事情。如果双方订立合同时就选择了适用的法律，无疑是对法律后果最有预见性、最容易把握的情况，如果双方没有选择，但有双方国家均参与的相关国际公约也可以，一旦连公约也没有，事情就变得复杂得多，一般的商事工作者要知道最后的实体法会被指向哪国可能比较困难。因此建议在签订合同时尽量争取约定适用自己熟悉的、对己方有利的法律。

本章小结

本章主要学习了国际商法的概念和渊源；大陆法系和英美法系概念、特点、渊源以及两大法系的主要区别；法律冲突的概念、法律冲突的解决方法以及法律适用的顺序等内容。

复习思考题

一、简答题

1. 如何理解国际商法特征？
2. 简述国际商法的渊源。
3. 简述大陆法系和英美法系的区别。
4. 什么是法律冲突？如何解决法律冲突？
5. 简述我国国际商事合同纠纷的法律适用次序。

二、案例分析题

1. 一家美国公司在某地的子公司与一家中国公司签订了一份纺织品购销合同。该合同是在新加坡洽谈并签订的，合同要求中国公司将纺织品从中国运往美国母公司。因卖方中国公司延期交货，买方依据合同规定在美国法院提起诉讼，但是双方没有约定解决合同纠纷应适用哪个国家的法律。

请问：美国法院应如何进行处理？

2. 根据我国相关法律规定，回答下列问题：

（1）一个中国人在中国广州和一个中国人在美国纽约签订的国际贸易合同是否属于国际商法的调整范围？是否属于国际贸易？

（2）一个中国人在中国广州和一个美国人在中国北京签订的国际贸易合同是否属于国际商法的调整范围？是否属于国际贸易？

（3）一个中国人在中国广州和一个美国人在中国香港签订的国际贸易合同是否属于国际商法的调整范围？是否属于国际贸易？

（4）一个中国人在中国广州和一个美国人在中国台湾签订的国际贸易合同是否属于国际商法的调整范围？是否属于国际贸易？

（5）一个中国人在中国香港和一个美国人在中国台湾签订的国际贸易合同是否属于国际商法的调整范围？是否属于国际贸易？

第二章

国际商事组织法

学习目标

掌握各种商事组织设立的条件和程序，以及对内和对外的法律关系。重点掌握普通合伙企业、有限合伙企业、有限责任公司和股份有限公司的相关法律制度。能运用所学知识设立个人独资企业、合伙企业、有限责任公司，能签订合伙协议和制作公司章程；能处理各种商事组织结构中涉及的法律问题等。

引导案例

1. 黄建华同学大学毕业以后，想自己创业，设立一家个人独资企业，但是他不清楚如何设立和设立以后如何去解决相关的问题，请你帮他解决下列问题：

（1）什么是个人独资企业？它有什么特点？

（2）设立个人独资企业应具备什么条件？有注册资金要求吗？

（3）设立个人独资企业的程序如何？

（4）个人独资企业能否设立分支机构？怎么设立分支机构？责任如何承担？

2. 甲、乙、丙三人成立一普通合伙企业，由甲出资3万元，乙出场地，经全体合伙人协商一致，丙以劳务出资。合伙协议约定，因甲已出资3万元，若合伙企业发生亏损，甲不再以个人财产承担亏损，合伙经营期限为3年。请问：

（1）该合伙企业的合伙协议是否符合法律规定，为什么？

（2）假设丙下落不明，其债权人丁提出要代位行使丙在合伙企业中的权利，是否可以？为什么？

（3）若甲在合伙经营期间死亡，其继承人能否当然取得合伙人资格？为什么？

（4）若该合伙企业因缺少流动资金而向银行贷款，欲用乙出资的场地进行担保，乙以场地为其个人出资表示反对，能否成立？为什么？

（5）如合伙协议约定，凡2万元以上的业务须经甲、乙、丙三人一致同意，但某天丙以合伙企业的名义独自签订了一份3万元的合同，该合同效力如何？

（6）如合伙协议中未约定损益的分配和亏损的承担，按照规定应该如何确定？

3. 甲、乙、丙是某有限责任公司的股东，各占55%、35%和10%的股份。乙欲对外转让其所拥有的股份，丙表示同意，甲表示反对，但是又不愿意购买该股份。乙于是与丁签订了一份转让协议，约定丁一次性将股权转让款支付给乙。此时甲表示愿以同等价格购买，只是要求分期付款。根据我国《公司法》相关理论知识，回答下列问题：

（1）甲最初表示不愿意购买即应视为同意转让，对吗？

（2）乙与丁之间的股份转让协议是否有效？

（3）如果甲和丙都行使优先购买权，就购买比例而言，如果双方协商不成，怎么办？

知识支撑

商事主体也称商事法律关系主体，是指按照商法的规定具有商事权利能力和商事行为能力，能够以自己的名义独立从事商事行为，在商事法律关系中享有权利和承担义务的个人或组织。一般来说，商事组织主要有三种基本法律形式，即个人独资企业、合伙企业和公司。

我们在今后选择商事组织形式上会面临这些问题：是成立个人独资企业、合伙企业，还是成立一家公司？这些商事组织的成立需要什么条件，各自又有何利弊？对于已成立的商事组织，股东（或出资人）对内对外的法律关系有什么样的法律规定？什么情况下该承担什么样的责任？这对于股东（或出资人）来讲都是很重要的，这一章我们就来介绍这方面的知识。

第一节 个人独资企业法律制度

一、个人独资企业的概念和特征

1. 个人独资企业的概念

个人独资企业，是指依照法律规定在中国境内设立，由一个自然人投资，财产为投资人个人所有，投资人以其个人财产对企业债务承担无限责任的经营实体。

2. 个人独资企业的特征

（1）个人独资企业由一个自然人投资。根据法律规定，设立个人独资企业的只能是一个自然人，并且仅指中国公民。

（2）个人独资企业的投资人对企业的债务承担无限责任。即当企业的资产不足以清偿到期债务时，投资人应以自己个人的全部财产用于清偿。

（3）个人独资企业的内部机构设置简单，经营管理方式灵活。个人独资企业的投资人既可以是企业的所有者，又可以是企业的经营者。因此，法律对其内部机构的设置和经营管理方式不像公司和其他企业那样加以严格规定。

（4）个人独资企业是非法人企业。个人独资企业由一个自然人出资，投资人对企业的债务承担无限责任。个人独资企业虽不具有法人资格，却是独立的民事主体，可以以自己的名义从事民事活动。

二、个人独资企业的设立条件

个人独资企业，作为我国立法规定的市场主体的一种，其产生和设立有如下几点要求：

1. 个人独资企业的投资人为一个自然人

个人独资企业，顾名思义，是一个人投资的企业，指的是一个自然人，排除了法人和其他组织作为投资人，并且没有与其他人合作投资或合伙投资的关系。

2. 有合法的企业名称

《个人独资企业登记管理办法》规定，个人独资企业不能在其名称中使用“有限”“有限责任”的字样，也不能称为“公司”，从而使个人独资企业与公司和合伙企业或其他独资企业名称相区别。

3. 有投资人申报的出资

个人独资企业作为一个生产经营性实体，从事的是经济活动，一定要投入相当的人、财、物等生产要素。规定了投资人的出资事项，要求投资人申报，但是具体申报的出资数额法律未作规定。

4. 有固定的生产经营场所和必要的生产经营条件

个人独资企业与其他企业一样，既然要进行生产经营，就需要一定的场地设施，也要具备必要的生产经营设施，比如机器设备、营销柜台等。这里只是强调生产经营场所是“固定的”，是指在相同的比较固定的地点，提供相应的服务或商品，目的当然是为了区别于行商游贩。当然，这里的“固定的”也应作较为宽泛的理解，既可以考虑时间长短的因素，也可以考虑地点相对固定的因素。

5. 有必要的从业人员

个人独资企业要有与其生产经营范围、规模相适应的从业人员。

第二节 合伙企业法律制度

一、合伙企业的概念和分类

1. 合伙企业的概念

合伙是指两个以上的人为着共同目的，相互约定共同出资、共同经营、共享收益、共担风险的自愿联合。

合伙企业，是指由自然人、法人和其他组织依照《中华人民共和国合伙企业法》（以下简称《合伙企业法》）的规定在中国境内设立的普通合伙企业和有限合伙企业。

2. 合伙企业的分类

合伙企业分为普通合伙企业和有限合伙企业。

普通合伙企业由普通合伙人组成，合伙人对合伙企业债务承担无限连带责任。

有限合伙企业由普通合伙人和有限合伙人组成，普通合伙人对合伙企业债务承担无限连带责任，有限合伙人以其认缴的出资额为限对合伙企业债务承担责任。

二、普通合伙企业的概念和特征

1. 普通合伙企业的概念

普通合伙企业，是指由普通合伙人组成，合伙人对合伙企业债务依照《合伙企业法》的规定承担无限连带责任的一种合伙企业。

2. 普通合伙企业的特征

（1）由普通合伙人组成。所谓普通合伙人，是指在合伙企业中对合伙企业的债务依法承担无限连带责任的自然人、法人和其他组织。法人合伙得到了立法的承认，这是《合伙企业法》的重大修订之一。《合伙企业法》规定，国有独资公司、国有企业、上市公司以及公益性的事业单位、社会团体不得成为普通合伙人。

（2）合伙人对合伙企业债务依法承担无限连带责任，法律另有规定的除外。

三、普通合伙企业的设立条件

（1）有两个以上合伙人。合伙人可以是自然人，也可以是法人或者其他组织。合伙人为自然人的，应当具有完全民事行为能力。

（2）有书面合伙协议。合伙协议是指由各合伙人通过协商，共同决定相互间的权利义务，达成的具有法律约束力的协议。合伙协议应当依法由全体合伙人协商一致，以书面形式订立。

合伙协议应当载明下列事项：合伙企业的名称和主要经营场所的地点；合伙目的和合伙经营范围；合伙人的姓名或者名称、住所；合伙人的出资方式、数额和缴付期限；利润分配、亏损分担方式；合伙事务的执行；入伙与退伙；争议解决办法；合伙企业的解散与清算；违约责任等。合伙协议经全体合伙人签名、盖章后生效。合伙人按照合伙协议享有权利，履行义务。修改或者补充合伙协议，应当经全体合伙人一致同意；但是，合伙协议另有约定的除外。

（3）有合伙人认缴或者实际缴付的出资。合伙协议生效后，合伙人应当按照合伙协议的规定缴纳出资。合伙人可以用货币、实物、知识产权、土地使用权或者其他财产权利出资，也可以用劳务出资。

（4）有合伙企业的名称、生产经营场所和从事合伙经营的必要条件。普通合伙企业应当在其名称中标明“普通合伙”字样，其中，特殊的普通合伙企业应当在其名称中标明“特殊普通合伙”字样。

四、合伙企业财产

1. 合伙企业财产的构成

合伙企业财产的构成包括：合伙人的出资，以合伙企业名义取得的收益，依法取得的其他财产。

2. 合伙企业财产的性质

合伙企业的财产独立于合伙人，合伙人出资以后，便丧失了对其作为出资部分的财产的所有权或者持有权、占有权，合伙企业的财产权主体是合伙企业，而不是单独的每一个合伙人。合伙企业财产的性质为全体合伙人按份共有。

3. 合伙人财产份额的转让

合伙企业的合伙人向他人转让其在合伙企业中的全部或者部分财产份额的行为，根据《合伙企业法》对合伙人财产份额的转让作了以下限制性规定：

（1）除合伙协议另有约定外，合伙人向合伙人以外的人转让其在合伙企业中的全部或者部分财产份额时，须经其他合伙人一致同意；合伙协议另有约定的除外。

（2）合伙人之间转让在合伙企业中的全部或者部分财产份额时，应当通知其他合伙人。这一规定适用于合伙人财产份额的内部转让。

（3）合伙人向合伙人以外的人转让其在合伙企业中的财产份额的，在同等条件下，其他合伙人有优先购买权；但是，合伙协议另有约定的除外。这一规定的目的在于维护合伙企业现有合伙人的利益，维护合伙企业在现有基础上的稳定。

此外，由于合伙人财产份额出质可能导致该财产份额依法发生权利转移，《合伙企业法》规定，合伙人以其在合伙企业中的财产份额出质的，须经其他合伙人一致同意；未经其他合伙人一致同意，其行为无效，由此给善意第三方造成损失的，由行为人依法承担赔偿责任。

五、合伙企业事务执行

1. 合伙企业事务执行的方式

根据《合伙企业法》的规定，合伙人执行合伙企业事务的方式有两种：一是由全体合伙人共同执行合伙事务，二是委托一个或者数个合伙人执行合伙事务。

合伙企业对合伙人执行合伙事务以及对外代表合伙企业权利的限制，不得对抗善意第三方。

2. 合伙企业事务决定

根据《合伙企业法》的规定，以下事项必须经全体合伙人一致同意：改变合伙企业的名称；改变经营范围、主要经营场所的地点；处分合伙企业的不动产；转让或处分合伙企业的知识产权和其他权利；以合伙企业名义为他人担保；聘任合伙人以外的人担任合伙企业的经营管理人员；修改或者补充合伙协议；向外转让财产；吸收新的合伙人等。

3. 合伙企业事务执行后果的承担

执行合伙事务的合伙人，对外代表合伙企业，其执行合伙事务所产生的收益归合伙企业，所产生的费用和亏损由合伙企业承担。

案例 2.1 张、王、李、赵各出资四分之一，设立同城酒吧（普通合伙企业）。合伙协议未约定合伙期限。酒吧开业一年后，经营环境急剧变化，全体合伙人开会，协商对策。按照《合伙企业法》的规定，下列事项属于有效表决的是（　　）。

A. 张某认为“同城”二字没有吸引力，提议改为“同升酒吧”。王、赵同意，但李不同意

B. 鉴于生意清淡，王某提议暂停 1 个月，装修整顿。张、赵同意，但李反对

C. 鉴于酒吧之急需，赵某提议将其一批咖啡机卖给酒吧。张、王同意，但李反对

D. 鉴于 4 人缺乏酒吧经营之道，李某提议聘任其朋友汪某为合伙经营管理人。张、王同意，但赵反对

【解析】应选 B。本题中 A 选项属于《合伙企业法》第三十一条的适用范围，不难判断。而 C 选项中赵某提议将其一批咖啡机卖给酒吧，属于合伙人同本企业进行交易的问题，应经全体合伙人一致同意才能进行交易。B 选项中因为暂停营业对企业经营来说虽然影响重大，但并不属于《合伙企业法》所规定的一致同意事项范围，所以 B 是正确的。

4. 利润分配与亏损分担

合伙企业的利润分配方法和亏损分担方法，均由合伙协议约定进行处理。如果协议未作约定或者约定不明，则由全体合伙人协商确定；协商不成的，由各合伙人按照实际出资比例分配利润和分担亏损。如果无法确定各合伙人的出资比例，则由各合伙人平均分配利润和分担亏损。

但是如有合伙协议约定将全部利润分配给部分合伙人或者由部分合伙人承担全部亏损，则此约定无效。

六、合伙企业和合伙人的债务清偿

（一）合伙企业的债务清偿与合伙人的关系

1. 合伙企业债务清偿

合伙企业对其到期债务的清偿，先以其全部财产进行清偿，不足以偿付时，由全体合伙人对外承担无限连带责任。债权人可以向任何一个合伙人主张，该合伙人不得以其出资的份额大小、合伙协议有特别约定、合伙企业债务另有担保人或者自己已经偿付所承担的份额的债务等理由来拒绝。

2. 合伙人之间的债务分担和追偿

《合伙企业法》规定，合伙人由于承担无限连带责任，清偿数额超过规定的其亏损分担比例的，有权向其他合伙人追偿。

案例 2.2 甲、乙、丙、丁成立一家普通合伙企业，一年后甲转为有限合伙人。此前，合伙企业欠银行债务 40 万元，该债务直到合伙企业被宣告破产仍未偿还。对于 40 万元的债务，全体合伙人该如何进行清偿?

【解析】由全体合伙人承担无限连带责任。普通合伙人甲转变为有限合伙人的，对其作为普通合伙人期间合伙企业发生的债务也得承担无限连带责任。

（二）合伙人的债务清偿与合伙企业的关系

合伙人发生与合伙企业无关的债务，相关债权人不得以其债权抵销其对合伙企业的债务。合伙人的自有财产不足清偿其与合伙企业无关的债务的，该合伙人可以以其从合伙企业中分取

的收益用于清偿；债权人也可以依法请求人民法院强制执行该合伙人在合伙企业中的财产份额用于清偿。

人民法院强制执行合伙人的财产份额时，应当通知全体合伙人，其他合伙人有优先购买权；其他合伙人未购买，又不同意将该财产份额转让给他人的，依照《合伙企业法》的规定为该合伙人办理退伙结算，或者办理削减该合伙人相应财产份额的结算。

七、入伙与退伙

（一）入伙

入伙，是指在合伙企业存续期间，合伙人以外的第三方加入合伙企业，从而取得合伙人资格。

1. 入伙的要求

《合伙企业法》规定，新合伙人入伙，除合伙协议另有约定外，应当经全体合伙人一致同意，并依法订立书面入伙协议。订立入伙协议时，原合伙人应当向新合伙人如实告知原合伙企业的经营状况和财务状况。

2. 新合伙人的权利和责任

一般来讲，入伙的新合伙人与原合伙人享有同等权利，承担同等责任。新合伙人对入伙前合伙企业的债务承担无限连带责任。

（二）退伙

退伙，是指合伙人退出合伙企业，从而丧失合伙人资格的行为。合伙人退伙后，其对企业的债务承担责任并非当然终止，《合伙企业法》规定，退伙人对基于其退伙前的原因发生的合伙企业债务，承担无限连带责任。

依退伙的原因不同，退伙可分为自愿退伙与法定退伙。自愿退伙，是指合伙人基于自愿的意思表示而退伙，又可分为协议退伙和通知退伙两种。法定退伙是指合伙人因出现法律规定的事由而退伙，又可分为当然退伙和除名退伙两类。

1. 协议退伙

合伙协议约定合伙期限的，在合伙企业存续期间，有下列情形之一的，合伙人可以退伙：①合伙协议约定的退伙事由出现；②经全体合伙人一致同意；③发生合伙人难以继续参加合伙的事由；④其他合伙人严重违反合伙协议约定的义务。合伙人违反上述规定退伙的，应当赔偿由此给合伙企业造成的损失。

2. 通知退伙

合伙协议未约定合伙期限的，合伙人在不给合伙企业事务执行造成不利影响的情况下，可以退伙，但应当提前30日通知其他合伙人。由此可见，法律对通知退伙有一定的限制，即附有以下三项条件：①必须是合伙协议未约定合伙企业的经营期限；②必须是合伙人的退伙不给合伙企业事务执行造成不利影响；③必须提前30日通知其他合伙人。这三项条件必须同时具备，缺一不可。合伙人违反上述规定退伙的，应当赔偿由此给合伙企业造成的损失。

3. 当然退伙

合伙人有下列情形之一的，当然退伙：①作为合伙人的自然人死亡或者被依法宣告死亡；②个人丧失偿债能力；③作为合伙人的法人或者其他组织依法被吊销营业执照、责令关闭、撤销，或者被宣告破产；④法律规定或者合伙协议约定合伙人必须具有相关资格而丧失该资格；⑤合伙人在合伙企业中的全部财产份额被人民法院强制执行。此外，合伙人被依法认定为无民事行为能力人或者限制民事行为能力人的，经其他合伙人一致同意，可以依法转为有限合伙人，普通合伙企业依法转为有限合伙企业。其他合伙人未能一致同意的，该无民事行为能力或者限制民事行为能力的合伙人退伙。当然退伙以退伙事由实际发生之日起为退伙生效日。

4. 除名退伙

合伙人有下列情形之一的，经其他合伙人一致同意，可以决议将其除名：①未履行出资义务；②因故意或者重大过失给合伙企业造成损失；③执行合伙事务时有不正当行为；④发生合伙协议约定的事由。对合伙人的除名决议应当书面通知被除名人。被除名人接到除名通知之日起，除名生效，被除名人退伙。被除名人对除名决议有异议的，可以自接到除名通知之日起30日内向人民法院起诉。

八、合伙人财产份额继承

合伙人死亡或者被依法宣告死亡的，对该合伙人在合伙企业中的财产份额享有合法继承权的继承人，按照合伙协议的约定或者经全体合伙人一致同意，从继承开始之日起，取得该合伙企业的合伙人资格。

有下列情形之一的，合伙企业应当向合伙人的继承人退还被继承合伙人的财产份额：①继承人不愿意成为合伙人；②法律规定或者合伙协议约定合伙人必须具有相关资格，而该继承人未取得该资格；③合伙协议约定不能成为合伙人的其他情形。合伙人的继承人为无民事行为能力人或者限制民事行为能力人的，经全体合伙人一致同意，可以依法成为有限合伙人，普通合伙企业依法转为有限合伙企业。全体合伙人未能一致同意的，合伙企业应当将被继承合伙人的财产份额退还该继承人。

九、特殊的普通合伙企业

1. 特殊的普通合伙企业的概念

特殊的普通合伙企业，是指以专业知识和专门技能为客户提供有偿服务的专业服务机构。特殊的普通合伙企业包括律师事务所、会计师事务所等。

2. 特殊的普通合伙企业的责任承担

《合伙企业法》规定，一个合伙人或者数个合伙人在执业活动中因故意或者重大过失造成合伙企业债务的，应当承担无限责任或者无限连带责任，其他合伙人以其在合伙企业中的财产份额为限承担责任。合伙人在执业活动中非因故意或者重大过失造成的合伙企业债务以及合伙企业的其他债务，由全体合伙人承担无限连带责任。

十、有限合伙企业的概念和特殊规定

（一）有限合伙企业概念

有限合伙企业是指由有限合伙人和普通合伙人共同组成，普通合伙人对合伙企业债务承担无限连带责任，有限合伙人以其认缴的出资额为限对合伙企业债务承担责任的合伙组织。有限合伙企业名称中应当标明“有限合伙”字样。

有限合伙企业引入有限责任制度，有利于调动各方的投资热情，实现投资者与创业者的最佳组合。

（二）有限合伙企业设立的特殊规定

1. 合伙人人数

《合伙企业法》规定，有限合伙企业由两个以上、50个以下合伙人设立；但是，法律另有规定的除外。有限合伙企业至少应当有1个普通合伙人。

有限合伙企业仅剩有限合伙人的，应当解散；有限合伙企业仅剩普通合伙人的，应当转为普通合伙企业。

2. 有限合伙人出资与利润分配

有限合伙人可以用货币、实物、知识产权、土地使用权或者其他财产权利作价出资。有限合伙人不得以劳务出资。

有限合伙人应当按照合伙协议的约定按期足额缴纳出资；未按期足额缴纳的，应当承担补缴义务，并对其他合伙人承担违约责任。

有限合伙企业不得将全部利润分配给部分合伙人；但是，合伙协议另有约定的除外。

3. 有限合伙企业事务执行的特殊规定

有限合伙企业由普通合伙人执行合伙事务。

有限合伙人不执行合伙事务，不得对外代表有限合伙企业。第三人有理由相信有限合伙人为普通合伙人并与其交易的，该有限合伙人对该笔交易承担与普通合伙人同样的责任。有限合伙人未经授权以有限合伙企业名义与他人进行交易，给有限合伙企业或者其他合伙人造成损失的，该有限合伙人应当承担赔偿责任。

4. 有限合伙人入伙与退伙后的责任承担

新入伙的有限合伙人对入伙前有限合伙企业的债务，以其认缴的出资额为限承担责任。

有限合伙人退伙后，对基于其退伙前的原因发生的有限合伙企业债务，以其退伙时从有限合伙企业中取回的财产承担责任。

5. 合伙人性质转变的特殊规定

《合伙企业法》规定，除合伙协议另有约定外，普通合伙人转变为有限合伙人，或者有限合伙人转变为普通合伙人，应当经全体合伙人一致同意。有限合伙人转变为普通合伙人的，对其作为有限合伙人期间有限合伙企业发生的债务承担无限连带责任。普通合伙人转变为有限合伙人的，对其作为普通合伙人期间合伙企业发生的债务承担无限连带责任。

案例 2.3 甲、乙、丙、丁四人想设立一家有限合伙企业，合伙协议中约定了如下内容，其中哪些是正确的？

A. 甲仅以出资额为限对企业债务承担责任，同时被推举为合伙事务的执行人

B. 丙以其劳务出资，为普通合伙人，其出资额经全体合伙人商定为 5 万元

C. 合伙企业的利润由甲、乙、丁三人分配，丙仅按营业额提取一定比例的劳务报酬

D. 经全体合伙人同意，有限合伙人可以全部转为普通合伙人，普通合伙人也可以全部转为有限合伙人

【解析】应选 B、C。请参照有限合伙企业设立的特殊规定。

十一、合伙企业的解散与清算

（一）合伙企业的解散

合伙企业的解散，是指各合伙人解除合伙协议，合伙企业终止活动。

根据《合伙企业法》的规定，出现如下事项，合伙企业应当解散：合伙期限届满，合伙人决定不再经营；合伙协议约定的解散事由出现；全体合伙人决定解散；合伙人已不具备法定人数满 30 天；合伙协议约定的合伙目的已经实现或者无法实现；依法被吊销营业执照、责令关闭或者被撤销；法律、行政法规规定的其他原因。

（二）合伙企业的清算

合伙企业解散，应当由清算人进行清算。清算人由全体合伙人担任；经全体合伙人过半数同意，可以自合伙企业解散事由出现后 15 日内指定一个或者数个合伙人，或者委托第三方担任清算人。自合伙企业解散事由出现之日起 15 日内未确定清算人的，合伙人或者其他利害关系人可以申请人民法院指定清算人。

清算人自被确定之日起 10 日内将合伙企业解散事项通知债权人，并于 60 日内在报纸上公告。债权人应当自接到通知书之日起 30 日内，未接到通知书的自公告之日 45 日内，向清算人申报债权。债权人申报债权，应当说明债权的有关事项并提供证明材料。清算人应当对债权进行登记。清算期间，合伙企业存续，但不得开展与清算无关的经营活动。

1. 财产清偿顺序

合伙企业财产在支付清算费用和职工工资、社会保险费用、法定补偿金以及缴纳所欠税款、清偿债务后，财产仍有剩余时，对剩余财产按照合伙协议的约定处理；合伙协议未约定或者约定不明确的，由合伙人协商决定；协商不成的，由合伙人按照实缴出资比例分配；无法确定出资比例的，由合伙人平均分配。

2. 注销登记

清算结束，清算人应当编制清算报告，经全体合伙人签名、盖章后，在 15 日内向企业登记机关报送清算报告，申请办理合伙企业注销登记。经企业登记机关注销登记，合伙企业终止。合伙企业注销后，原普通合伙人对合伙企业存续期间的债务仍应承担无限连带责任。

第三节 公司概述

一、公司的概念和种类

（一）公司的概念

《中华人民共和国公司法》（以下简称《公司法》）规定，公司是指依照法定条件与程序设立的、以营利为目的的商事组织，包括有限公司和股份有限公司两种类型，其法律特征有：

1. 依法设立

公司必须依法定条件、法定程序设立，一方面要求公司的章程、资本、组织机构、活动原则等必须合法；另一方面要求公司设立必须经过法定程序，进行工商登记。

2. 以营利为目的

公司设立以经营并获取利润为目的，且股东出资设立公司的目的也是营利，即从公司经营中取得利润。

3. 具有法人资格

公司是企业法人，应当符合《中华人民共和国民法典》（以下简称《民法典》）规定的法人条件，有独立的法人财产，独立承担民事责任。

（二）公司的种类

按照法律的规定及学理的解释，可按三个标准对公司作出分类。

1. 以公司股东对公司债务承担责任的方式为标准进行分类

（1）有限责任公司。有限责任公司是指股东以其认缴的出资额为限对公司承担责任，公司以其全部财产对公司的债务承担责任的公司。

（2）股份有限公司。股份有限公司是指将公司全部资本分为等额股份，股东以其认购的股份为限对公司承担责任，公司以其全部财产对公司的债务承担责任的公司。

（3）无限公司。无限公司是指由两个以上的股东组成，全体股东对公司的债务承担无限连带责任的公司。无限公司与合伙企业具有基本相同的法律属性，但不同的是有些国家规定无限公司具有法人资格。

（4）两合公司。两合公司是指由负无限责任的股东和负有限责任的股东组成，无限责任股东对公司债务负无限连带责任，有限责任股东仅就其认缴的出资额为限对公司债务承担责任，其中无限责任股东是公司经营管理者，有限责任股东则是不参与经营管理的出资者。

我国的公司形式仅为有限责任公司和股份有限公司。

2. 以公司的信用基础为标准进行分类

（1）资合公司。资合公司是指以资本的结合作为信用基础的公司，其典型的形式为股份有限公司。此类公司仅以资本的实力取信于人，设立公司原则上不以相互信任为前提。

（2）人合公司。人合公司是指以股东个人的财力、能力和信誉作为信用基础的公司，其典型的形式为无限公司。

（3）资合兼人合的公司。资合兼人合的公司是指同时以公司资本和股东个人信用作为公司信用基础的公司，其典型的形式为两合公司。

3. 以公司组织关系为标准进行分类

（1）母公司和子公司。在不同公司之间基于股权而存在控制与依附关系时，因持有其他公司股权而处于控制地位的是母公司，因其股权被持有而处于依附地位的则是子公司。我国《公司法》规定，公司可以设立子公司。母、子公司都具有企业法人资格，都能依法独立承担民事责任。

（2）总公司与分公司。分公司是公司依法设立的以公司名义进行经营活动，其法律后果由总公司承担的分支机构。相对分公司而言的公司称为总公司。我国《公司法》规定，公司可以设立分公司，分公司不具有企业法人资格，其民事责任由总公司承担。

案例2.4 甲公司欲单独出资设立一家子公司。甲公司的法律顾问就此向公司管理层提供了一份法律意见书，涉及子公司的设立、组织机构、经营管理、法律责任等方面的问题。

请问：

（1）子公司是否具有独立的法人资格，是否独立承担责任?

（2）子公司进行诉讼活动时是否可以以自己的名义进行?

【解析】

（1）根据《公司法》规定，母、子公司都具有企业法人资格，都能依法独立承担民事责任。

（2）子公司进行诉讼活动时能以自己的名义进行。

二、公司的设立方式

公司的设立是指发起人依照法定的条件和程序组建公司并取得法人资格所采取的法律行为。公司设立的基本方式分为两种：一是发起设立，二是募集设立。

1. 发起设立

发起设立是指公司的全部资本由发行人认购而设立公司。有限责任公司只能采取发起设立的方式，而股份有限公司可以采取发起设立和募集设立两种方式。

2. 募集设立

募集设立是指发起人认购公司的一部分股份（不低于35%），其余部分按照法律规定的程序向社会公众公开募集或向特定对象募集而设立的方式。由于募集设立的方式涉及社会公众的利益，影响面较广，因此法律对此种设立方式的规定程序较为严格，比较适合规模较大的股份有限公司。

三、公司的合并与分立

1. 公司的合并

两个或两个以上的公司依照公司法规定的条件和程序，通过订立合并协议，共同组成一个公司的法律行为。公司的合并可分为吸收合并和新设合并两种形式。

吸收合并又称存续合并，它是指通过将一个或一个以上的公司并入另一个公司的方式而进行公司合并的一种法律行为。并入的公司解散，其法人资格消失。接受合并的公司继续存在，并办理变更登记手续。

新设合并是指两个或两个以上的公司以消灭各自的法人资格为前提而合并组成一个公司的法律行为。其合并结果是原有公司的法人资格均告消灭。新组建公司办理设立登记手续取得法人资格。合并后的公司对以前的公司债务承担责任。

2. 公司的分立

公司的分立是指一个具有独立法人地位的公司，依法定程序分为两个或两个以上的相互之间没有投资与被投资关系的公司的法律行为。公司分立的类型包括派生分立和新设分立。派生分立，也称存续分立，是指一个公司分离成为两个以上公司，分离后原公司名称部分内容仍然保留不变，本公司继续存在并设立一个以上新的公司。新设分立，也称解散分立，是指一个公司分解为两个以上公司，本公司解散并设立两个以上新的公司。公司原有债务由分立后的公司对外承担责任，对内按照它们之间的约定承担责任。

四、公司的解散与清算

1. 公司的解散

根据《公司法》规定，下列情况公司可以解散：公司章程规定的营业期限届满或者公司章程规定的其他解散事由出现；股东会或者股东大会决议解散；因公司合并或者分立需要解散；依法被吊销营业执照、责令关闭或者被撤销；当公司经营管理发生严重困难，继续存在会使股东利益受到重大损失，通过其他途径不能解决的，持有公司全部股东表决权百分之十以上的股东可以请求人民法院解散公司。

2. 公司的清算

公司的清算是指终结公司的一切法律关系，清理公司的债权债务的程序。大部分国家公司法规定，公司清算应成立清算组。我国《公司法》规定，在公司解散事由出现后，应当在解散事由出现之日起 15 日内成立清算组，开始清算。有限责任公司的清算组由股东组成，股份有限公司的清算组由董事或者股东大会确定的人员组成。逾期不成立清算组进行清算的，债权人可以申请人民法院指定有关人员组成清算组进行清算。人民法院应当受理该申请，并及时组织清算组进行清算。

第四节 有限责任公司和股份有限公司

根据 2018 年 10 月 26 日第十三届全国人民代表大会常务委员会第六次会议《关于修改〈中华人民共和国公司法〉的决定》第四次修正，来介绍有限责任公司和股份有限公司的相关法律制度。

一、有限责任公司

（一）有限责任公司的概念和特征

1. 有限责任公司的概念

有限责任公司是指股东以其认缴的出资额为限对公司承担责任，公司以其全部财产对公司的债务承担责任的公司。

2. 有限责任公司的特征

（1）有限责任公司股东人数限定性。除了德国等少数国家以外，各国公司法对公司股东人数都作了最高人数的限定。我国《公司法》规定，有限责任公司的股东人数不得超过 50 人，英国、法国、日本等国对有限责任公司股东人数的要求同我国一样。而美国的有些州的法律则规定有限责任公司的股东不得超过 30 人。

（2）股东对公司承担有限责任。无论是在有限责任公司中还是在股份有限公司中，股东对公司承担的都是有限责任，“有限责任”的范围，都是以股东公司的投资额为限。股东的财产与公司的财产是分离的，股东将财产投入公司后，该财产即构成公司的财产，股东不再直接控制和支配这部分财产。同时，公司的财产与股东的个人财产是没有关系的，即使公司出现资不抵债的情况，股东也只以其对公司的出资额为限承担责任，不再承担其他的责任。

（3）有限责任公司对外是以公司的全部资产承担责任。也就是说，公司对外也是只承担有限的责任，“有限责任”的范围，就是公司的全部资产，除此之外，公司不再承担其他财产责任。

（4）公司设立程序简易化。有限责任公司可以由一个或几个人发起。在所有股东缴足出资、订立章程、申请登记后即可成立。

（二）有限责任公司设立的条件

根据《公司法》的规定，设立有限责任公司，应当具备下列条件：

1. 股东符合法定人数

《公司法》规定，有限责任公司由 50 个以下股东出资设立。即有限责任公司股东人数为 1 ～ 50 个，股东可以是自然人，也可以是法人。

2. 有符合公司章程规定的全体股东认缴的出资额

2018 年修订的《公司法》规定：“有限责任公司的注册资本为在公司登记机关登记的全体股东认缴的出资额。法律、行政法规以及国务院决定对有限责任公司注册资本实缴、注册资本最低限额另有规定的，从其规定。”该规定取消了公司设立最低注册资金的限制，改为对全体股东的认缴出资额进行规定，同时也取消了关于注册资金缴纳期限的规定。全体股东只要认缴了出资额，可以先到工商部门领取营业执照，后办理相关的资质证等。

股东可以用货币出资，也可以用实物、知识产权、土地使用权等可以用货币估价并可以依法转让的非货币财产作价出资；但是，法律、行政法规规定不得作为出资的财产除外。

股东以货币出资的，应当将货币足额存入公司在银行开设的账户；以非货币出资的，应评估作价，核实财产，不得高估或低估。法律、行政法规对评估作价有规定的，从其规定。

股东不按公司章程规定缴纳所认缴的出资，除应当向公司足额缴纳外，还应当向已足额缴纳出资的股东承担违约责任。当股东缴纳出资后，必须经法定的验资机构验资并出具证明。

公司成立后，发现作为设立公司出资的非货币财产的实际价额显著低于公司章程所规定价额的，应当由交付该出资的股东补足其差额，公司设立时其他股东承担连带责任。

3. 股东共同制定公司章程

公司章程是记载公司组织、活动基本准则的公开性法律文件。设立有限责任公司必须由股东共同依法制定公司章程。股东应当在公司章程上签名、盖章。公司章程对公司、股东、董事、监事、高级管理人员具有约束力。

有限责任公司章程应当载明下列事项：①公司名称和住所；②公司经营范围；③公司注册资本；④股东的姓名或者名称；⑤股东的出资方式、出资额和出资时间；⑥公司的机构及其产生办法、职权、议事规则；⑦公司法定代表人；⑧股东会会议认为需要规定的其他事项。

4. 有公司名称，建立符合有限责任公司要求的组织机构

公司的名称是公司的标志。公司设立自己的名称时，必须符合法律、法规的规定，并应当经过公司登记管理机关进行预先核准登记（保留6个月期限）。公司应当设立符合有限责任公司要求的组织机构，即股东会、董事会或者执行董事、监事会或者监事等。

5. 有公司住所

设立公司必须有住所。公司以其主要办事机构所在地为住所。

（三）有限责任公司设立的程序

1. 订立公司章程

股东设立有限责任公司，必须先订立公司章程，将要设立的公司基本情况以及各方面的权利义务加以明确规定。

2. 股东缴纳出资

股东应当按期足额缴纳公司章程中规定的各自所认缴的出资额。股东以货币出资的，应当将货币出资足额存入为设立有限责任公司而在银行开设的账户；以非货币财产出资的，应当依法办理其财产权的转移手续。股东不按照规定缴纳出资的，除应当向公司足额缴纳外，还应当向已按期足额缴纳出资的股东承担违约责任。

3. 申请设立登记

股东认定公司章程规定的出资后，由全体股东指定代表或者共同委托的代理人向公司登记机关报送公司登记申请书、公司章程等文件申请设立登记。公司经核准登记后，领取公司营业执照，公司企业法人营业执照签发日期为公司成立日期。设立分公司，应当向公司登记机关申请登记，领取营业执照。

有限责任公司成立后，发现作为设立公司出资的非货币财产的实际价额显著低于公司章程所定价额的，应当由交付该出资的股东补足其差额，公司设立时的其他股东承担连带责任。

有限责任公司成立后，应当向股东签发出资证明书。出资证明书是确认股东出资的凭证，应当载明下列事项：①公司名称；②公司成立日期；③公司注册资本；④股东的姓名或者名称、缴纳的出资额和出资日期；⑤出资证明书的编号和核发日期，出资证明书由公司盖章。

有限责任公司应当置备股东名册。记载于股东名册的股东，可以依股东名册主张行使股东权利。

（四）有限责任公司的组织机构

1. 股东会

有限责任公司股东会由全体股东组成。股东会是公司的最高权力机构，依法行使下列职权：决定公司的经营方针和投资计划；选举和更换非由职工代表担任的董事、监事，决定有关董事、监事的报酬事项；审议批准董事会的报告；审议批准监事会或者监事的报告；审议批准

公司的年度财务预算方案、决算方案；审议批准公司的利润分配方案和弥补亏损方案；对公司增加或者减少注册资本作出决议；对发行公司债券作出决议；对公司合并、分立、变更公司形式、解散和清算等事项作出决议；修改公司章程；公司章程规定的其他职权。

股东会会议分为定期会议和临时会议。定期会议应当按照公司章程的规定按时召开。代表1/10以上表决权的股东，1/3以上的董事，监事会或者不设监事会的公司的监事提议召开临时会议的，应当召开临时会议。

首次股东会会议由出资最多的股东召集和主持，依法行使职权。以后的股东会会议，公司设立董事会的，由董事会召集，董事长主持；董事长不能履行职务或者不履行职务的，由副董事长主持；副董事长不能履行职务或者不履行职务的，由半数以上董事共同推荐一名董事主持。公司不设董事会的，股东会会议由执行董事召集和主持；董事会或者执行董事不能履行或者不履行召集股东会会议职责的，由监事会或者不设监事会的公司的监事召集和主持；监事会或者监事不召集和主持的，代表1/10以上表决权的股东可以自行召开股东会会议，应当于会议召开15日前通知全体股东；但是，公司章程另有规定或者全体股东另有约定的除外。股东会应当对所议事项的决定做成会议记录，出席会议的股东应当在会议记录上签名。

股东会会议由股东按照出资比例行使表决权；但是，公司章程另有规定的除外。

股东会会议作出修改公司章程、增加或减少注册资本的决议，以及公司合并、分立、解散或者变更公司形式的决议，必须经代表2/3以上表决权的股东通过。

2. 董事会

董事会是公司股东会的执行机构，对股东会负责。

有限责任公司设董事会，其成员为3人至13人。两个以上的国有企业或者其他两个以上的国有投资主体投资所设立的有限责任公司，其董事会成员中应当有公司职工代表；其他有限责任公司董事会成员中也可以有公司职工代表。董事会中的职工代表由公司职工通过职工代表大会、职工大会或者其他形式民主选举产生。

董事会设董事长1人，可以设副董事长。董事长、副董事长的产生办法由公司章程规定。

董事任期由公司章程规定，但每届任期不得超过3年。董事任期届满，连选可以连任。

董事会对股东会负责，行使下列职权：召集股东会会议，并向股东会报告工作；执行股东会的决议；决定公司的经营计划和投资方案；制订公司的年度财务预算方案、决算方案；制订公司的利润分配方案和弥补亏损方案；制订公司增加或者减少注册资本以及发行公司债券的方案；制订公司合并、分立、变更公司形式、解散的方案；决定公司内部管理机构的设置；决定聘任或者解聘公司经理及其报酬事项，并根据经理的提名决定聘任或者解聘公司副经理、财务负责人及其报酬事项；制定公司的基本管理制度；公司章程规定的其他职权。

董事会会议由董事长召集和主持；董事长不能履行职务或者不履行职务的，由副董事长召集和主持；副董事长不能履行职务或者不履行职务的，由半数以上董事共同推举一名董事召集和主持。

董事会的议事方式和表决程序，除《公司法》有规定的外，由公司章程规定。董事会应当对所议事项的决定做成会议记录，出席会议的董事应当在会议记录上签名。

董事会决议的表决，实行一人一票。

有限责任公司股东人数较少或者规模较小的，可以设1名执行董事，不设董事会。执行董事可以兼任公司经理。执行董事的职权由公司章程规定。

3. 监事会

监事会是公司的监督机构。

有限责任公司设立监事会，其成员不得少于3人。股东人数较少或者规模较小的有限责任公司，可以设1至2名监事，不设立监事会。监事会应当包括股东代表和适当比例的公司职工代表，其中职工代表的比例不得低于1/3，具体比例由公司章程规定。监事会中的职工代表由公司职工通过职工代表大会、职工大会或者其他形式民主选举产生。

监事会设主席1人，由全体监事中过半数的监事选举产生。监事会主席召集和主持监事会会议；监事会主席不能履行职务或者不履行职务的，由半数以上监事共同推举1名监事召集和主持监事会会议。董事、高级管理人员不得兼任监事。

监事的每届任期为3年。监事任期届满，连选可以连任。

监事会、不设监事会的公司的监事行使下列职权：检查公司财务；对董事、高级管理人员执行公司职务的行为进行监督，对违反法律、行政法规、公司章程或者股东会决议的董事、高级管理人员提出罢免的建议；当董事、高级管理人员的行为损害公司的利益时，要求董事、高级管理人员予以纠正；提议召开临时股东会会议，在董事会不履行规定的召集和主持股东会会议职责时召集和主持股东会会议；向股东会会议提出提案；依照《公司法》的规定，对董事、高级管理人员提起诉讼；公司章程规定的其他职权。

监事可以列席董事会会议，并对董事会决议事项提出质询或者建议。

监事会每年度至少召开1次会议，监事可以提议召开临时董事会会议。监事会应当对所议事项的决定做成会议记录，出席会议的监事应当在会议记录上签名。

4. 经理

有限责任公司可以设经理，由董事会决定聘任或者解聘。

经理对董事会负责，行使下列职权：主持公司的生产经营管理工作，组织实施董事会决议。组织实施公司年度经营计划和投资方案。拟订公司内部管理机构设置方案。拟订公司的基本管理制度。制定公司的具体规章。提请聘任或者解聘公司副经理、财务负责人。决定聘任或者解聘除应由董事会决定聘任或者解聘以外的负责管理人员。董事会授予的其他职权。公司章程对经理职权另有规定的，从其规定。经理列席董事会会议。

（五）有限责任公司的股权转让

《公司法》规定，有限责任公司的股东之间可以相互转让全部或者部分股权。股东向股东以外的人转让股权，应当经其他股东过半数同意。股东应就其股权转让事项书面通知其他股东征求同意，其他股东自接到书面通知之日起满30日未答复的，视为同意转让。其他股东半数以上不同意转让的，不同意的股东应当购买该转让的股权；不购买的，视为同意转让。

经股东同意转让的股权，在同等条件下，其他股东有优先购买权。两个以上股东主张行使优先购买权的，协商确定各自的购买比例；协商不成的，按照转让时各自的出资比例行使优先购买权。

但是，公司章程对股权转让另有规定的，从其规定。

二、股份有限公司

（一）股份有限公司的概念和特征

1. 股份有限公司的概念

股份有限公司是指将公司全部资本划分为等额股份，股东以其认购的股份为限对公司承担责任，公司以其全部财产对公司的债务承担责任的公司。

2. 股份有限公司的特征

（1）股东人数无上限要求。大部分国家的股份有限公司对股东人数有最低限制，如法国、英国、美国等国家都规定股东的最低人数为 7 人，德国要求不少于 5 人，而我国规定不少于 2 人。而对于股东人数的上限则无要求。对于股份有限公司的发起人，我国《公司法》规定，设立股份有限公司，发起人为 2 ～ 200 人，其中要求有半数以上的发起人在中国境内有住所。

（2）股东责任的有限性。股份有限公司的股东仅以其持有的股份为限，对公司的债务承担有限责任。

（3）公司资本的股份性。股份有限公司的全部资本划分为等额股份。股份是构成公司资本的最小单位。

（4）公司的社会性与公开性。股份有限公司可以通过对外发行股票向社会募集资金，任何投资者都可以通过购买股份有限公司的股票成为其股东，从而使股份有限公司具有最广泛的社会性。同时，股份有限公司的经营状况不仅要向股东公开，还必须向社会公开，使社会公众了解公司的经营状况，这也是股份有限公司公开性的体现。

（二）股份有限公司的设立条件

（1）发起人符合法定人数。

发起人是指依法筹办创立股份有限公司事务的人。发起人既可以是自然人，也可以是法人；既可以是中国公民，也可以是外国公民。其中须有半数以上的发起人在中国境内有住所。

设立股份有限公司，应当有 2 人以上 200 人以下为发起人。

股份有限公司发起人承担公司筹办事务。发起人应当签订发起人协议，明确各自在公司设立过程中的权利和义务。

（2）有符合公司章程规定的全体发起人认购的股本总额或者募得的实收股本总额。

股份有限公司是采取发起设立方式设立的，注册资本为在公司登记机关登记的全体发起人认购的股本总额。发起人认购的股份缴足前不得向他人募集股份。

股份有限公司采取募集方式设立的，注册资本为在公司登记机关登记的实收股本总额。

（3）股份发行、筹办事项符合法律规定。

发起人为了设立股份有限公司而发行股份时，以及在进行其他的筹办事项时，都必须符合法律规定的条件和程序，不得有所违反。例如，向社会公开募集股份，应当依法报国务院证券监督管理机构核准，并公告招股说明书、认股书，等等。

（4）发起人制定公司章程，采用募集方式设立的须经创立大会通过。

公司章程对公司、股东、董事、监事、高级管理人员具有约束力，是公司组织和行动基本规则的文件，设立公司必须依法制定章程。对于以发起设立方式设立的股份有限公司，由全体发起人共同制定公司章程；对于以募集设立方式设立的股份有限公司，发起人制定的公司章程，还应当经有其他认股人参加的创立大会通过，以出席会议的认股人所持表决权的半数以上通过，方为有效。

（5）有公司名称，建立符合股份有限公司要求的组织机构。公司名称必须符合企业名称登记管理的有关规定，并标明“股份有限公司”字样。

（6）有公司住所。

（三）股份有限公司的设立程序

1. 发起设立方式设立股份有限公司的程序

（1）发起人书面认足公司章程规定其认购的股份。

（2）缴纳出资。发起人以书面形式认足公司章程规定其认购的股份。发起人不按照规定缴纳出资的，应当按照发起人协议的约定承担违约责任。

（3）选举董事会和监事会。发起人首次缴纳出资后，应当选举董事会和监事会，建立公司的组织机构。

（4）申请设立登记。发起人在选举董事会和监事会后，董事会应当向公司登记机关报送公司章程、由依法设立的验资机构出具的验资证明以及法律、行政法规规定的其他文件，申请设立登记。一旦公司登记机关予以登记，发给公司营业执照，公司即告成立。

2. 募集设立方式设立股份有限公司的程序

（1）发起人认购股份。发起人认购的股份不得少于公司股份总数的35%；但是法律、行政法规另有规定的，从其规定。

（2）向社会公开募集股份。发起人向社会公开募集股份，必须公告招股说明书，并制作认股书。

发起人向社会公开募集股份，应当由依法设立的证券公司承销，签订承销协议。

发起人向社会公开募集股份，应当同银行签订代收股款协议。代收股款的银行应当按照协议代收和保存股款，向缴纳股款的认股人出具收款单据，并负有向有关部门出具收款证明的义务。

（3）召开创立大会。发行股份的股款缴足后，必须经依法设立的验资机构验资并出具证明。发起人应当在股款缴足之日起30日内主持召开公司创立大会，创立大会由发起人、认股人组成。

发起人应当在创立大会召开15日前将会议日期通知各认股人或者予以公告。创立大会应有代表股份总数过半数的发起人、认股人出席，方可举行。创立大会行使下列职权：审议发起人关于公司筹办情况的报告；通过公司章程；选举董事会成员；选举监事会成员；对公司的设立费用进行审核；对发起人用于抵作股款的财产的作价进行审核；发生不可抗力或者经营条件发生重大变化直接影响公司设立的，可以作出不设立公司的决议。创立大会对上述所列事项作出决议，必须经出席会议的认股人所持表决权过半数通过。

发行的股份超过招股说明书规定的截止期限尚未募足的，或者发行股份的股款缴足后，发起人在30日内未召开创立大会的，或创立大会作出不设立公司决议的，认股人可以按照所缴股款并加算银行同期存款利息，要求发起人返还。

发起人、认股人缴纳股款或者交付抵作股款的出资后，除上述情形外不得抽回其股本。

（4）申请设立登记。董事会应于创立大会结束后30日内，向公司登记机关申请设立登记。公司登记机关依法核准登记后，应当发给公司企业法人营业执照。自公司企业法人营业执照签发之日起，公司即告成立。

股份有限公司成立后，发起人未按照公司章程的规定缴足出资的，应当补缴；其他发起人承担连带责任。

股份有限公司成立后，发现作为设立公司出资的非货币财产的实际价额显著低于公司章程所定价额的，应当由交付该出资的发起人补足其差额；其他发起人承担连带责任。

（四）股份有限公司发起人承担的责任

根据《公司法》的规定，股份有限公司的发起人应当承担下列责任：①公司不能成立时，对设立行为所产生的债务和费用负连带责任；②公司不能成立时，对认股人已缴纳的股款，负返还股款并加算银行同期存款利息的连带责任；③在公司设立过程中，由于发起人的过失致使公司利益受到损害的，应当对公司承担赔偿责任。

（五）股份有限公司的组织机构

股份有限公司的组织机构由股东大会、董事会、监事会等组成。

1. 股东大会

股份有限公司的股东大会是公司的权力机构，依法行使职权。股份有限公司的股东大会由全体股东组成，公司的任何一个股东，无论其所持股份有多少，都是股东大会的成员。

股份有限公司股东大会的职权与有限责任公司股东会的职权的规定基本相同。

股份有限公司的股东大会分为年会和临时股东大会两种。

年会是指依照法律和公司章程的规定每年按时召开的股东大会。《公司法》规定，股东大会应当每年召开1次年会。

临时股东大会是指股份有限公司在出现召开临时股东大会的法定事由时，应当在法定期限2个月内召开的股东大会。《公司法》规定，有下列情形之一的，应当在2个月内召开临时股东大会：①董事人数不足《公司法》规定人数或者公司章程所定人数的2/3时；②公司未弥补的亏损达实收股本总额的1/3时；③单独或者合计持有公司10%以上股份的股东请求时；④董事会认为必要时；⑤监事会提议召开时；⑥公司章程规定的其他情形。

股东大会会议由董事会召集，董事长主持；董事长不能履行职务或者不履行职务的，由副董事长主持；副董事长不能履行职务或者不履行职务的，由半数以上董事共同推举一名董事主持。董事会不能履行或者不履行召集股东大会会议职责的，监事会应当及时召集和主持；监事会不召集和主持的，连续90日以上单独或者合计持有公司10%以上股份的股东可以自行召集和主持。

召开股东大会会议，应当将会议召开的时间、地点和审议的事项于会议召开20日前通知各股东；临时股东大会应当于会议召开15日前通知各股东；发行无记名股票的，应当于会议召开30日前公告会议召开的时间、地点和审议事项。

股东出席股东大会会议，所持每一股份有一表决权。股东可以委托代理人出席股东大会会议，代理人应当向公司提交股东授权委托书，并在授权范围内行使表决权。公司持有的本公司股份没有表决权。

股东大会作出决议，必须经出席会议的股东所持表决权过半数通过。但是，股东大会作出修改公司章程、增加或者减少注册资本的决议，以及公司合并、分立、解散或者变更公司形式的决议，必须经出席会议的股东所持表决权的2/3以上通过。

股东大会选举董事、监事，可以依照公司章程的规定或者股东大会的决议，实行累积投票制。这里所称的累积投票制，是指股东大会选举董事或者监事时，每一股份拥有与应选董事或者监事人数相同的表决权，股东拥有的表决权可以集中使用。

股东大会应当对所议事项的决定做成会议记录，主持人、出席会议的董事应当在会议记录上签名。

2. 董事会、经理

股份有限公司的董事会是股东大会的执行机构，对股东大会负责。

股份有限公司设董事会，其成员为5人至19人。董事会成员中可以有公司职工代表，董事会中的职工代表由公司职工通过职工代表大会、职工大会或者其他形式民主选举产生。

股份有限公司的董事任期由公司章程规定，但每届任期不得超过3年。董事任期届满，连选可以连任。

股份有限公司董事会的职权与有限责任公司董事会的职权的规定基本相同。

董事会设董事长1人，可以设副董事长。董事长和副董事长由董事会以全体董事的过半数选举产生。董事长召集和主持董事会会议，董事长不能履行职务或者不履行职务的，由副董事长履行职务；副董事长不能履行职务或者不履行职务的，由半数以上董事共同推举1名董事履行职务。

董事会每年度至少召开2次会议，代表1/10以上表决权的股东、1/3以上董事或者监事会，可以提议召开董事会临时会议。

董事会会议应有过半数的董事出席方可举行。董事会作出决议，必须经全体董事的过半数通过。董事会决议的表决，实行一人一票。

董事会会议，应由董事本人出席；董事因故不能出席，可以书面委托其他董事代为出席，委托书中应载明授权范围。董事会应当对会议所议事项的决定做成会议记录，出席会议的董事应当在会议记录上签名。

董事应当对董事会的决议承担责任。董事会的决议违反法律、行政法规或者公司章程、股东大会决议，致使公司遭受严重损失的，参与决议的董事对公司负赔偿责任。但经证明在表决时曾表明异议并记载于会议记录的，该董事可以免除责任。

股份有限公司设经理，由董事会决定聘任或者解聘。股份有限公司经理的职权与有限责任公司经理的职权的规定基本相同。

3. 监事会

股份有限公司依法应当设立监事会，监事会为公司的监督机构。

股份有限公司监事会成员不得少于 3 人，应当包括股东代表和适当比例的公司职工代表，其中职工代表的比例不得低于 1/3，具体比例由公司章程规定。监事会中的职工代表由公司职工代表大会、职工大会或者其他形式民主选举产生。

董事、高级管理人员不得兼任监事。监事的任期每届为 3 年。监事任期届满，连选可以连任。

股份有限公司监事会的职权与有限责任公司监事会的职权的规定基本相同。

监事可以列席董事会会议，并对董事会决议事项提出质询或者建议。监事会发现公司经营情况异常，可以进行调查；必要时，可以聘请会计师事务所等协助其工作，费用由公司承担。

监事会设主席 1 人，可以设副主席。监事会主席和副主席由全体监事过半数选举产生。监事会主席召集和主持监事会会议；监事会主席不能履行职务或者不履行职务的，由监事会副主席召集和主持监事会会议；监事会副主席不能履行职务或者不履行职务的，由半数以上监事共同推举 1 名监事召集和主持监事会会议。

监事会每 6 个月至少召开 1 次会议。监事可以提议召开临时董事会会议。监事会的议事方式和表决程序，除《公司法》有规定的外，由公司章程规定。监事会应当对所议事项的决定做成会议记录，出席会议的监事应当在会议记录上签名。

（六）股份有限公司的股份发行

1. 股份和股票的概念

股份是指将股份有限公司的注册资本按相同的金额或比例划分为相等的份额。股份作为代表公司资本的一部分，是公司资本的最小划分单位，股东根据其出资额度计算出其持有的股份数量，所有股东持有的股份加起来所代表的资本数额即为公司的资本总额。股份有限公司的股份具有平等性，公司每股金额相等，所表现出的股东权利和义务是相等的。

股票是指公司签发的证明股东所持股份的凭证，是股份的表现形式。

2. 股票的种类

依据不同的标准，可以将股票作出以下分类：

（1）普通股和优先股。

这是按照股东权利、义务的不同进行的分类。

普通股是指享有普通权利、承担普通义务的股份，是股份的最基本形式。依照规定，普通股股东享有决策参与权、利润分配权、优先认股权和剩余资产分配权。

优先股是指享有优先权的股份。公司对优先股的股利须按约定的股利率支付，不受公司盈利大小的影响，当年可供分配股利的利润不足以按约定的股利率支付优先股利的，由以后年度可供分配股利的利润补足。在公司进行清算时，优先股股东先于普通股股东取得公司剩余财产。但是，优先股股东不参与公司决策，不参与公司红利分配。实践中，很少公司发行优先股。

（2）国有股、发起人股和社会公众股。

这是按照投资主体性质的不同进行的分类。

国有股包括国家股和国有法人股。国家股是指有权代表国家投资的政府部门或机构以国有资产投入公司形成的股份或依法定程序取得的股份。国有法人股是指具有法人资格的国有企事业及其他单位以其依法占用的法人资产向独立于自己的股份公司出资形成或依法定程序取得的股份。

发起人股是指股份有限公司的发起人认购的股份。

社会公众股是指个人和机构以合法财产购买并可依法流通的股份。

（3）记名股票和无记名股票。

这是按照票面上是否记载股东的姓名或名称进行的分类。

记名股票是指在票面上记载股东姓名或名称的股票。《公司法》规定，公司向发起人、法人发行的股票，应当为记名股票，并应当记载该发起人、法人的名称或者姓名，不得另立户名或者以代表人姓名记名。

无记名股票是指在票面上不记载股东姓名或名称的股票。《公司法》规定，发行无记名股票的，公司应当记载其股票数量、编号及发行日期。

3. 股份的发行原则

股份的发行是指股份有限公司为了筹集公司资本而出售和分配股份的法律行为。

《公司法》规定："股份的发行，实行公平、公正的原则，同种类的每一股份应当具有同等权利。同次发行的同种类股票，每股的发行条件和价格应当相同；任何单位或者个人所认购的股份，每股应当支付相同价额。"

4. 股票的发行价格

股票发行价格可以按票面金额，也可以超过票面金额，但不得低于票面金额。因为，低于票面金额发行股票，违背资本充实原则，使股票发行募集的资金低于公司相应的注册资本数额。以超过票面金额发行股票所得溢价款，应列入资本公积金。

（七）股份有限公司的股份转让

1. 股份转让的概念

股份转让，是指股份有限公司的股份持有人依法自愿将自己所拥有的股份转让给他人，使他人取得股份成为股东或增加股份数额的法律行为。

2. 股份转让的法律规定

《公司法》对股份有限公司的股份转让作出了具体的规定，主要包括以下内容：

股东持有的股份可以依法转让。股东转让其股份，应当在依法设立的证券交易所进行或者按照国务院规定的其他方式进行。

记名股票，由股东以背书方式或者法律、行政法规规定的其他方式转让，转让后由公司将受让人的姓名或者名称及住所记载于股东名册。股东大会召开前20日内或者公司决定分配股利的基准日前5日内，不得进行上述规定的股东名册的变更登记。但是，法律对上市公司股东名册变更登记另有规定的，从其规定。

无记名股票的转让，由股东将该股票交付给受让人后即发生转让的效力。

发起人持有的本公司股份，自公司成立之日起1年内不得转让。公司公开发行股份前已发行的股份，自公司股票在证券交易所上市交易之日起1年内不得转让。

公司董事、监事、高级管理人员应当向公司申报所持有的本公司的股份及其变动情况，在任职期间每年转让的股份不得超过其所持有本公司股份总数的25%；所持本公司股份自公司股票上市交易之日起1年内不得转让。上述人员离职后半年内，不得转让其所持有的本公司股票。公司章程可以对公司董事、监事、高级管理人员转让其所持有的本公司股份作出其他限制性规定。

本章小结

本章主要学习个人独资企业的概念、特征以及设立条件；普通合伙企业的概念、特征、设立条件，合伙企业财产的性质和转让规定，合伙企业事务执行方式、后果承担、合伙事务的决定、利润分配和亏损分担，合伙企业的债务清偿，入伙和退伙，特殊的普通合伙企业，有限合伙企业的概念和法律的特殊规定，合伙企业的解散与清算；公司的概念、特征和种类，公司的设立、合并和分立；有限责任公司和股份有限公司的概念、设立条件、设立程序、组织机构、股权和股份转让等相关法律规定。

复习思考题

一、简答题

1. 简述个人独资企业的设立条件。
2. 简述合伙企业的设立条件。
3. 简述公司的分类。
4. 简述有限责任公司的设立条件。
5. 简述有限责任公司和股份有限公司组织机构的区别。

二、案例分析题

1. 甲、乙、丙三人合伙设立一家歌舞厅，甲以货币出资20万元，乙以劳务作价9万元出资，丙以一辆小轿车作价35万元出资，但没有办理过户手续。请问:

（1）甲、乙、丙三人的出资方式是否合法，为什么？

（2）假设甲是歌舞厅的事务执行人，三人约定，甲对外签订合同，最大金额不能超过40万元，在一次合同当中，甲与小刘签订了一份总金额为60万元的买卖合同，后来导致企业破产了，假设企业现在有财产45万元，请问欠小刘的债务该怎样承担？

（3）假设丁看到歌舞厅生意兴隆，想加进来，请问丁该具备什么条件？

（4）假设甲欠小黄 80 万元的债务到期不能偿还，甲除了歌舞厅的财产外，再也没有其他财产了，小黄该怎么办？

2. 甲、乙、丙合伙经营一家名为“满意水果店”的普通合伙企业，甲为该合伙企业的负责人。甲、乙、丙并未约定损益分配和亏损承担的比例。2020 年 7 月的某一天，因丙外出，甲与乙协商后以该合伙企业名义与果农签订了一份标价额为 16 万元的水果买卖合同。因该合伙企业流动资产不足，甲决定向银行贷款 10 万元，银行要求提供抵押担保，甲以该合伙企业所有的一辆尼桑货车作抵押，与银行签订了抵押合同，但未办理抵押物登记，根据相关法律规定，以车辆设立抵押的，应该办理抵押物登记。后因合伙企业无力偿还贷款，银行欲行使抵押权。为此发生纠纷并诉讼至法院。

经查：①满意水果店的合伙协议约定，凡 5 万元以上的业务须经甲、乙、丙三人一致同意；②甲曾经在一次诉讼中免除了戊对水果店的 2 万元债务；③水果店的财产价值 10 万元。

根据上述事实及有关法律规定，回答下列问题：

（1）合伙协议中未约定损益的分配和亏损的承担，按照规定应该如何确定？

（2）该合伙企业与果农签订的水果买卖合同及与银行签订的借款合同在效力上应如何认定？为什么？

（3）该合伙企业与银行签订的货车抵押合同在效力上应如何认定？银行能否对该货车行使抵押权？为什么？

（4）如果银行、赵某、钱某同时对该合伙企业行使债权，合伙企业的财产应如何清偿？

3. 甲、乙、丙三人投资设立一家 AA 有限责任公司，甲以货币出资 8 万元，乙以劳务作价出资 2 万元，丙以一辆小车作价出资 20 万元，但没有及时办理过户手续，三方约定，自公司成立之后 3 年内缴清所有注册资金。请问：

（1）甲、乙、丙三人出资的方式是否合法？为什么？

（2）AA 有限责任公司看到一家合伙企业生意兴隆，想加入进去，可以吗？

（3）假设 AA 有限责任公司由于经营不善，被宣告破产，经清算，公司全部财产只有 80 万元，但欠小张 60 万元，欠小黄 50 万元，请问债务该如何承担？

第三章 代理法

学习目标

掌握代理的概念及法律特征、代理权的产生及终止；能区别无权代理的种类以及运用；能运用代理法基础知识来分析当事人之间的法律关系；能运用代理法基础知识来解决当事人之间的法律纠纷。

引导案例

某啤酒公司委托某机械进出口公司从德国S公司进口一套啤酒生产线。进出口公司根据啤酒公司提出的要求与德国S公司签订了合同，半年后交货。半年后，德国S公司如期交货，并派人到啤酒公司指导设备安装。设备安装试运行3个月后，发现运转不正常，不能达到合同的技术要求，无法生产出合格的啤酒。经专家鉴定，该设备存在质量问题，不可能生产出合格的产品。

请问：啤酒公司可否直接要求德国S公司赔偿其损失？

知识支撑

代理制度是现代社会中一项非常重要的法律制度，无论是在国内贸易还是国际贸易中，代理制度都得到了广泛的应用。在国际商事活动中，越来越多的交易活动是借助代理机构完成的，如经纪人、运输代理人、保险代理人等。代理人对于沟通对外贸易当事人之间的业务联系、促进国际商事交易的发展起着极为重要的作用。同时，这也使国际商事交易产生了更加复杂的法律关系。为了调整这些法律关系，各国通过立法手段，规定了一系列关于代理制度的规则；为了消除各国对代理法律制度的不同规定给国际贸易带来的障碍，一些国家还制定了国际统一规则。

第一节 代理概述

一、代理的概念及特征

1. 代理的概念

代理是指代理人在被代理人授权范围内，以本人（被代理人）的名义同第三人订立合同或者其他法律行为，由此而产生的法律后果直接对被代理人发生法律效力的法律行为。

代理有狭义和广义之分。狭义代理是指代理人以本人的名义进行的代理，即直接代理，也称显名代理；广义代理包括间接代理，即代理人以自己的名义实施民事法律行为，而后将行为的后果间接归于本人的代理，也称隐名代理。

在代理关系中，主要涉及三方面的当事人，即被代理人、代理人与第三人。被代理人，又称为本人、委托人，是指委托他人为自己从事某种行为的人；代理人，是指在代理权限内，以他人名义且为他人利益实施法律行为的人；第三人，也称为相对人，是泛指一切与代理人进行法律行为的人。

根据《民法典》第一百六十一条规定，民事主体可以通过代理人实施民事法律行为。依照法律规定、当事人约定或者民事法律行为的性质，应当由本人亲自实施的民事法律行为，不得代理。下列行为，不能代理：

（1）凡意思表示具有严格的人身性质，必须由表意人亲自作出决定和进行表示的行为。如订立遗嘱、婚姻登记、收养子女等具有人身性质的行为不得代理。

（2）具有严格人身性质的债务，不得代为履行，如不得代为演出、代为作画、代为授课等。

2．代理的法律特征

（1）代理是一种法律行为，表明通过代理人进行的行为必须是能够产生法律上的权利和义务的行为，诸如订立合同、代理进行诉讼等。

（2）代理人在代理权限内作独立的意思表示。代理人在被代理人授权的权限范围内，独立决定并按照自己的意志进行代理活动。一般而言，非独立进行意思表示的行为，如传递信息就不被认为是代理行为，但在英美法系国家，某些传递信息的行为也可能被认定为代理行为。

（3）代理是以被代理人的名义进行的行为。代理制度的出现就是为了在被代理人与第三人之间设立、变更和终止权利义务关系。所以，代理行为一般应为以被代理人的名义进行。

（4）代理行为的法律后果直接归属于被代理人。代理人在被代理人的授权范围内所作的行为在法律上视为被代理人的行为，由此产生的权利义务关系直接由被代理人承担，代理人一般不承担个人责任。

二、代理权的产生

关于代理权是如何产生的问题，大陆法和英美法的规定不同。

（一）大陆法规定的代理权

大陆法按产生的原因把代理权分为法定代理权和意定代理权。

1. 法定代理权

法定代理权是指本人由于法律上或事实上的原因不能为法律行为时，由法律直接规定他人代为法律行为而产生的代理权，一般是基于当事人之间的血缘关系而产生。法定的代理权对于不能进行正确意思表示的人顺利参加国际商事活动，具有非常重要的意义。

法定代理权的产生一般有如下几种情况：

（1）根据法律规定而产生的代理权，如父母是未成年子女的法定代理人。

（2）根据法院的选任而产生的代理人，如法院选定破产管理人。

（3）因私人的选任而取得的代理权，如亲属选任的遗产管理人等。

此外，公司法人本身是不能进行法律活动的，他必须通过代理人来处理各项业务。公司的董事长一般被认为是公司法人的代理人。按照德国法，法人的第一位的权利是由法律规定的。

2. 意定代理权

意定代理权是指根据本人的意思表示而产生的代理权，即被代理人的授权行为。这种意思表示可以向代理人表示，也可以向同代理人打交道的第三人表示，一般对其形式没有限制，可以采用口头或书面的方式，也可以通过一定的行为以默认的方式作出。

（二）英美法规定的代理权

英美法系的代理主要是委托代理，但在某些情况下，即使事实上未授权给代理人，本人也应受其代理行为约束，且代理关系还可由事后追认产生。

1. 明示授权

明示授权是指由本人和代理人以明确的意思表示达成建立代理关系的协议，代理人通过本人的明示指定或委任而实际享有的代理权。这是英美法系产生代理权的最基本的途径。根据英美法的规定，代理协议的成立并不要求特定形式，即可用书面的形式，并且授权的形式与代理人和第三人之间法律行为的形式无关，也就是说即使代理人与第三人签订的是书面合同，授权仍可以用口头方式，除非本人要求代理人用签字蜡封的方式替他与第三人订立合同，例如，委托代理人购置不动产，需要采用签字蜡封的形式授予代理权。

2. 默示授权

默示授权是指被代理人虽然没有明确的意思表示，但是其言辞或行为致使代理人或第三人相信代理人有权代替被代理人从事某种法律行为而产生的代理权。

3. 客观必须的代理权

客观必须的代理权是一个人在受委托照管另一人的财产时，发生了为保存该财产而在必须采取某种行为的紧急情况下产生的代理权。这种情况在国际贸易中是会发生的。例如，承运人在紧急情况下，有权采取超越其通常权限的行动，如出售易腐烂的或可能灭失的货品。但由于没有事前的授权，紧急情况的标准也难以判定，英美法院一般不轻易承认这种代理权，除非代理人的行为具备以下前提条件：

（1）实施代理行为是客观上和商业上必须的。

（2）因事前无法与本人取得联系而无法得到本人的指示。

（3）代理人的行为必须出于善意，并且权衡了各有关当事人的权益。

例如，在某案件中，铁路公司替原告运一批西红柿到某地，由于铁路工人罢工，西红柿被堵在半路上，眼看西红柿将腐烂，铁路公司遂将西红柿就地卖掉。法院认为，虽然铁路公司是出于善意保护原告的合法利益，但当时是可以通知原告的，在可以联系而未联系的情况下私自处理他人的财物，不能算是具有客观必须的代理权，判定被告败诉。

4. 追认的代理权

追认是指代理人未经授权或越权而以本人的名义同第三人为法律行为，该法律行为对本人无约束力，但本人在事后承认该法律行为效力的行动。追认具有溯及力，该法律行为生效时起就对本人有约束力而不必等到追认时。追认符合下列条件时，方为有效：

（1）代理人与第三人为法律行为时必须声明他是以被代理人的身份进行的。如果他事实上没有得到授权，而是打算作为代理人替别人为法律行为，但并没有把这种意图告诉给第三方，则不可能在事后由本人予以追认。

（2）只能由为法律行为时已经指出姓名的本人或可以确认姓名的本人来追认。

（3）作出追认的本人在代理人为法律行为时必须取得了法律上的人格。这是因为一些国家不允许代理人以未成立的公司的名义从事活动。

（4）本人在追认时必须了解法律行为的基本内容。

相对于本人的追认权，一些国家规定了第三人的撤销权，即第三人在知道代理人无代理权或越权代理时，可以撤销与代理人所作的法律行为，但第三人行使撤销权必须在本人追认之前。

案例3.1 A公司授权B公司从某国购买一批货物，由于爆发了战争，B公司在无法与A公司取得联系的情况下将该批货物出售，因为如果不出售，该批货物就会坏掉。后B公司将销售所得以A公司名义存入银行。战争结束后，货物价格飙升，A公司认为B公司未经其授权而出售其货物的行为构成侵权，要求B公司承担赔偿责任。

请问：根据代理理论，A公司的请求可否得到法院的支持？为什么？

【解析】A公司的请求不能得到法院的支持，因为是为了B公司的利益。

三、无权代理

无权代理是指欠缺代理权的人所做的代理行为，必须是民事法律行为，必须以被代理人的名义与第三人所为的意思表示。

无权代理主要有以下四种情况：①根本未经授权的代理；②超越代理权的代理；③代理权终止后的代理；④授权行为无效的代理。

案例3.2 下列哪项构成无权代理？

A. 甲冒用乙的姓名从某杂志社领取乙的论文稿酬据为已有

B. 某公司董事长超越权限以本公司名义为他人提供担保

C. 刘某受同学周某之托冒用丁某的姓名参加求职面试

D. 关某代收某推销员谎称关某的邻居李某订购的保健品并代为付款

【解析】应选 D。A 属于冒名行为；B 属于代表行为；C 不属于冒名行为；也不是代理行为；D 是无权代理行为。

大陆法系与英美法系关于无权代理有着不同的规定，下面对其进行分别阐述：

（一）大陆法系国家的无权代理

大陆法系认为，无权代理有狭义与广义之分，即无权代理可以分为不发生被代理人责任的无权代理和发生被代理人责任的无权代理。一般而言，狭义的无权代理未经被代理人的追认（即赋予本人的追认为条件），被代理人即不承担责任，而由无权代理人承担相应的法律责任；广义的无权代理，也称为表见代理，其法律后果则直接归属于被代理人，趋向于保护相对人，定为有效代理，即被代理人对第三人负授权责任。

1. 狭义的无权代理

狭义的无权代理，是指行为人完全没有代理权而以他人名义实施法律行为。委托代理以本人授权为要件，无权代理与有权代理的区别就是欠缺代理权。

根据我国《民法典》第一百七十一条规定：行为人没有代理权、超越代理权或者代理权终止后，仍然实施代理行为，未经被代理人追认的，对被代理人不发生效力。

相对人可以催告被代理人自收到通知之日起 30 日内予以追认。被代理人未作表示的，视为拒绝追认。行为人实施的行为被追认前，善意相对人有撤销的权利。撤销应当以通知的方式作出。

行为人实施的行为未被追认的，善意相对人有权请求行为人履行债务或者就其受到的损害请求行为人赔偿。但是，赔偿的范围不得超过被代理人追认时相对人所能获得的利益。

相对人知道或者应当知道行为人无权代理的，相对人和行为人按照各自的过错承担责任。

根据我国《民法典》第一百七十二条规定：行为人没有代理权、超越代理权或者代理权终止后，仍然实施代理行为，相对人有理由相信行为人有代理权的，代理行为有效。

案例 3.3 甲委托乙采购一批电脑，乙受丙的诱骗高价采购了一批劣质手机。丙一直以销售劣质手机为业，甲对此不知情。关于手机买卖合同，下列哪些说法是正确的？

A. 甲有权追认　　　　B. 甲有权撤销

C. 乙有权以甲的名义撤销　　　　D. 丙有权撤销

【解析】应选 A、B、C。甲委托乙采购电脑，但是乙采购了手机，乙的行为属于超越代理权范围而进行的越权代理行为，乙与丙之间订立的手机买卖合同效力待定，此时甲有权进行追认，A 是对的。善意相对人有权进行撤销，乙购买手机是被丙诱骗，丙为恶意相对人，因此不享有撤销权，D 是错误的。丙诱骗乙高价采购劣质手机，丙的行为构成欺诈，甲有权予以撤销，B 是对的。而乙作为甲的代理人，可以甲的名义行使撤销权，C 是对的。

2. 表见代理

表见代理，是指行为人虽无代理权，但善意的第三人有充分理由相信行为人具有代理权，并与其为法律行为，该法律行为的后果应当直接由被代理人（本人）承担的代理。

表见代理本质上也是一种无权代理，但是为了保护善意第三人的利益以及维护交易秩序的安全与便捷，大陆法系国家与表见代理相类似的制度即“不容否认的代理”。表见代理的构成要件包括以下几个：

（1）以本人名义实施的民事法律行为，包括以本人名义实施意思表示或受领意思表示。因为如果不是以本人名义实施的民事法律行为，只能适用于无因管理或隐名代理的规定，表见代理只是适用于显名代理。

（2）行为无代理权。表见代理是广义的无权代理，行为人若有代理权，适用有权代理的规定，即使代理权有瑕疵，也只能适用狭义无权代理的规定。

（3）客观上存在使第三人有理由相信行为人拥有代理权的事实依据。例如，无权代理人与被代理人之间有特殊的身份关系以及无权代理人借用的合同章、盖章的空白合同书、业务介绍信等。

（4）第三人所作的行为善意且无过失，是指第三人不知道与之交往的代理人实际上是无代理权的，而且对于这种不知情并非出于疏忽和懈怠。但是，第三人应当对善意且无过失承担举证责任。

表见代理的效果有两个：一是发生有权代理的效果，即行为人之行为，在本人与相对人之间发生权利义务关系，本人不得行使无权代理之撤销权和其他抗辩权，对行为人表见代理的效果按有权代理承受；二是相对人有撤销权，表见代理主要是保护相对人利益，相对人对于表见代理应享有选择权，既可以按狭义无权代理，享有撤销权，也可以按表见代理，接受与本人的民事法律行为，与本人之间发生权利义务关系。

案例 3.4 甲公司业务经理乙长期在丙餐厅签单招待客户，费用由丙公司按月结清。后因乙因故辞职，月底餐厅前去结账时，甲公司认为，乙当月用餐都是招待私人朋友，因而拒绝乙所签单的餐费。请问甲公司应否付款?

【解析】甲公司应当付款。因为乙是甲公司的业务经理，与甲公司形成了表见代理关系。

3. 狭义的无权代理与表见代理的区别

狭义的无权代理与表见代理虽然都属于广义的无权代理范畴，但是两者还是有明显的区别，主要包括以下两个方面：

（1）两者形式要件不同。在狭义的无权代理中，代理人既没有代理权，也没有令第三人相信其有代理权的事实依据；而在表见代理中，代理人存在令第三人相信的事实依据，而这种不知情也是善意第三人并非出于疏忽所致。

（2）两者的法律后果不同。狭义的无权代理，只有被代理人对无权代理人的行为予以追认时，被代理人才承担相应的法律后果；而表见代理产生的法律后果由被代理人直接承担。

（二）英美法系国家的无权代理

英美法系国家将大陆法系国家的狭义无权代理称为违反代理权的默示担保。根据英美法的解释，当代理人与第三人订立合同时，代理人对第三人承担一项默示的担保，即保证其是有代理权的。因此，无权代理人如果伪称有代理权，或者超越代理权限行事，第三人可以对其提起诉讼，要求无权代理人承担损害赔偿责任。

案例 3.5 小张长期担任机电公司的业务主管，在机电公司有很大的代理权限。在小张的努力下，机电公司生意兴隆，新老客户遍及世界。由于机电公司的董事长老黄嫉妒小张的才能，无理解雇了小张。小张怀恨在心，于是在解雇的一个月后，假冒机电公司的名义从老客户老何公司处骗得货物，然后逃之夭夭。老何公司要求机电公司付款，机电公司则以小张假冒该公司名义签订合同为由拒绝付款。而老何公司坚持认为在其与小张订立合同时，并不知道小张已被公司解雇，并且也未收到关于机电公司已解雇小张的任何通知，故老何公司是不知情的善意第三人，机电公司仍对小张的无权代理行为负责。双方相持不下，诉至法院。

根据代理理论，试回答下列问题：

（1）机电公司是否要为小张的无权代理行为负责？为什么？

（2）小张是否也要承担责任？为什么？

【解析】

（1）机电公司要为小张的无权代理行为负责，因为构成了表见代理的法律关系。

（2）小张要为机电公司承担责任。因为他假冒机电公司的名义去老何公司订立合同，机电公司承担了老何公司的责任后，可以向小张进行追偿。

四、代理关系的终止

（一）委托代理终止

根据《民法典》第一百七十三条规定，有下列情形之一的，委托代理终止：

（1）代理期限届满或者代理事务完成。

（2）被代理人取消委托或者代理人辞去委托。

（3）代理人丧失民事行为能力。

（4）代理人或者被代理人死亡。

（5）作为代理人或者被代理人的法人、非法人组织终止。

（二）法定代理终止

根据《民法典》第一百七十五条规定，有下列情形之一的，法定代理终止：

（1）被代理人取得或者恢复完全民事行为能力。

（2）代理人丧失民事行为能力。

（3）代理人或者被代理人死亡。

（4）法律规定的其他情形。

（三）代理关系终止的法律后果

代理关系终止后，将会在代理人和被代理人之间以及代理人、被代理人与第三人之间产生法律上的后果。

1. 被代理人与代理人之间的法律后果

代理关系终止后，代理人即不能再以被代理人的名义进行代理行为，否则即属于无权代理，按无权代理的法律规定处理。有些大陆法系国家为了保护商业代理人的利益，法律特别规定，在终止代理合同时，代理人对于他在代理期间为被代理人建立的商业信誉，有权要求被代理人予以补偿。这是因为代理合同终止后，这种商业信誉将为被代理人所享有，而代理人将因此缺失一定的利益。

2. 对第三人的法律后果

代理关系终止后，对于第三人是否产生法律上的后果，取决于第三人是否知情。如果代理关系终止时，被代理人及时通知第三人的，才对有关的第三人产生法律上的后果。如果代理关系终止时，被代理人没有及时通知第三人，则对第三人不产生法律上的后果，被代理人仍然应当对代理人与第三人所作的行为承担法律后果，此时适用表见代理规则。但是，被代理人有权要求代理人赔偿损失。

第二节 代理的法律关系

在代理合同中有三种法律关系：一是本人与代理人之间的关系；二是代理人与第三人之间的关系；三是本人与第三人之间的关系。通常，本人与代理人之间的关系是根据民商法或合同法产生的，是一种合同关系，属于代理的内部关系。因此，当本人、代理人与第三人发生合同关系时，可以将本人与代理人看作一方，第三人则为另一方，双方的关系即为外部关系。

一、本人与代理人之间的法律关系

本人与代理人之间的关系通常是由他们通过订立代理合同或授权合同来确立的。当事人双方通过代理合同确定他们之间的权利和义务以及代理权限和佣金等问题。除此之外，各国法律对本人和代理人的权利义务也都作了原则性的规定，当事人之间的协议不得与之相抵触。而且，如果代理合同本身没有对这些权利义务作出明确规定，那么他们之间的权利义务关系便应依其适用的法律来确定。尽管各国规定的方式有所差异，但本人与代理人的权利义务在基本内容上大体是一致的。

（一）代理人的义务

1. 履行职责的义务

（1）代理人应亲自履行义务。本人的委托授权是基于对代理人的人身信任，代理人本身区别于他人的技能、经验、信誉是取得代理权的前提，因此代理人必须亲自履行职责，而不能将代理事务随意转托他人。但是如果有客观需要，并且情况允许，经本人同意，代理人可将代理事务转托他人。

《民法典》第一百六十九条规定：代理人需要转委托第三人代理的，应当取得被代理人的同意或者追认。转委托代理经被代理人同意或者追认的，被代理人可以就代理事务直接指示转委托的第三人，代理人仅就第三人的选任以及对第三人的指示承担责任。转委托代理未经被代理人同意或者追认的，代理人应当对转委托的第三人的行为承担责任；但是，在紧急情况下代理人为了维护被代理人的利益需要转委托第三人代理的除外。

（2）代理人应勤勉地履行职责，代理关系建立后代理人应以自己的技能勤勉地为本人处理委托事务，在此过程中应尽到一个管理人的注意义务，否则代理人对自己不履行职责或履行不当给本人造成的损失应承担赔偿责任。

2. 对本人诚信、忠实的义务

（1）不经本人同意，代理人不得从事自己代理、双方代理和利己代理的行为。自己代理是以本人的名义与自己订立合同；双方代理是指代理人同时兼任第三人的代理人；利己代理是代理人利用地位之便，实施利于自己却不利于被代理人的代理。在这三种情况下，代理人很难维护本人的利益不受损失，这是对代理权的滥用，本人可以随时撤销代理权并要求代理人赔偿其损失。

（2）代理人不得密谋私利或与第三人恶意串通损害本人利益。包括不得谋取佣金外的任何利益；不得接受第三人的贿赂，即使该贿赂不影响代理人的判断。在代理人违反此义务时，本人可以不经通知就解除代理关系，撤销代理人与第三人订立的合同，拒绝支付佣金，本人还可以对受贿人和行贿人提起诉讼，要求他们赔偿因贿赂行为造成的损失。英国法甚至将其视为犯罪，情节严重者可追究刑事责任。

（3）代理人的披露与通知义务。代理人应把有关代理活动的一切真实、必要情况及时通知本人，以便其进一步作出决策。

3. 代理人的保密义务

代理人在代理协议有效期间或代理协议终止前不得将代理过程中获得的商业秘密泄露给任何第三人，也不得由他自己利用这些商业秘密与本人进行不正当竞争。但另一方面，除经双方同意的合理的贸易上的限制外，本人也不得不合理地限制代理人使用其在代理期间获得的技术、经验与资料。因为根据一些国家关于限制性商业做法的法律规定，此类限制是无效的。

4. 竞业禁止的义务

竞业禁止是指代理人不得从事与本人相竞争的业务，除非合同另有规定。各国代理法均以不得与本人竞争作为代理人的义务之一，但这种限制往往是有期限的。此外，代理人公司经营范围中包括本人的业务，仅此并不构成违约，只要代理人的公司实际上并没有经营与本人公司相同的业务。

5. 根据本人要求管理并汇报账目

（1）代理人须对一切代理交易做出正确的账目。代理人应清楚地记录账目，并将其交给本人，否则有可能失去报酬或有侵占本人财产之嫌；代理人还应正确核算代理业务中属于本人的财产，并与代理人自己的财产明确区分。

（2）代理人应按合同规定在本人提出要求时向本人汇报账目。此外，代理人还应交出有关代理事务的其他记录。

（3）代理人应将为本人收取的一切利益交付本人。但是，本人欠付代理人佣金或费用时，代理人可对所占有的本人的财产行使留置权，或用其抵销本人对他的欠款。

（二）本人的义务

1. 支付佣金

这是本人最主要的一项义务。一般在代理合同中对佣金都作了明确规定，本人按合同条款支付佣金即可；如果合同中无佣金条款，但按通常的惯例应支付佣金，那么本人也应按通常惯例确定的金额向代理人支付佣金。

在某些商事代理中，关于佣金还应注意两个问题：其一，本人未经代理人介绍，直接与代理人代理地区内的第三人订立合同时，代理人是否可就该交易合同取得佣金；其二，代理人介绍的客户在日后特别是在代理关系终止后重复向本人订货，代理人是否可以取得佣金。关于这些问题，由于一些国家的法律未作出明确的规定，因此双方第三人应在合同中约定。当合同没有约定时，大陆法和英美法的处理方法有所不同。

根据英美法的判例原则，代理人取得佣金的前提是，该交易的达成是代理人付出努力的结果。由此，如果本人未经代理人介绍直接与代理地区内的第三人达成交易合同，代理人无权要求佣金。但该原则也并非不可改变，如通过双方协议和交易习惯另行约定，在独家代理协议中，通常都规定代理人对所有来自代理地区的订单都可要求佣金。根据英美法的判例，关于佣金还有如下情况：

（1）本人通过代理人与第三人达成了交易，即使第三人所出价格低于标价或合同最后条款，即与代理人建议的不一致，只要本人接受该价格及交易条件，代理人即可取得佣金。

（2）本人通过代理人与第三人订立了交易合同，但本人拒绝履约，应视为本人违反代理合同的默示条款，仍须向代理人支付佣金；另一方面，代理人只有在他介绍的买卖完成后才可以取得佣金，因此，如果是第三人不履行合同或不付款，代理人无权要求佣金。

（3）佣金合同有期限时，在期限届满合同终止后，买方向本人的再次订货代理人不能要求佣金。

（4）代理合同未约定期限的情况下，只要本人在合同终止后再次接到买方的订货，仍须向代理人支付佣金。但是，代理人只能要求对再次订货给予佣金补偿，而不能对未来每次订货都要求佣金。

很多大陆法系国家规定，如代理合同中无相反约定，对于本人同代理地区内的第三人达成的一切交易，代理人均有权取得佣金，无论其是否参与了交易。一些大陆法系国家还对商业代理人取得佣金的权利和计算方法有详细的规定。此外，有的国家为了保护商业代理人的利益，规定在本人单方面终止代理合同时，应对代理人在代理期间为本人建立的商誉作出补偿。

2. 偿还代理人因履行代理义务而产生的费用

如代理合同中无约定，本人无须偿还代理人的正常业务支出，但本人应当偿还代理人因执行其指示而发生的正常业务以外的支出和损失。如代理人根据本人的指示在法院对违约的客户提起诉讼时所支出的费用，本人必须予以补偿。此外，一些国家的法律还规定，本人应补偿代理人在履行代理义务中，非因代理人过失而遭受的损失，如由不可抗力造成的损失。

3. 本人有义务让代理人核查账册

在一些大陆法系国家里，这是一项强制性规定，本人及代理人均不得在合同中作出相反规定。通过核查账册，代理人可以确定佣金数额是否适当。

4. 本人应配合代理人以便完成代理事务

在很多情况下，特别是国际货物销售代理中，离开了本人的配合，代理人无法顺利完成代理事务。本人的合作义务包括提供必要的资料、信息；在合理时间内通知代理人关于交易是否进行的决定；按约定或法律规定为代理人提供安全的工作条件。本人违反此义务致使代理人无法完成义务的，代理人不承担责任，给代理人造成损失的，本人应予以赔偿。

二、本人、代理人与第三人的法律关系

按照代理的一般原则，在代理人替本人与第三人订立合同后，该合同的后果归于本人，代理人可以从合同关系中退出而无须承担责任。实际上，由于各国法律规定不一以及代理关系本身的复杂性，情况往往并非如此简单。在分析外部关系时，最重要的是要确定除第三人外，谁是合同另一方的当事人——本人还是代理人？对此大陆法和英美法有不同的处理方法。

（一）大陆法的标准

大陆法在确定合同一方当事人的问题上是以名义为标准的，即看代理人是以本人的名义还是以自己的名义同第三人订立合同，并据此将代理划分为两类：直接代理和间接代理。

1. 直接代理

直接代理是指代理人在代理权限范围内，以本人的名义同第三人订立合同，该合同效力直接及于本人。在此，由于合同是以本人名义订立的，因此双方当事人就是本人和第三人，由本人直接向第三人负责。在这种情况下，代理人在订立合同时必须表明他的代理人身份，或依当时情况可以表明这一点。但代理人是否指明本人的姓名，不影响直接代理的成立。

2. 间接代理

间接代理是指代理人为了本人的利益，以代理人自己的名义与第三人订立合同，日后再通过另一个合同将其权利、名义转移于本人。在此，间接代理是代理人以自己的名义与第三人订立合同的，合同的双方当事人就是代理人和第三人，代理人须对合同负责，原则上本人同第三人没有直接的法律关系。因此，本人不能以对代理人的授权和代理人为了其利益为由直接对第三人主张权利，只能依据他与代理人订立的代理合同，将代理人已经取得的权利、义务转归自己。可见，在间接代理的情况下，本人须经两个程序才能向第三人主张权利。

（二）英美法的标准

英美法没有像大陆法那样把代理权区分为直接代理和间接代理，而是使用了显名代理、隐名代理、未披露代理关系的代理三种概念，并以“义务”标准，针对这三种情况确定与第三人订立合同的当事人。英美法这一标准与大陆法规定的标准最主要的区别在于：无论代理人是以自己的名义还是以本人的名义与第三人订立合同，也无论代理人在订约时是否说明了本人的存在，只要代理人在其权限内合法代理，其后果最终都归于本人，由本人向第三人负责。

1. 显名代理

显名代理是指代理人在订约时表明了自己的代理人身份，并且指明了本人的姓名或名称。在这种情况下，这个合同就是本人和第三人的合同，只要代理人在授权范围内合法代理，该合同的后果就应由本人承担，代理人在订约完成后即退出合同关系，既不享有合同的权利也不承担义务。

2. 隐名代理

隐名代理是指代理人在订约时表明了自己的代理人身份，但并未指明本人的姓名或名称。隐名代理的法律后果与显名代理一样，合同后果归于本人，代理人无须承担个人责任。但是，如果代理人既未指明本人的姓名或名称，也未明示其代理人身份，只是以描述性语言暗示其为

代理人时，不得视为隐名代理，代理人须对该合同承担责任。如依英国的判例，代理人在与第三人订约的信函上仅使用“经纪人”“经理人”字样不足以表明其代理人身份，必须写明“买方代理人”或“卖方代理人”。可见，确定隐名代理下合同当事人的关键在于，代理人是否表明本人的存在及其代理人的身份。

3. 未披露代理关系的代理

未披露代理关系的代理是指代理人虽拥有本人的授权，但在代理行为中，未向第三人表明自己的代理人身份，更未告知本人的姓名或名称。代理人实际上把自己置于本人的位置，理应对合同负责。这种情况类似于大陆法中的“间接代理”，但不同的是，在英美法系国家，未被披露的本人可以行使介入权，直接向第三人主张合同中的权利、承担合同义务，而无须再经过其他合同将代理的后果转归自己。具体而言，有以下两种方式：

（1）未被披露的本人有权介入合同并直接对第三人行使请求权。如果本人介入了该合同，他就成了该合同的当事人，由自己承担对第三人的义务。

（2）第三人在发现了本人的存在后，享有选择权。他可以选择本人或者代理人承担合同义务，也可以向本人或代理人起诉。但是第三人一旦选定了要求本人或代理人承担义务之后，他就不能改变主意对他们当中的另一个人起诉。

由此可见，英美法的规定较大陆法更为现实。因为在国际商事代理中，三方当事人都想通过代理行为获取各自的利益，这使得他们之间的直接联系成为必要。而赋予不公开的本人以一定条件的介入权，承认第三人的选择权，既可以使本人能选择适当时机介入交易活动以维护自己的利益，也可以使第三人有选择履约对象的自由而使交易更有保障。这种方法简化了交易的手续，使这个国际商事交易联结成为一个整体，对国际商事代理关系的各方当事人都将产生益处。

案例 3.6 美洁公司在英国的采购代理人与英国的罗特公司洽谈后，为美洁公司购买了一批机器设备。但该代理人未向罗特公司表明自己的代理人身份，并且以自己的名义与罗特公司签订了买卖合同。后来，罗特公司不仅延迟交货，而且所交的货物存在严重的质量问题。

请问：美洁公司是否可以直接起诉罗特公司要求其承担违约责任？

【解析】根据英美代理法的规定，此种情况属于未披露代理关系的代理。本人可以行使介入权，取得合同当事人的地位，直接向第三人即罗特公司要求其承担违约责任。但是这种情况在大陆法系国家称为间接代理，合同的双方当事人是代理人和罗特公司，合同的权利、义务直接归属于代理人。此时，必须由代理人同美洁公司在订立合同中把前一个合同的权利转移给美洁公司，美洁公司才能对罗特公司主张权利。

第三节　我国的代理法律制度

一、我国关于代理的法律制度

根据《民法典》中关于代理的相关法律规定，公民、法人都可以通过代理人实施民事法律行为。代理人在代理权限内，以被代理人的名义实施民事法律行为，被代理人对其代理人的代理行为应承担民事责任。

《民法典》第一百七十一条规定，行为人没有代理权、超越代理权或者代理权终止后，仍然实施代理行为，未经被代理人追认的，对被代理人不发生效力。相对人可以催告被代理人自收到通知之日起30日内予以追认。被代理人未作表示的，视为拒绝追认。行为人实施的行为被追认前，善意相对人有撤销的权利。撤销应当以通知的方式作出。行为人实施的行为未被追认的，善意相对人有权请求行为人履行债务或者就其受到的损害请求行为人赔偿。但是，赔偿的范围不得超过被代理人追认时相对人所能获得的利益。相对人知道或者应当知道行为人无权代理的，相对人和行为人按照各自的过错承担责任。《民法典》第一百七十二条规定，行为人没有代理权、超越代理权或者代理权终止后，仍然实施代理行为，相对人有理由相信行为人有代理权的，代理行为有效。这些规定确立了中国处理代理关系的基本原则。

二、我国关于代理的分类

我国《民法典》中，规定了委托、行纪与中介三种代理合同方式。

关于委托合同，《民法典》第九百一十九条规定："委托合同是委托人和受托人约定，由受托人处理委托人事务的合同。"第九百二十二条规定："受托人应当按照委托人的指示处理委托事务。需要变更委托人指示的，应当经委托人同意；因情况紧急，难以和委托人取得联系的，受托人应当妥善处理委托事务，但是事后应当将该情况及时报告委托人。"第九百二十三条规定："受托人应当亲自处理委托事务。经委托人同意，受托人可以转委托。转委托经同意或者追认的，委托人可以就委托事务直接指示转委托的第三人，受托人仅就第三人的选任及其对第三人的指示承担责任。转委托未经同意或者追认的，受托人应当对转委托的第三人的行为承担责任；但是，在紧急情况下受托人为了维护委托人的利益需要转委托第三人的除外。"第九百二十四条规定："受托人应当按照委托人的要求，报告委托事务的处理情况。委托合同终止时，受托人应当报告委托事务的结果。"第九百二十五条规定："受托人以自己的名义，在委托人的授权范围内与第三人订立的合同，第三人在订立合同时知道受托人与委托人之间的代理关系的，该合同直接约束委托人和第三人；但是，有确切证据证明该合同只约束受托人和第三人的除外。"

关于行纪合同，《民法典》第九百五十一条规定："行纪合同是行纪人以自己的名义为委托人从事贸易活动，委托人支付报酬的合同。"第九百五十五条规定："行纪人低于委托人指定的价格卖出或者高于委托人指定的价格买入的，应当经委托人同意；未经委托人同意，行纪人补偿其差额的，该买卖对委托人发生效力。行纪人高于委托人指定的价格卖出或者低于委托人指定的价格买入的，可以按照约定增加报酬；没有约定或者约定不明确，依据本法第五百一十条的规定仍不能确定的，该利益属于委托人。委托人对价格有特别指示的，行纪人不得违背该指示卖出或者买入。"

《民法典》第九百五十八条规定："行纪人与第三人订立合同的，行纪人对该合同直接享有权利、承担义务。第三人不履行义务使委托人受到损害的，行纪人应当承担损害赔偿责任，但行纪人与委托人另有约定的除外。"中国的外贸代理规则与此相类似。

关于中介合同，《民法典》第九百六十一条规定：“中介合同是中介人向委托人报告订立合同的机会或者提供订立合同的媒介服务，委托人支付报酬的合同。”第九百六十二条规定：“中介人应当就有关订立合同的事项向委托人如实报告。中介人故意隐瞒与订立合同有关的重要事实或者提供虚假情况，损害委托人利益的，不得请求支付报酬并应当承担赔偿责任。”

第九百六十三条规定：“中介人促成合同成立的，委托人应当按照约定支付报酬。对中介人的报酬没有约定或者约定不明确，依据本法第五百一十条的规定仍不能确定的，根据中介人的劳务合理确定。因中介人提供订立合同的媒介服务而促成合同成立的，由该合同的当事人平均负担中介人的报酬。中介人促成合同成立的，中介活动的费用，由中介人负担。”

案例 3.7 甲委托乙寄售行以该行名义将甲的一台仪器以 3 000 元出售，除了酬金外双方对其他事项未做约定。后来，乙将仪器以 3 500 元卖给了丙，为此多支付了 100 元的费用。请问：

（1）甲与乙订立的合同是居间合同和还是行纪合同？

（2）高于约定价格卖得的 500 元应属于甲还是乙？为什么？

（3）如果仪器出现质量问题，丙应向甲还是乙主张违约责任？

（4）乙是否有权要求甲承担 100 元的费用？为什么？

【解析】

（1）甲与乙订立的合同是行纪合同。

（2）属于甲。因为行纪人以高于委托人指定的价格卖出仪器，双方在利益没有约定归属的情况下，该利益应属于委托人甲所有。

（3）在仪器出现质量问题时，丙应向行纪人乙直接主张违约责任，这是行纪合同的相对性。

（4）乙无权要求甲承担 100 元的费用，因为行纪人处理委托事务支出的费用，由行纪人负担，但当事人另有约定的除外。

本章小结

本章主要学习了代理的概念、特征，代理权的产生，无权代理的概念和种类，代理关系终止的几种情况；代理中本人、代理人与第三人之间的法律关系，代理人和本人的主要义务；我国《民法典》关于代理的相关法律规定等内容。

复习思考题

一、简答题

1. 简述代理概念和法律特征。

2. 简述本人和代理人的主要义务。

3. 简述我国《民法典》中关于代理的相关法律规定。

二、案例分析题

1. 张某系甲商贸公司员工，曾长期代表甲商贸公司以采购员身份与乙家电生产厂家进行购销家电活动。2020 年 9 月，张某因严重违反公司的规章制度被甲商贸公司开除，但并未收回给张某开出的仍然有效的介绍信和授权委托书。张某凭此介绍信以甲公司的名义又与乙家电厂签订了 20 万元的家电合同，并约定在交货一个月内付款。乙家电厂在与张某签订合同时，并未得知张某已被开除之事。乙家电厂在向张某交货一个月后，张某仍未付款，并不知其下落。乙家电厂于是将甲商贸公司告至法院，要求支付 20 万元。

根据上述情况，请回答：

（1）张某以甲商贸公司名义与乙家电公司签订的合同效力如何？为什么？

（2）本案应如何处理？为什么？

2. 甲公司急需一批水泥 500 吨，于是委托乙公司代其向某水泥厂购买，每吨价格不超过 100 元。乙公司因为与水泥厂业务多，关系不错，于是以自己的名义与水泥厂订立了 500 吨水泥的买卖合同，价格为每吨 95 元。订立合同时，乙公司销售部职员向水泥厂披露了此合同是受甲公司的委托签订的，水泥厂便要求将合同水泥价格改为每吨 100 元，后来乙公司与水泥厂协议约定水泥价格每吨 98 元。该合同生效后第五天，水泥厂直接将 500 吨水泥运到甲公司，甲公司在收货时，得知每吨水泥的价格比原来多了 3 元，便拒绝接收水泥，引起双方纠纷。

请问：甲公司能否拒绝收货？为什么？

3. 甲将 40 吨大米委托乙商行出售。双方约定，乙商行以自己的名义对外销售，每千克售价 3 元，乙商行的报酬为价款的 6%。请问：

（1）甲与乙商行之间成立的是什么合同？为什么？

（2）乙商行为销售大米所支出的费用应由谁承担？

（3）如果乙商行以每千克 25 元的价格将大米售出，则多出的价款给谁？为什么？

（4）如果大米出现质量问题，受害者应该要求谁承担责任？为什么？

第四章

合同法

学习目标

掌握我国《民法典》中关于第三编合同的相关法律规定；能运用合同的基本原理确定合同的效力；能正确运用履行抗辩权维护自身利益；能运用合同知识起草合同文本，订立有效合同；具有防范和处理合同纠纷的能力。

引导案例

1. A在某年2月17日上午用航空信寄出一份实盘给B，A在发盘中注有“不可撤销”的字样，规定受盘人B在2月25日前答复才有效。但A于2月17日下午用电报发出撤回通知，该通知于2月18日上午送达B处。B于2月19日才收到A空邮寄来的实盘，由于B考虑到发盘的价格对他十分有利，于是立即用电报发出接受的通知。事后双方对合同是否成立问题发生纠纷。

请问：A与B的合同是否成立？为什么？

2. 加拿大公司与泰国公司订立了一份出口精密仪器的合同。合同规定：泰国公司应在仪器制造过程中按进度预付货款。合同订立后，泰国公司获悉加拿大公司供应的仪器质量不稳定，于是立即通知加拿大公司：据悉你公司供货质量不稳定，故我方暂时中止履行合同。加拿大公司收到通知后，立即向泰国公司提供书面保证：如不能履行义务，将由银行偿付泰国公司支付的款项。但泰国公司收到此通知后，仍然坚持暂时中止履行合同。

请问：泰国公司的做法是否妥当？

3. 2021年4月陈某将自己的电脑借给王某使用。同年6月，王某将该电脑以市场价卖予张某。张某在买该电脑时并不知道该电脑并不为王某所有。陈某在得知这一情形后告知张某该电脑为其所有，并要求张某将电脑返还给他，张某表示不同意。两人因此发生纠纷，遂诉至法院。法院在审理该案时，根据张某的要求追加王某为第三人。

请问：该电脑买卖合同的效力如何？本案应如何处理？

知识支撑

合同是现代社会人们进行各种经济活动最普遍、最基本的法律形式，在现代商品社会，合同可以说是商业活动的生命线。商业活动实际上就是一个个制定合同、履行合同的过程。有人甚至提出，现代社会是“合同社会”，合同在当今经济活动的地位之重可见一斑。因此，在任何国家，合同法都被认为是极其重要的法律制度。

本章主要根据《民法典》的相关规定，介绍我国关于合同的相关法律规定。

第一节　合同概述

一、合同的概念与法律特征

1. 合同的概念

合同的概念在不同的法系、不同的国家有不同的理解。世界各国法律对“合同”的定义在形式上也有所不同。大陆法基本上认为合同是一种协议，以前也叫“契约”；英美法一般认为合同是一种“许诺”。而我国的《民法典》第四百六十四条规定：“合同是民事主体之间设立、变更、终止民事法律关系的协议。”

2. 合同的法律特征

尽管各国对合同含义的表述不一，但一般都认为合同具有以下几个共同的法律特征：

（1）合同是当事人意思表示一致的协议。合同是当事人协商一致的产物，是当事人合意的结果。因此，合同的成立必须有两个或者两个以上的当事人，各方当事人必须真实表达各自的意愿，当事人之间的意思表示必须完全一致。

（2）合同当事人法律地位平等。合同是独立民事主体之间在自愿的基础上产生的，在合同关系中，各方当事人的主体地位是平等的，不存在从属关系和强制关系，这是当事人之间建立合同关系的基础。

（3）合同的目的是设立、变更和终止民事法律关系的协议。订立合同的最终目的是为了设立、变更、终止民事权利义务关系。因此，合同不仅导致民事法律关系的产生，而且可以成为民事法律关系变更和终止的原因。例如，甲拾得乙遗失的一块手表，甲邀请乙观看巴西足球世界杯，乙因为有事没有去，甲鱼塘的鱼跳入乙鱼塘等，都不构成合同法律关系，因为这些情况都不存在设立、变更或者终止某种民事法律行为。

（4）合同是具有法律约束力的协议。合同一经依法成立，其中约定的权利和义务便在法律上生效，当事人必须接受它的约束。当事人违反合同的，必须承担相应的法律责任。违法订立的合同在法律上不被承认。

案例 4.1 张某与建筑材料商A公司达成一项协议：如果张某一个月内来买钢材，A公司将以优惠的价格卖给张某钢材。后来，双方却因价格问题意见不一致无法达成交易。

请问：A公司是否违约？

【解析】当事人对“优惠”的价格或该价格的确定方法及数量等重要内容均未作约定，因此，双方并未真正达成合意，双方之间并未成立一项有约束力的合同关系，也就谈不上什么违约。

二、合同的分类

基于一定的标准可以将合同划分成不同的类型。社会经济关系和财产流转方式的多样性，决定了合同的多样性。将众多的合同按照一定标准分类，可以针对不同的合同确定不同的规则，可以清楚地看出不同类型的合同成立的条件及法律效力所具有的特点，并且有助于司法机关在处理合同纠纷时准确地适用法律，正确地处理合同纠纷。

1. 双务合同与单务合同

根据合同当事人是否互相负有给付义务，可将合同分为双务合同和单务合同。

双务合同是指当事人双方互负对等给付义务的合同，即双方当事人互享债权、互负债务，一方的权利正好是对方的义务，彼此形成对价关系。例如：在买卖合同中，卖方有获得价款的权利，而买方正好有支付价款的义务；反过来，买方有取得货物的权利，而卖方正好有交付货物并转移货物所有权的义务。典型的双务合同有买卖、租赁、借贷、运输和财产保险等。

单务合同是指合同当事人仅有一方负担给付义务而另一方只享有权利的合同。换言之，是指合同当事人双方并不互相享有权利和义务，而主要有一方负担义务，另一方并不负有相对义务的合同。无偿委托、无偿保管、赠与、使用借贷、自然人间的无息借款合同等都是单务合同。

在实践中，大多数的合同都是双务合同，单务合同比较少见。单务合同是合同中的例外，双务合同为普遍表现。

2. 诺成合同与实践合同

根据合同的成立是否以交付标的物为要件，可将合同分为诺成合同和实践合同。这是从合同成立条件的角度对其所作的分类。

诺成合同是指缔约当事人意思表示达成一致即告成立的合同，又叫不要物合同。实践中，大多数合同均为诺成合同，如买卖合同、租赁合同等。

实践合同是除当事人意思表示一致外，还必须交付标的物方能成立的合同，又叫要物合同。在实践合同中，仅有当事人双方的意思表示一致，还不能产生合同上的权利义务关系，合同尚不能成立，必须有一方实际交付标的物的行为或其他给付，才能成立合同关系。如小件寄存合同，必须要寄存人将寄存的物品交给保管人，合同才能成立。实践合同仅限于法律规定的少数合同，如客运合同、保管合同、自然人之间的借款合同。

区分诺成合同和实践合同的意义在于界定合同的成立。诺成合同与实践合同的主要区别在于两者成立的要件不同：诺成合同自当事人意思表示一致时即告成立，而实践合同则除当事人达成合意之外，尚需交付标的物或完成其他给付才能成立和生效。

3. 要式合同与不要式合同

根据合同的成立是否需要特定的形式，即合同的形式是否影响合同的成立，可将合同分为要式合同和不要式合同。

要式合同是指根据法律规定应当采取特定方式订立的合同。对于一些重要的交易，法律常要求当事人应当采取特定的方式订立合同。这主要是指书面形式合同和须具备审批或登记文件的合同。例如，租赁期在 6 个月以上的房屋租赁合同应签订书面协议。又如涉外担保合同，由于我国实行外汇管制，承担外债必须履行相关的批准、登记手续。

不要式合同是指当事人订立的合同依法并不需要采取特定的形式，当事人可以采取口头方式，也可以采取书面形式。

要式合同与不要式合同的区别在于某些法律和行政法规对合同形式的要求可能会影响合同的生效。这主要表现在，要式合同如非采取特定方式则合同不成立，原则上不发生法律效力。

4. 有偿合同与无偿合同

根据当事人取得权利是否偿付对价，可以将合同分为有偿合同和无偿合同。

有偿合同是指当事人一方给予对方某种利益，对方要得到该利益必须为此支付相应代价的合同。实践中，绝大多数反映交易关系的合同都是有偿的，如买卖合同、租赁合同、加工承揽合同、运输合同、仓储合同等。

无偿合同是指一方给付对方某种利益，对方取得该利益时并不支付相应代价的合同，如赠与合同、借用合同等。

5. 主合同与从合同

根据合同相互间的主从关系，可以将合同分为主合同与从合同。主合同是指不以其他合同的存在为前提而能够独立存在的合同。从合同是指不能独立存在而以其他合同的存在为前提的合同。例如，甲与乙订立借款合同，丙为担保乙偿还借款而与甲签订保证合同，则甲乙之间的借款合同为主合同，甲丙之间的保证合同为从合同。

三、合同的适用范围

合同是民事主体之间设立、变更、终止民事法律关系的协议。

婚姻、收养、监护等有关身份关系的协议，适用有关该身份关系的法律规定；没有规定的，可以根据其性质参照适用本编规定。

四、订立合同的基本原则

1. 平等原则

平等原则指合同当事人的法律地位平等，各方平等地享有民事权利和承担民事义务的资格，任何一方均不享有特权。任何一方合同当事人不得将自己的意志强加给另一方，当事人应就合同条款充分协商，意思表示一致，合同才能成立。

2. 自愿原则

自愿原则指当事人依法享有自愿订立合同的权利，任何单位和个人不得非法干预，包括：在法律规定范围内当事人享有订立合同的自由；当事人有不订立合同的自由；当事人有选择合同相对人、合同内容和合同形式的自由。

3. 公平原则

当事人应当遵循公平原则确定各方的权利和义务，公平指以利益是否均衡作为价值判断标准来确定当事人之间的利益关系，追求公正与合理的目标。公平原则要求合同当事人应本着公平的观念订立和履行合同，正当行使合同权利和履行合同义务，兼顾他人的利益。

4. 诚实信用原则

诚实信用原则指合同当事人行使权利、履行义务应当按照社会生活中人们公认的公平、真诚与恪守信用的规则进行交易活动，订立并履行合同，包括：订立合同时各方当事人应当诚实协商，不诈不霸；合同成立并生效后，当事人应当重承诺重信用，自觉履行合同义务；在履行合同义务时根据合同的性质、目的和交易习惯，履行及时通知、协助、保密等义务；合同发生纠纷或争议时，各方当事人应本着尊重合同的精神、重视对方的权益、信守商业信誉和承认交易习惯的效力，促成纠纷争议的尽快解决。

5. 守法与合同受保护原则

守法原则指合同的订立、履行应当遵守法律、行政法规，尊重社会公德，不得扰乱社会经济秩序，损害社会公共利益。

合同受保护原则是指依法成立的合同受法律保护，对当事人具有法律约束力，当事人应当按照约定履行自己的义务，不得擅自变更或者解除合同，只有各方协商一致或依据法律规定才能变更或解除。

6. 合法原则

合法原则是指订立合同的双方当事人主体资格要合法，要具有相应的民事行为能力；客体要合法，客体是指当事人权利义务共同指向的对象，包括物、行为和精神财富；内容要合法，内容是指当事人之间的权利和义务，也就是说，主体、客体和内容都要合法。

第二节 合同的订立

一、合同的订立形式

根据《民法典》第四百六十九条规定，当事人订立合同，可以采用书面形式、口头形式或者其他形式。

（1）书面形式是合同书、信件、电报、电传、传真等可以有形地表现所载内容的形式。以电子数据交换、电子邮件等方式能够有形地表现所载内容，并可以随时调取查用的数据电文，视为书面形式。

（2）口头形式一般指双方当事人以口头协议的方式确立合同。

（3）其他形式称为推定形式，也叫做默示，是指当事人未用语言、文字表达其意思表示，仅用行为向对方发出要约，对方接受该要约，做出一定或指定的行为作为承诺，合同成立。例如，商店安装自动售货机，顾客将规定的货币投入机器内，买卖合同即成立。

二、合同的内容

合同的主要内容是指合同当事人之间的权利和义务。我国《民法典》合同编中规定，合同的内容主要包括：

（1）标的。标的是当事人权利义务共同指向的对象，如货物、劳务、建筑工程技术项目等。对标的规定要明确，如购销合同中要明确产品的名称、规格、型号等，切忌含糊不清。

（2）数量和质量。在数量上应明确计量单位、正负尾数、合理磅差等。在质量上应明确产品的技术标准、等级等。

（3）价款或者酬金。价款和酬金是一方当事人以货币方式来支付对方财产（劳务、劳作）的代价，合同中应明确支付代价的货币名称、单价、总价等。

（4）合同履行的期限、地点和方式。履行包括产品生产、包装、销售和结算等一系列过程。因此合同中应明确规定交验的期限、地点或运输提取方式、付款期限、结算方式和开户银行、账号等。

（5）违约责任。遵守责任是保证合同履行的主要条款，应按违约责任的规定偿付违约金和赔偿金。

此外，根据法律规定或者按照合同的性质必须具备的条款以及当事人一方要求必须规定的条款，也是合同的主要条款，也属合同的主要内容。当事人可以参照各类合同的示范文本订立合同。

三、合同订立的程序

根据《民法典》第四百七十一条规定，当事人订立合同，可以采取要约、承诺方式或者其他方式。

（一）要约

1. 要约的概念与法律性质

要约，是希望和他人订立合同的意思表示。要约又称为发盘、出盘、发价、出价或报价等；要约是订立合同所必经的程序。对要约的概念及法律性质，各国立法、判例不尽相同。我国《民法典》第四百七十二条规定，要约是希望和他人订立合同的意思表示。可见，我国立法及合同法理论将要约定义为一方当事人以缔结合同为目的，向对方当事人所作的意思表示。其中，发出要约的人称为要约人，接受要约的人称为受要约人。

2. 要约的构成条件

一项有效的要约必须符合以下条件：

（1）要约须表明按照要约所提出的条件订立合同的意向。

要约的目的在于订立合同，其特点是一经受要约人的承诺，合同即告成立，无须再征求要约人同意或经其确认。我国《民法典》第四百七十二条就规定要约的意思表示应当“表明经受要约人承诺，要约人即受该意思表示约束”。

（2）要约必须向要约人希望与之缔结合同的受要约人发出。

至于受要约人是否必须是特定的人，各国法律存在差异。一般的观点是，要约须向一个或数个特定的人发出。因为只有特定才能明确承诺人，即要约人对谁有资格成为承诺人作出了意思选择，否则该提议不过是为了唤起不特定的人发出要约，本身并非要约。大陆法系国家立法一般遵循这一原则。《联合国国际货物销售合同公约》以及《国际商事合同通则》也都规定要约应向一个或一个以上特定的人发出，否则仅应视为要约邀请。

但英美法的一些判例认为，要约既可以向某一个人发出，也可以向某一群人发出，甚至可以向全世界发出。以广告为例，一般大陆法将之视为要约邀请，但英美法认为只要广告文字明确、肯定，足以构成一项许诺，亦可视为要约。不过英美法还规定，如果要约人向不特定的人发出要约，其后果应由其自身承担。

（3）要约的内容必须具体、确定和完整。

要约应当包含订立合同的主要条款，一旦受要约人承诺，就足以成立一项对双方当事人均有约束力的合同。当然，要约不必载明合同全部细节，只要达到足以确定合同的程度即可，一般认为，要约起码要包括货物的名称、数量和价格。

（4）要约必须送达受要约人。

要约只有在送达受要约人以后才能为受要约人所知悉，并能对受要约人产生实际的拘束力。大多数国家的法律均有此规定。根据我国《民法典》第一百三十七条规定："以对话方式作出的意思表示，相对人知道其内容时生效。以非对话方式作出的意思表示，到达相对人时生效。以非对话方式作出的采用数据电文形式的意思表示，相对人指定特定系统接收数据电文的，该数据电文进入该特定系统时生效；未指定特定系统的，相对人知道或者应当知道该数据电文进入其系统时生效。当事人对采用数据电文形式的意思表示的生效时间另有约定的，按照其约定。"

3. 要约邀请

要约邀请是希望他人向自己发出要约的意思表示。要约邀请是当事人订立合同的预备行为，在发出要约邀请时，当事人仍处于订约的准备阶段。要约邀请只要引诱他人发出要约，它既不能因相对人的承诺而成立合同，也不能因为自己作出某种承诺而约束要约人。一般以询问价格居多。

《民法典》第四百七十三条规定："要约邀请是希望他人向自己发出要约的表示。拍卖公告、招标公告、招股说明书、债券募集办法、基金招募说明书、商业广告和宣传、寄送的价目表等为要约邀请。商业广告和宣传的内容符合要约条件的，构成要约。"

要约和要约邀请是非常近似但又有本质区别的两个概念。实务中往往难以区分但又必须进行区分。要约和要约邀请一般从以下几个方面来区别：

（1）要约相对人一般都是特定的，而要约邀请的相对人一般都是非特定的。

（2）要约的内容具体确定，而要约邀请的内容一般不是确定的。

（3）要约以订立合同为直接目的，受要约人承诺送达，合同即告成立。要约邀请则不是以订立合同为直接目的，它只是吸引别人向自己发出要约。

案例 4.2 顾客甲在逛商场时看到一件衣服，上前询问销售员乙：“这件衣服多少钱可以卖？”乙即问：“你出多少钱？”甲回答：“500 元，你卖不卖？”乙应声回答：“至少 600 元，少了不卖。”

请问：甲和乙的对话哪些属于要约？哪些属于要约邀请？

【解析】“这件衣服多少钱可以卖”和“你出多少钱”是要约邀请。“500 元，你卖不卖”是要约。

4. 要约的法律效力

要约的法律效力即要约对要约人及受要约人的约束力。要约对两者的约束力是不同的。

（1）对要约人的约束力。

在要约到达受要约人后至受要约人作出承诺之前，要约人能否变更要约的内容、撤回或撤销要约呢？

要约的撤回，是要约人在要约生效之前将要约收回，使其不生效。对于要约的撤回，各国法律与《联合国国际货物销售合同公约》和《国际商事合同通则》基本一致，认为一项要约即使是不可撤销的，也可以撤回，但撤回要约的通知必须在要约送达受要约人之前或者与该要约同时送达受要约人。

要约的撤销，是指要约生效后，要约人消灭要约效力的行为。大陆法一般认为不可随意撤销要约。而英美法则不然，要约原则上对要约人没有约束力，因此，要约人不仅可以在要约送达受要约人之前撤回要约，也可以在要约送达受要约人后，受要约人未承诺前，撤销要约。《联合国国际货物销售合同公约》和《国际商事合同通则》吸取了两大法系适应现代国际贸易的规定，认为要约是可以撤销的，只要撤销要约的通知在受要约人发出承诺通知之前到达受要约人。但下列两种情形除外：

第一，要约中明确规定了承诺期限，或者以其他方式表明要约是不可撤销的。

第二，受要约人有理由相信要约是不可撤销的，并且已经为履行合同做了准备工作。

我国《民法典》合同编的规定与《联合国国际货物销售合同公约》和《国际商事合同通则》的上述规定是一致的。

（2）对受要约人的约束力。

一般而言，受要约人接到要约，并不因此承担了必须承诺的义务。相反，受要约人收到要约后获得了承诺的权利。大多数国家的法律包括《联合国国际货物销售合同公约》都规定，受要约人的沉默不等于承诺。但是，有些国家（如德国）的法律规定，商人对平时经常往来的客户，一旦收到在其营业范围内的要约时，应尽快发出承诺与否的通知，如果怠于通知，则视为承诺。《国际商事合同通则》也规定，在当事人之间存在某种交易习惯或惯例的情况下，受要约人对要约的缄默和不作为也将视为承诺。我国《民法典》合同编也作了类似规定。因此，为了避免不必要的纠纷，收到要约时，最好作一个明确的承诺或不承诺的回应。

5. 要约失效

要约失效，是指要约丧失了法律拘束力，即不再对要约人和受要约人产生拘束。

要约失效以后，受要约人即丧失了其承诺的能力，即使其向要约人表示了承诺，也不能导致合同的成立。要约失效的原因主要有以下几种：

（1）受要约人的拒绝。受要约人没有接受要约载明条件，便可拒绝要约。拒绝要约方式不限，既可明示，亦可在规定时间不作答复而拒绝。一旦拒绝，要约即告失效。

（2）要约人依法撤回或撤销要约。

（3）承诺期限届满而受要约人未作承诺。倘若要约规定了承诺的期限，那么期限届满后，要约自行失效。如果要约中未规定承诺期限，则在合理期限内未作承诺，要约也归于失效。

（4）受要约人对要约内容作出实质性变更。受要约人对要约的实质内容作出限制、更改或扩张从而形成反要约，即表明其已拒绝了要约，同时又向要约人提出了一次新的要约，须经原要约人承诺后，合同方可成立。

我国《民法典》合同编在这一问题上基本是按上述情形规定的。

案例 4.3 乙公司向甲公司发出要约，立即又发出一份“要约作废”的函件。甲公司的董事长助理收到乙公司“要约作废”的函件后，忘了交给董事长。第三天甲公司董事长发函给乙公司，提出只要将交货日期推迟两个星期，其他条件都可以接受。请问，甲乙双方的合同是否成立？

【解析】乙公司向甲公司发出的要约，因到达生效；乙公司向甲公司发出的作废函件，虽然董事长没有看到该信函，但是已经符合“到达”甲公司的条件，所以不妨碍该信函生效，也即要约被有效撤销（不是撤回），甲乙双方的合同没有成立。

注意：关于反要约（即还盘），也就是对要约的内容作出实质性的改变，通常以价格比较多，如甲说每千克 5 美元，乙说太贵了，每千克 4 美元就能接受，这就是典型的反要约。所以反要约有两个后果：一是拒绝原发盘；二是构成一项新的发盘。

（二）承诺

1. 承诺的概念及有效要件

承诺是指受要约人完全同意接受要约的条件以缔结合同的意思表示。要约一经承诺，合同即告成立。承诺必须具备下列条件，才能产生法律效力：

（1）承诺必须由受要约人向要约人作出。受要约人包括本人及其代理人。

（2）承诺必须在要约规定的有效期内作出。如果承诺的时间超过了要约的有效期，则为“迟到的承诺”，对于迟到的承诺，一般视为一项新的要约，除非要约人毫不迟疑地表示接受；如果载有承诺的信件或其他书面文件在传递正常的情况下可以在要约有效期内到达，由于其他原因导致承诺逾期，则原则上认为承诺有效，除非要约人毫不迟疑地表示拒绝。

（3）承诺必须与要约的内容一致。这是两大法系的传统理论，英美法采用“镜像原则”，要求承诺如同照镜子一般照出要约的内容，即承诺必须与要约的内容完全一致，合同才能成立。但近代以来，为鼓励交易，该原则有所松动。美国《统一商法典》就规定承诺“即使与原要约或原同意的条款有所不同或对其有所补充，仍具有承诺的效力”。《联合国国际货物销售合同公约》及《国际商事合同通则》也是如此，规定如承诺所载的附加条件或提出的不同条件在实质上并不变更该项要约的条件，则除要约人在不过分延迟的期间内提出反对外，仍可构成承诺。

案例 4.4 E 是一家英国的航空公司，一日为售出某台机器而向荷兰 H 空中服务公司发出要约：售X机器一台，请汇5 000英镑。H公司立即回电：接受你方要约，已汇5 000英镑至你方银行账号，在交货前该笔款项由银行代为你方保管，请立即交货。E公司却将X机器高价售予第三人。H公司便诉至英国法院控告E公司违约。

【解析】法官判H公司败诉，理由之一是：被告要约中规定的付款是无条件的，原告在回电中却变更为付款以交货为前提，这样，原告尽管在回电中使用“接受”一词，也不能构成一项有效的承诺。

（4）承诺必须表明受要约人决定与要约人订立合同。与对要约的要求一样，受要约人的承诺必须清楚明确，不能含糊，要表示出确切的订约意图。

（5）承诺的方式必须符合要约的要求。根据我国《民法典》第四百八十条规定：“承诺应以通知的方式作出；但是，根据交易习惯或者要约表明可以通过行为作出承诺的除外。”这就是说，受要约人必须将承诺的内容通知要约人，但受要约人采取何种通知方式应根据要约的要求确定。如果要约人在要约中对承诺的方式作出具体规定，那么承诺人作出承诺时，必须符合要约人规定的承诺方式，否则承诺无效。

案例4.5 甲、乙公司磋商一项普通商品贸易合同，甲发来要约，乙公司表示全部同意，但是承诺函件上又加上一句“贵方应该提供商品原产地证明”，甲公司收到该函件后未予回复。

请问：甲乙之间的合同是否成立？

【解析】乙公司完全同意甲的要约，仅仅增加一个条件“要甲方提供商品原产地证明”，而提供商品原产地证明是甲方应有的义务，即使乙方不增加该条款，甲方也有义务提供商品原产地证明，加上该条款仅仅是更加明确的强调；再者，甲方收到该信件后并无及时反对，所以该承诺合法有效，合同成立。

2. 承诺的生效

承诺生效的时间非常重要，因为承诺一旦生效，合同即告成立，双方当事人必须承受合同带来的权利义务。在这个问题上，各国法律分歧很大，主要有“投邮主义”和“到达主义”。

英美法系采取“投邮主义”，认为凡是以书信、电报等形式作出承诺，一经投邮，立即生效，合同即告成立。大陆法系采取“到达主义”，即承诺到达相对人时才发生效力，合同于承诺到达时成立。

我国现行立法采纳了到达主义。根据《民法典》第四百八十四条规定，承诺通知到达要约人时生效。承诺不需要通知的，根据交易习惯或者要约的要求作出承诺的行为时生效。

注意：合同成立不一定生效，但生效一定成立。如依法要办理行政手续的合同办理以后合同才能生效。

3. 承诺撤回

承诺撤回是受要约人阻止承诺发生效力的一种行为，承诺撤回必须在承诺生效之前。在这一点上，两大法系有不同规定。英美法采取“投邮主义”，承诺发出，则承诺生效，合同成立，因此承诺无法撤回。而大陆法则采取“到达主义”，受要约人在承诺到达要约人之前，仍然可以撤回，但撤回承诺的通知必须先于承诺通知或与承诺通知同时到达要约人处。《联合国国际货物销售合同公约》、《国际商事合同通则》及我国《民法典》都有类似大陆法的规定。

4. 承诺的迟到与迟延

超过承诺期限发出的承诺，除要约人及时通知受要约人该承诺有效外，为新要约。

受要约人在承诺期限内发出的承诺，按照通常情况能够及时到达要约人，但因其他原因承诺到达要约人时超过了承诺期限的，除要约人及时通知受要约人因承诺超过期限不接受该承诺的以外，该承诺有效。

四、合同成立的时间和地点

1. 合同成立的时间

（1）一般规定。《民法典》第四百八十三条规定："承诺生效时合同成立。"

（2）合同书形式的合同成立时间。《民法典》第四百九十条规定："当事人采用合同书形式订立合同的，自当事人签名、盖章或者按指印时合同成立。"双方当事人签字或者盖章不在同一时间的，最后签字或者盖章时合同成立。

（3）确认书形式的合同成立时间。《民法典》第四百九十一条规定："当事人采用信件、数据电文等形式订立合同要求签订确认书的，签订确认书时合同成立。"

（4）合同的实际成立。《民法典》第四百九十条规定："法律、行政法规规定或者当事人约定采用书面形式订立，当事人未采用书面形式但是一方已经履行主要义务，对方接受时，该合同成立。"

2. 合同成立的地点

确定合同成立的地点具有非常重要的意义，因为合同成立的地点将决定在合同履行过程中赋税的交纳、交易习惯的确定、合同的补充以及将来诉讼程序中的法院管辖问题、法律适用问题等一系列重要问题。合同成立地点的确定有如下方式：

（1）一般情况下，承诺生效的地点就是合同成立的地点。

（2）在一方以行为方式作出承诺的情况下，合同成立的地点应当是双方当事人意思实现的地点。

（3）合同签订地。若当事人约定采用合同书形式签订合同的，合同成立的地点就是合同签订地，合同签订地其实就是最后一方签字盖章地。

案例 4.6 张某与李某采用书面形式签订买卖合同，双方在甲地谈妥合同的主要条款，张某于乙地在合同上签字，李某于丙地在合同上按了手印，合同在丁地履行。该合同的签订地是?

A. 甲地　　B. 乙地　　C. 丙地　　D. 丁地

【解析】应选 C。李某于丙地在合同上按了手印，所以合同的签订地是丙地。因为如果当事人约定采用合同书形式签订合同的，合同成立的地点就是合同签订地，合同签订地其实就是最后一方签字盖章地。

第三节　合同的效力

合同的效力主要包括合同的生效、附条件和附期限民事法律行为，以及民事法律行为的无效、可撤销、效力待定等几种情况，在此我们主要介绍我国《民法典》的相关规定。

一、合同的生效

合同的生效，是指已经成立的合同开始发生以国家强制力保障的法律约束力，即合同发生法律效力。

根据《民法典》第五百零二条规定："依法成立的合同，自成立时生效，但是法律另有规定或者当事人另有约定的除外。依照法律、行政法规的规定，合同应当办理批准等手续的，依照其规定。未办理批准等手续影响合同生效的，不影响合同中履行报批等义务条款以及相关条款的效力。应当办理申请批准等手续的当事人未履行义务的，对方可以请求其承担违反该义务的责任。依照法律、行政法规的规定，合同的变更、转让、解除等情形应当办理批准等手续的，适用前款规定。"

根据《民法典》第一百四十三条规定，具备下列条件的民事法律行为有效：

（1）行为人具有相应的民事行为能力。

（2）意思表示真实。

（3）不违反法律、行政法规的强制性规定，不违背公序良俗。

二、附条件和附期限的民事法律行为

1. 附条件的民事法律行为

《民法典》第一百五十八条规定："民事法律行为可以附条件，但是根据其性质不得附条件的除外。附生效条件的民事法律行为，自条件成就时生效。附解除条件的民事法律行为，自条件成就时失效。"

民事法律行为中所附的条件可以分为如下两类：一是生效条件，生效条件也被称为延缓条件，它是指限制合同效力发生的条件；二是解除条件，解除条件也被称为消灭条件，它是限制合同失效的条件。

《民法典》第一百五十九条规定："附条件的民事法律行为，当事人为自己的利益不正当地阻止条件成就的，视为条件已经成就；不正当地促成条件成就的，视为条件不成就。"

案例4.7 甲与乙教育培训机构就课外辅导达成协议，约定甲交费5万元，乙保证甲在接受乙的辅导后，高考分数能达到二本线。如果没有达到，则全额退费。结果甲高考分数线没有达到二本线，关于乙的承诺，下列哪项正确？

A．属于无效格式条款　　　　B．因显失公平而可变更

C．因情势变更而可变更　　　D．虽违背教育规律但属于有效合同

【解析】应选D。甲与乙之间达成了课外辅导协议，并不是一方在订立时没有与对方协商，因此并不属于无效格式条款，A是错误的。

乙教育机构并没有利用自己的优势也没有利用甲的无经验订立合同，双方课外辅导协议的约定内容没有违反公平、等价有偿的原则，因此不应被认定为显失公平，B是错误的。

甲乙订立课外辅导协议后客观情况并没有发生任何变化，不应适用情势变更的原则，C是错误的。

虽然根据教育规律，乙的高考分数是否能够达到二本线是各种因素综合作用的结果，非培训机构一方的因素，协议约定内容违反教育规律。但是从协议效力来看，由于订约双方当事人都具有完全的民事行为能力，且辅导内容属于双方真实意思的表示，不违反法律或者损害社会公共利益，因此认定有效，D是正确的。

2. 附期限的民事法律行为

《民法典》第一百六十条规定：民事法律行为可以附期限，但是根据其性质不得附期限的除外。附生效期限的民事法律行为，自期限届至时生效。附终止期限的民事法律行为，自期限届满时失效。

附期限合同，是指当事人在合同中设定一定的期限，并把期限的到来作为合同效力发生或消灭的根据。

案例 4.8 甲打算卖房，问乙是否愿意购买，乙一向迷信，就和甲说："如果明天早上7点你家屋顶上来了喜鹊，我就出20万元买你的房子。"甲同意。乙回家后非常后悔。第二天早上7点差几分时，恰好有一群喜鹊停在甲的屋顶上，乙正要将喜鹊赶走，甲不知情的儿子拿起弹弓把喜鹊打跑了，直到7点再也没有喜鹊飞来。关于甲乙之间的房屋买卖合同，下列哪项正确？

A. 合同尚未成立

B. 合同无效

C. 乙有权拒绝履行该合同

D. 乙应当履行该合同

【解析】应选C。这是一个附延缓条件合同的效力问题。本题中，乙说"如果明天早上7点你家屋顶上来了喜鹊"是一个延缓条件，符合民事法律行为条件的特征，它是乙的意思表示，它的发生是不确定的，它不违反法律或者社会公德，它决定了乙是否购买甲的房子，决定着买卖合同发生的效力，所以甲与乙之间订了一个附延缓条件的合同。在该合同中，当条件未成就时，合同的效力未发生，当事人一方可以拒绝履行合同。本题中，虽然在7点差几分时，有一群喜鹊在甲的屋顶上，但是后来被甲的儿子打跑了，直到7点再也没有喜鹊来了。而双方的条件是"明天早上7点屋顶飞来喜鹊"，可见，条件并没有成就，而且条件未成就也不是由乙恶意造成的，所以选项C是正确的。因条件未成就，合同未发生效力，乙有权拒绝履行该合同。选项A是错误的，附延缓条件的合同从双方意思表示达成一致时合同就成立了，只是合同的效力是否发生取决于条件的成就与否。选项B是错误的，附延缓条件的合同在条件未成就时，不发生效力，而不是合同无效。选项D是错误的，在条件未成就时，附延缓条件的合同不发生效力，所以合同中的任何一方无权依据合同要求对方履行。

三、无效民事法律行为

1. 无效民事法律行为的种类

根据《民法典》的规定，下列行为无效：

（1）无民事行为能力人实施的民事法律行为无效。

（2）违反法律、行政法规的强制性规定的民事法律行为无效。但是，该强制性规定不导致该民事法律行为无效的除外。

（3）违背公序良俗的民事法律行为无效。

（4）行为人与相对人恶意串通，损害他人合法权益的民事法律行为无效。

2. 无效民事法律行为的处理

根据《民法典》相关规定，无效的民事法律行为自始没有法律约束力。民事法律行为部分无效，不影响其他部分效力的，其他部分仍然有效。民事法律行为无效、被撤销或者确定不发生效力后，行为人因该行为取得的财产，应当予以返还；不能返还或者没有必要返还的，应当折价补偿。有过错的一方应当赔偿对方由此所受到的损失；各方都有过错的，应当各自承担相应的责任。法律另有规定的，依照其规定。

四、可撤销民事法律行为

1. 可撤销民事法律行为的种类

根据《民法典》相关规定，下列情况行为人可以撤销该民事法律行为：

（1）基于重大误解实施的民事法律行为，行为人有权请求人民法院或者仲裁机构予以撤销。

（2）一方以欺诈手段，使对方在违背真实意思的情况下实施的民事法律行为，受欺诈方有权请求人民法院或者仲裁机构予以撤销。

（3）第三人实施欺诈行为，使一方在违背真实意思的情况下实施的民事法律行为，对方知道或者应当知道该欺诈行为的，受欺诈方有权请求人民法院或者仲裁机构予以撤销。

（4）一方或者第三人以胁迫手段，使对方在违背真实意思的情况下实施的民事法律行为，受胁迫方有权请求人民法院或者仲裁机构予以撤销。

（5）一方利用对方处于危困状态、缺乏判断能力等情形，致使民事法律行为成立时显失公平的，受损害方有权请求人民法院或者仲裁机构予以撤销。

2. 撤销权的消灭

根据《民法典》第一百五十二条规定，有下列情形之一的，撤销权消灭：

（1）当事人自知道或者应当知道撤销事由之日起一年内、重大误解的当事人自知道或者应当知道撤销事由之日起九十日内没有行使撤销权。

（2）当事人受胁迫，自胁迫行为终止之日起一年内没有行使撤销权。

（3）当事人知道撤销事由后明确表示或者以自己的行为表明放弃撤销权。

当事人自民事法律行为发生之日起五年内没有行使撤销权的，撤销权消灭。

3. 被撤销后的处理

根据《民法典》的相关规定，被撤销的民事法律行为自始没有法律约束力。被撤销或者确定不发生效力后，行为人因该行为取得的财产，应当予以返还；不能返还或者没有必要返还的，应当折价补偿。有过错的一方应当赔偿对方由此所受到的损失；各方都有过错的，应当各自承担相应的责任。法律另有规定的，依照其规定。

五、效力待定合同

效力待定合同，是指合同虽然已经成立，但因其不完全符合有关生效要件的规定，所以其效力能否发生，尚未确定，一般须经有权人表示承认才能生效。

1. 效力待定合同的种类

（1）限制民事行为能力人缔结的依法不能独立订立的合同。限制民事行为能力人订立的合同，经法定代理人追认后，该合同有效，但纯获利益的合同或者与其年龄、智力、精神健康状况相适应而订立的合同，不必经法定代理人追认。

（2）无代理权人以被代理人名义缔结的合同。行为人没有代理权、超越代理权或者代理权终止后以被代理人名义订立的合同，未经被代理人追认，对被代理人不发生效力，由行为人承担责任。

（3）无处分权人处分他人财产订立的合同。无处分权的人处分他人财产，经权利人追认或者无处分权的人订立合同后取得处分权的，该合同有效。

2. 效力待定合同的法律后果

（1）效力待定合同制度赋予相对人催告权和撤销权两项权利，以维护善意相对人的权益。

（2）无处分权人所订合同，不影响善意买受人根据善意取得制度所取得的权利。

（3）无权代理人所订合同，如本人不予追认的，对本人不发生代理人行为带来的后果，但如果该无权代理行为具备一般民事法律行为的有效要件，那么该代理行为仍将产生一般民事法律行为的效力，并由该无权代理人自己作为当事人承担其法律后果。

第四节 合同的履行

一、合同的履行概述

合同的履行是指债务人全面地、适当地完成其合同义务，债权人的合同债权得到完全实现的行为。各国法律一致认为，合同当事人在订立合同之后，都有履行合同的义务。否则，就应当承担相应的法律责任。

二、合同履行的原则

合同履行的原则，是指合同当事人在履行合同债务时所必须遵循的基本准则。一般来说，应包括以下原则：

1. 全面履行原则

全面履行原则，又称为正确履行原则，是指当事人按照合同规定的实际标的及其质量、数量，由适当的主体在适当的履行期限、履行地点以适当的履行方式，全面完成合同义务的履行原则。我国《民法典》第五百零九条第一款规定："当事人应当按照约定全面履行自己的义务。"

2. 协作履行原则

协作履行原则，是指当事人双方不仅要各尽其应尽的义务，而且还要协助对方履行义务。我国《民法典》第五百零九条第二款、第三款规定："当事人应当遵循诚实信用原则，根据合同的性质、目的和交易习惯履行通知、协助、保密等义务。当事人在履行合同过程中，应当避免浪费资源、污染环境和破坏生态。"比如买卖双方约定了交货的时间、地点，卖方有交货义务，买方必须适当地受领货物，否则卖方交货义务无法完成。

三、合同约定不明时的履行规则

合同生效后，当事人就质量、价款或者报酬、履行地点等内容没有约定或者约定不明确的，可以协议补充；不能达成补充协议的，按照合同相关条款或者交易习惯确定。

《民法典》第五百一十一条规定，当事人就有关合同内容约定不明确，依据前条规定仍不能确定的，适用下列规定：

（1）质量要求不明确的，按照强制性国家标准履行；没有强制性国家标准的，按照推荐性国家标准履行；没有推荐性国家标准的，按照行业标准履行；没有国家标准、行业标准的，按照通常标准或者符合合同目的的特定标准履行。

（2）价款或者报酬不明确的，按照订立合同时履行地的市场价格履行；依法应当执行政府定价或者政府指导价的，依照规定履行。

（3）履行地点不明确，给付货币的，在接受货币一方所在地履行；交付不动产的，在不动产所在地履行；其他标的，在履行义务一方所在地履行。

（4）履行期限不明确的，债务人可以随时履行，债权人也可以随时请求履行，但是应当给对方必要的准备时间。

（5）履行方式不明确的，按照有利于实现合同目的的方式履行。

（6）履行费用的负担不明确的，由履行义务一方负担；因债权人原因增加的履行费用，由债权人负担。

案例4.9 甲卖给乙一批货物，价值20万元，双方在合同中没有约定给付时间、给付地点和履行的相关费用等，请问：

（1）甲应在乙那里去收货款，还是乙把货款送到甲那里？为什么？

（2）甲应把货物送到乙那里，还是乙到甲那里去提货？为什么？

（3）履行费用如果不明确，由谁来承担？

【解析】

（1）乙应把货款送到甲那里，双方没有约定时，付款义务的履行地点在权利人的营业地。

（2）乙应到甲那里去提货，双方没有约定时，付款义务的履行地点在权利人的营业地；其他义务的履行地点在义务人的营业地，因为卖方其中一项基本的义务是交付货物。

（3）履行费用如果约定不明确，由履行义务一方来承担，即由乙来承担。

四、合同履行的抗辩权

（一）同时履行抗辩权

1. 同时履行抗辩权的概念

同时履行抗辩权，指在未约定先后履行顺序的双务合同中，当事人应当同时履行，一方在对方未为对价给付之前，有权拒绝其履行要求。

2. 同时履行抗辩权的成立条件

（1）在同一双务合同中双方互负对价给付义务。

（2）双方债务均已届清偿期。

（3）对方未履行债务。

（4）对方的债务可能履行。

3. 法律效力

同时履行抗辩权属延期的抗辩权，只是暂时阻止对方当事人请求权的行使，为非永久的抗辩权。对方当事人完全履行了合同义务，同时履行抗辩权消灭，当事人应当履行自己的义务。当事人行使同时履行抗辩权致使合同迟延履行的，迟延履行责任由对方当事人承担。

（二）先诉抗辩权

1. 先诉抗辩权的概念

《民法典》第五百二十六条规定："当事人互负债务，有先后履行顺序，先履行一方未履行的，后履行一方有权拒绝其履行要求。先履行一方履行债务不符合约定的，后履行一方有权拒绝其相应的履行要求。"先诉抗辩权，是指在双务合同中应当先履行的一方当事人未履行或者不适当履行，到履行期限的对方当事人享有不履行、部分履行的权利。

2. 先诉抗辩权的发生条件

（1）基于同一双务合同。

（2）该合同需由一方当事人先为履行。

（3）应当先履行的当事人不履行合同或者不适当履行合同。

具备上述条件，发生先诉抗辩权，即没有先履行义务但已到履行期的对方当事人享有不履行或者部分履行的权利。应当先履行合同的当事人不能行使先诉抗辩权。

3. 法律效力

先诉抗辩权只是暂时阻止对方当事人请求权的行使，非永久的抗辩权。对方当事人完全履行了合同义务，先诉抗辩权消灭，当事人应当履行自己的义务。当事人行使先诉抗辩权致使合同迟延履行的，迟延履行责任应由对方当事人承担。

案例 4.10 甲、乙订立一份价款为 10 万元的图书买卖合同，约定甲先支付书款，乙两个月后交付图书。甲由于资金周转困难只交付了 5 万元，答应余款尽快交付，但是乙不同意。两个月后甲要求乙交付图书，遭到乙的拒绝。对此，下列哪项说法正确？

A. 乙对甲享有同时履行抗辩权

B. 乙对甲享有不安抗辩权

C. 乙有权拒绝交付全部图书

D. 乙有权拒绝交付与 5 万元书款价值相当的部分图书

【解析】应选 D。这里乙行使的是先诉抗辩权，双方约定甲先支付书款，乙再交付图书。先履行义务一方甲资金周转困难只交付了 5 万元，虽然甲答应余款尽快交付，但是乙不同意，两个月后甲要求乙交付图书，乙可以拒绝交付与 5 万元书款价值相当的部分图书。所以 C 错误，D 正确。A 和 B 显然错误。

（三）不安履行抗辩权

不安履行抗辩权，指双务合同成立后，应当先履行的当事人有证据证明对方不能履行义务，或者有不能履行合同义务的可能时，在对方没有履行或者提供担保之前，有权中止履行合同义务。

1. 不安履行抗辩权的构成条件

（1）因同一双务合同互负债务，且两债务间具有对价关系。

（2）不安履行抗辩权适用的双务合同属于异时履行，即双方履行存在着时间顺序。

（3）先履行方债务已届清偿期。

（4）先履行方有确切证据证明后履行方于合同成立后丧失或可能丧失履行能力。

2. 行使不安履行抗辩权的情形

《民法典》第五百二十七条规定，应当先履行债务的当事人，有确切证据证明对方有下列情形之一的，可以中止履行：①经营状况严重恶化；②转移财产、抽逃资金以逃避债务；③丧失商业信誉；④有丧失或者可能丧失履行债务能力的其他情形。当事人没有确切证据中止履行的，应当承担违约责任。

3. 不安履行抗辩权效力

先履行方可中止履行合同，但应通知对方，并给对方一合理期限，使其恢复履行能力或提供适当的担保。在合理期限内，后履行方未提供担保且未恢复履行能力而要求对方履行的，先履行方可以拒绝。在合理期限内，后履行方提供担保或恢复履行，先履行方应当继续履行合同。

如果合理期限届满，后履行方未提供适当担保且未恢复履行能力，先履行方可以解除合同并要求损害赔偿。

第五节 合同的转让和消灭

一、合同的转让

合同转让，是指合同当事人一方依法将其合同的权利和义务全部或部分地转让给第三人。合同的转让，可分为合同权利的转让和合同义务的转让。各国法律关于合同转让的规定各不相同。

1. 合同权利的转让

合同权利的转让，亦称合同债权的转让，是指合同债权人通过协议将其债权全部转让给第三人的行为。关于合同权利的转让，各国法律规定不尽相同。我国法律允许合同债权人转让合同的权利。《民法典》第五百四十五条规定："债权人可以将债权的全部或者部分转让给第三人。"对于债权转让的范围，《民法典》规定了以下三种排除情况：

（1）根据债权性质不能转让。

（2）按当事人约定不得转让。

（3）依照法律规定不得转让。

当事人约定非金钱债权不得转让的，不得对抗善意第三人。当事人约定金钱债权不得转让的，不得对抗第三人。

对于权利转让的要件，采用的是通知主义。根据《民法典》第五百四十六条："债权人转让债权，未通知债务人的，该转让对债务人不发生效力。"债权人转让权利时，只需将其转让权利的情况及时通知债务人，而不必征得债务人的同意。债权转让的通知不得撤销，但是经受让人同意的除外。

2. 合同义务的转让

合同义务的转让又称债务承担，是指由新债务人代替原债务人履行债务，新债务人一般被称为承担人。债务承担只是更换了债务人，但债务的内容并没有改变。各国法律对债务的转让规定不一，我国法律也承认合同义务的移转，但要求必须征得债权人的同意。《民法典》第五百五十一条规定："债务人将合同的义务全部或者部分转移给第三人的，应当经债权人同意。"

3. 合同债权债务的概括移转

合同权利义务的概括移转，是指合同一方当事人将自己在合同中的权利义务一并转让的法律制度。

当事人一方经他方当事人同意，可以将自己在合同中的权利义务一并转让给第三人。"当事人订立合同后合并的，由合并后的法人或者其他组织行使合同权利，履行合同义务。当事人订立合同后分立的，除债权人和债务人另有约定的以外，由分立的法人或者其他组织对合同的权利和义务享有连带债权，承担连带债务。"

二、合同的消灭

合同的消灭，又称合同的终止，是指合同的权利义务关系不再存在。

关于合同的权利义务终止，世界各国法律规定存在很大的差异。大陆法系国家把合同作为债的一种，对于合同权利义务终止的规定没有英美法系那么具体详细，但在司法实践中许多做法还是跟英美法系各国的规定相似。我国《民法典》基本上采纳了大陆法系的观点，其第五百五十七条规定，有下列情形之一的，合同的权利义务终止：①债务已经履行；②债务相互抵销；③债务人依法将标的物提存；④债权人免除债务；⑤债权债务同归于一人；⑥法律规定或者当事人约定终止的其他情形。

以下主要介绍我国《民法典》有关合同终止的规定。

（一）债务已按照约定履行

债务已按照约定履行，即大陆法系所称“清偿”，是指债务人向债权人履行了合同的内容，按合同的约定实现了合同的目的。

（二）合同解除

合同解除，是基于当事人一方的意思表示或双方达成的协议，使合同权利义务关系终止的行为。合同解除分为约定解除和法定解除。

1. 约定解除

约定解除是指当事人在合同中事先约定解除条件或订立合同后，由于一方或双方发生了影响继续履行的情况，双方达成一致协议解除合同。

2. 法定解除

法定解除是指发生了解除合同的法定事由，当事人行使解除权导致的合同终止。我国《民法典》第五百六十三条规定，有下列情形之一的，当事人可以解除合同：

（1）因不可抗力致使不能实现合同目的。

（2）在履行期限届满之前，当事人一方明确表示或者以自己的行为表明不履行主要债务。

（3）当事人一方迟延履行主要债务，经催告后在合理期限内仍未履行。

（4）当事人一方迟延履行债务或者有其他违约行为致使不能实现合同目的。

（5）法律规定的其他情形。

（三）抵销

抵销，是指当事人互负到期债务，各自以债权抵偿对方债务的行为。抵销可分为法定抵销和约定抵销。约定抵销只要双方当事人达成合意，就发生抵销的效力。

法定抵销的条件：

（1）双方互负债务，互享债权。

（2）债务的标的物种类、品质相同。

（3）双方债务均届清偿期。

（4）双方的债务均为可抵销的债务。

（四）提存

提存，是指由于债权人的原因而无法向其交付合同标的物时，债务人将该标的物交给提存机关而消灭合同的制度。

根据我国《民法典》的五百七十条规定，提存的条件有：

（1）债权人无正当理由拒绝受领。

（2）债权人下落不明。

（3）债权人死亡未确定继承人、遗产管理人，或者丧失行为能力未确定监护人。

（4）法律规定的其他情形。

标的物不适于提存或者提存费用过高的，债务人依法可以拍卖或者变卖标的物，提存所得的价款。

提存的效力首先体现在债务人的责任免除上，一旦合同标的被寄存于提存机关后，债权人就只能向提存机关收取提存物。其次，提存物寄存期间，其风险由债权人负担。此外提存物寄存期间产生的一切费用，均由债权人负担。不过债务人在提存后，除非由于实际困难不能通知债权人，否则必须立即将有关情况通知债权人。

（五）免除

免除是指债权人放弃自己部分或全部债权，消灭合同的行为。

（六）混同

混同，是指债权和债务归于一人，导致合同权利义务消灭的法律事实。混同主要有继承和公司合并两种情况。

本章小结

本章主要学习了合同的概念、特征和种类，合同的适用范围和订立合同的基本原则；合同订立的形式、主要内容，订立合同的基本程序要约和承诺的相关内容，合同成立的时间和地点；合同的生效要件，附条件和附期限的民事法律行为，无效、可撤销和效力待定民事法律行为的种类；合同履行的概念和基本原则，合同约定不明时的履行规则，合同中的三种抗辩权；合同的债权和债务转让，合同的消灭种类等内容。

复习思考题

一、简答题

1. 简述合同的概念、特征和分类。
2. 简述合同的订立程序。
3. 简述合同效力的种类。

4. 什么是不安履行抗辩权？其表现形式有哪几种？

5. 简述合同终止的种类。

二、案例分析题

1. 甲公司与乙公司签订一份秘密从境外买卖免税香烟并运至国内销售的合同。甲公司依双方约定，按期将香烟运至境内，但乙公司提走货物后，以目前账上无钱为由，要求暂缓支付货款，甲公司同意。2个月后，乙公司仍未支付货款，甲公司多次索要无果，遂向当地人民法院起诉，要求乙公司支付货款并支付违约金。试分析：

（1）该合同是否具有法律效力？为什么？

（2）本案应如何处理？

2. 甲企业与乙企业达成口头协议，由乙企业在半年之内供应甲企业60吨钢材。三个月后，乙企业以原定钢材价格过低为由要求加价，并提出，如果甲企业表示同意，双方立即签订书面合同，否则，乙企业将不能按期供货。甲企业表示反对，并声称，如乙企业到期不履行协议，将向法院起诉。

试分析：此案中，双方当事人签订的合同有无法律效力？为什么？

3. 国内某外贸公司向国外购买某商品，不久接到外商3月20日的发盘，有效期至3月26日，我方于3月22日电复："如能把单价降低5美元，可以接受。"对方没有反应。后因用货部门要货心切，又鉴于该商品行情看涨，我方随即于3月25日又去电表示同意对方3月20日发盘所提的各项条件。

试分析：此项交易可否达成？

4. 某医药商店承包人尹某到某市第三制药厂购买了一批中药产品。尹某当时付清了货款，双方协议：20天后提货，若发生纠纷到某仲裁委员会仲裁。但过了一年，尹某不仅未提货而且下落不明。药厂致函尹某的单位，促其速来提货。药店回信称：尹某是该店的承包人，一切业务均由他本人负责，现尹某出差在外，不清楚他何时回来。该厂再次通知尹某的单位，决定代为拖运。药店回信拒收货物，并称如果拖运，一切损失由该厂负责。药厂在此情况下，只能将尹某所购药品向本厂所在地的公证处申请提存公证。该批药品有效期只有两年，若积压下去，可能失效。在此情况下，药厂经公证处许可，将该药品变卖，将变卖的价金扣除保管费予以提存。提存后一个月，尹某来到第三制药厂，称双方协议提取货物的时间是20天以后，但未规定什么时间必须提货。因此，第三制药厂变卖药品的行为属于违约行为，遂依据仲裁协议向某仲裁机构申请仲裁。

请问：第三制药厂变卖药品的行为是否合法？为什么？

5. 甲、乙两公司签订钢材购买合同，合同约定：乙公司向甲公司提供钢材，总价款500万元。甲公司预支价款200万元。在甲公司即将支付预付款前，得知乙公司因经营不善，无法交付钢材，并有确切证据证明。于是，甲公司拒绝支付预付款，除非乙公司能提供一定的担保，乙公司拒绝提供担保。为此，双方发生纠纷并诉至法院。试分析：

（1）甲公司拒绝支付余款是否合法？

（2）甲公司的行为若合法，法律依据是什么？

（3）甲公司行使的是什么权利？若行使该权利需要具备什么条件？

6. 甲欠乙 3 000 元，两人说好以甲的母牛作价 3 000 元给乙，等还款时间到了，甲牵着母牛到乙那里，得知乙很久都没有回来了，即下落不明，且乙没有合法的继承人。根据提存的相关法律知识，请回答下列问题：

（1）根据我国法律，提存的原因有哪些？

（2）提存后，母牛生了只小牛，请问小牛归谁？为什么？

（3）提存后，母牛由于意外死亡了，责任由谁承担？

（4）饲养牛的费用 600 元，由谁承担？

（5）假设母牛死后，卖得牛款 1 500 元，花费饲养费 600 元，剩余的钱归谁？

第五章

国际货物买卖法

学习目标

了解国际货物买卖法的概念和渊源；掌握国际货物买卖合同中买卖双方的主要义务、货物所有权和风险转移、违约的救济方法等。

能在订立国际货物买卖合同的过程中争取适用对自己有利的法律；能在合同履行中维护自己的合法权益；能妥善处理简单的国际货物买卖纠纷。

引导案例

1. 有一份 CFR（Cost and Freight）买卖合同，买卖一批蜡烛，货物装船时，经公证人检验合格，符合合同规定要求。货物到达目的地后，发现蜡烛有 30% 的弯曲现象，因而向卖方索赔。但卖方拒绝，其理由是货物在装船时品质是符合合同要求的。事后又查明原因是货物在交给承运人后，他把该批货物装在靠近机房的船舱内，由于舱内温度很高造成的。

请问：卖方拒绝赔偿有理由吗？为什么？

2. 有一份 CIF（Cost, Insurance and Freight）买卖合同，货物已在合同规定的时间和装运港装船，受载轮船离港 6 小时后触礁沉没。第二天，当卖方凭手中持有的提单、保险单、发票等装运单据要求买方付款时，买方以货物已全部损失为由，拒绝接受单据和付款。

请问：在上述情况下，卖方有无权利凭规定的单据要求买方付款？为什么？

知识支撑

随着全球经济一体化的形成，国际的商事活动越来越频繁。国际商事关系中最主要的是买卖关系，买卖关系又主要是通过买卖双方订立买卖合同形成的。国际货物买卖合同如何订立？合法有效的国际货物买卖合同又如何履行？国际货物买卖合同的双方当事人各有什么义务？违反了国际货物买卖合同如何解决？对与国际货物买卖合同有关的这些问题，各国买卖法、国际公约以及国际惯例都有不同的规定，掌握这些规定是我们从事国际货物买卖活动的前提。

第一节 国际货物买卖法概述

一、国际货物买卖法的概念

国际货物买卖法是指调整国际货物买卖关系的所有法律规范的总称。它并非一部世界各国共同制定、普遍遵守的统一法典，而是包括调整国际货物买卖关系的国际公约、国际惯例以及各国国内买卖法。国际货物买卖关系一般通过当事人订立买卖合同形成，因此国际货物买卖关系实质上是国际货物买卖合同关系，国际货物买卖法实质上就是指调整国际货物买卖合同关系的所有法律规范的总称。

国际货物买卖中的“国际”一般采用当事人营业地标准，而不考虑当事人的国籍。

国际货物买卖中的“货物”，一般指有形动产，不包括无形的权利以及劳务，也不包括股票、债券、流通票据等。

国际货物买卖中的“买卖”，是指出卖人交付标的物并转移标的物所有权于买受人的行为。

案例 5.1 美国公司 A 在上海设一分公司生产化妆品在中国销售。该分公司采购国内原材料是否属于国际货物买卖?

【解析】A 公司虽然国籍是美国，但该分公司营业地在我国，且采购我国国内的原材料，因此属国内买卖。

二、国际货物买卖法的渊源

当事人在订立、履行国际货物买卖合同的过程中要遵守哪些法律规范，发生纠纷时运用哪些法律规范来解决，这就是国际货物买卖合同的法律适用问题。

关于这一点，在本书的第一章已经阐明：各国都遵守约定优先原则，当事人可以在合同中约定适用某国的国内法、有关的国际公约或国际贸易惯例。如果当事人未作约定，一旦发生争议，则应由受理合同争议的仲裁机构或法院来确定。如果争议双方所在国均加入某一国际货物买卖合同公约，则一般法院或仲裁机构会直接适用该公约。如果双方未加入同一国际货物买卖合同公约，则由法院或仲裁机构根据法律冲突规范确定该合同所应适用的某国国内法。

由此可见，国际货物买卖公约、国际贸易惯例以及各国国内买卖法都有可能被适用来解决国际货物买卖纠纷。因此，国际货物买卖法的渊源有三：国际货物买卖公约、国际贸易惯例和各国的国内买卖法。

（一）国际货物买卖公约

1. 两个“海牙公约”

由于两大法系各国的买卖法有很大的差异，在国际贸易中不可避免地会引起法律冲突。

为了减少法律纠纷，便利国际贸易，国际上很早就出现了买卖法的统一化运动，并产生了一系列成果，比如由国际统一私法协会编撰、1964 年在海牙外交会议上通过的《国际货物买卖统一法公约》和《国际货物买卖合同成立统一法公约》。但这两个公约存在着明显的局限性，参加的国家至今也只有七八个，影响并不大。

2.《联合国国际货物销售合同公约》

在统一国际货物买卖法方面取得的最大成果是联合国国际贸易法委员会主持下制定的《联合国国际货物销售合同公约》（以下简称《公约》），于 1980 年在维也纳外交会议上通过，并于 1988 年 1 月 1 日起生效。截至 2015 年 12 月，核准和参加该公约的共有 84 个国家。《公约》比较成功地协调了两大法系之间的分歧，兼顾了发达国家和发展中国家的不同利益要求，因而被世界大多数贸易大国所接受，是目前对国际货物买卖影响最大的公约。

（1）《公约》的适用范围。

根据《公约》第一条的规定，该公约适用于营业地在不同国家的当事人之间所订立的货物销售合同。并且要求：①这些国家是缔约国；②国际私法规则导致适用某一缔约国的法律。

对于这一条的第二款，中国政府提出保留。中国认为，只有双方当事人的营业地所在国均为缔约国时，当事人之间所订立的货物买卖合同才适用《公约》，如果有一方当事人的营业地所在国不是缔约国，他们之间订立的国际货物买卖合同就不能自动适用《公约》的规定。

（2）《公约》不适用的买卖。

《公约》第二条明确规定以下销售不适用：①仅供私人和家庭使用的货物的买卖；②以拍卖的方式进行的买卖；③根据法律执行令状或其他令状的销售；④债券、股票、投资证券、流通票据或货币的销售；⑤船舶与飞机的销售；⑥电力的销售。

《公约》第三条规定：《公约》不适用于由买方提供制造货物的大部分重要原材料的合同，以及卖方绝大部分义务在于供应劳动力和服务的合同。

（3）《公约》不涉及的内容。

《公约》第四条、第五条规定了以下事项不涉及：①买卖合同的效力或其任何条款的效力，或任何惯例的效力；②买卖合同对所售货物所有权可能产生的影响；③货物对任何人所造成的伤亡的责任。

《公约》不能解决所有问题。《公约》仅仅规定了订立合同时要经过发价和接受两个步骤，买卖双方意思表示达成一致以及合同可以采取的形式，而对决定合同效力的其他因素，比如当事人的缔约能力、意思表示的真实性、合同内容的合法性等没有规定。所有权问题因为各国规定很难统一，所以仅规定卖方对买方承担所有权担保的义务，而对所有权何时转移、卖方无所有权或无法转移所有权等问题均未涉及。货物的人身伤亡责任各国也很难统一，所以《公约》也未涉及。

（4）中国核准《公约》时的保留。

我国在核准《公约》时作了两项保留。

其一是关于《公约》适用范围的保留。如前所述，我国只承认营业地处于不同国家的当事人所在国都是《公约》的缔约国才适用《公约》。

其二是关于《公约》合同形式的保留。《公约》第十一条规定："销售合同无须以书面订立或书面证明，在形式方面也不受任何其他条件的限制。销售合同可以用包括人证在内的任何方法证明。”我国对此作了保留，只承认国际货物买卖合同用书面形式订立的有效性，是因为当时我国的《涉外经济合同法》规定涉外经济合同必须采用书面形式。但我国1999年通过的《合同法》对国际买卖合同的形式不再限定，而且目前司法实践中大多数情况已经承认书面以外的其他合同形式。我国的这项保留似乎已经没有意义，但在我国未书面通知撤回该保留之前，为谨慎起见，建议还是采用书面形式。

（二）国际贸易惯例

有关国际货物买卖最重要的惯例是国际商会制定的《国际贸易术语解释通则》，于1936年制定；2010年进行修订，于2011年1月1日起实施；2020年又进行了修订，于2021年1月1日起施行。现行国际贸易价格术语采用的是2020年修订。

国际贸易惯例在买卖合同当事人约定适用时适用，或当事人没有约定适用惯例，而且订约双方所在国并未加入买卖公约或虽加入买卖公约但公约没有相关规定，由冲突规范指引的国内法也没有相关规定时可以参考适用。

目前国际贸易惯例在国际货物买卖中广泛采用，我国在外贸业务中也大量使用，因此掌握其内容非常重要，在本书第一章已经详细介绍。另外，由于本书主要针对报关与国际货运、国际物流、国际商务、国际贸易、商务英语等专业的学生，这些专业在国际贸易实务这门课程中都已经详细介绍过这些内容，所以本书在此不作赘述。

（三）我国的买卖法

我国在对外货物买卖关系中，国内法方面以前主要有《合同法》，2020年把《合同法》并入了《民法典》。

有关买卖合同法律问题基本包括以下几个方面：合同是否成立；合同的效力如何；买卖双方的义务；所有权和风险转移；违约责任。这几个方面里，合同的效力和所有权转移《公约》没有涉及。我国是《公约》的缔约国，而且我国主要的贸易伙伴基本上都已加入《公约》，我国现行《民法典》合同编中关于货物买卖的内容也基本与《公约》接轨，所以学习和掌握《公约》是非常必要的。本书第四章对合同的成立所作的介绍当然适用于买卖合同，基于实用以及节省篇幅的考虑，对于合同成立方面的内容本章不再赘述，其他方面也仅以《公约》内容为主，对《公约》未作规定或其他国家国内法方面有重大差异的内容作适当介绍。

第二节 买卖双方的主要义务

一、卖方的主要义务

在国际货物买卖合同中，虽然双方的权利义务是对等的，但提供货物的一方的义务比买方的义务要复杂，主要包括交付货物、交货必须与合同相符、移交单据、转移货物的所有权。由于各国有关货物所有权转移的规定分歧较大，因此《公约》对此问题采取了回避的态度，未进行具体的规定。因此，本节只涉及交付货物、质量担保、权利担保、交付单据等内容。

（一）交付货物，转移货物所有权

交付货物既是卖方的主要义务，也是其行使收取货款的权利的前提条件。交付货物既包括实际交货，即由卖方将货物置于买方的实际占有下；也包括象征性交货，即由卖方将控制货物的单据交给买方，由卖方在指定地点凭单向承运人提货。依《公约》的规定，卖方应依合同规定的地点、时间及方式完成其交货义务。

1. 交付货物的地点

关于交付货物的地点，双方当事人有约定的依据约定执行，《公约》的规定主要针对的是当事人没有约定的情况。根据《公约》第三十一条的规定：

（1）当国际货物买卖合同涉及货物的运输，则交货地点即为货物交付给第一承运人的地点。

（2）如果合同指的是特定货物从特定存货中提取的或还在生产中未经特定化，而双方当事人在订立合同时已知道这些货物的特定地点，则卖方应在该地点交货。

（3）在其他情况下，卖方应在其订立合同时的营业地交货。

2. 交货的时间

根据《公约》第三十三条的规定：

（1）如果合同规定有交货的日期，或从合同可以确定交货的日期，应在该日期交货。

（2）如果合同规定有一段时间，或从合同可以确定一段时间，除非情况表明应由买方选定一个日期外，应在该段时间内任何时候交货。

（3）在其他情况下，应在订立合同后一段合理时间内交货。关于提前交货的情况，根据《公约》第三十七条的规定，如卖方在约定的时间提前交货，则可以在交货日期前交付任何缺漏部分或补足所交付的货物的不足数量，或交付用以替换所交付不符合同规定的货物，但这项权利的行使不能造成买方不合理的不便或承担不合理的开支，也不影响买方损害赔偿的权利。

根据我国现行《民法典》规定，如果合同有约定履行的时间，则按约定的时间交货，履行期限没有约定或约定不明确的，可以协议补充；不能达成补充协议的，按照合同有关条款或者交易习惯确定；仍不能确定的，债务人可以随时履行，债权人也可以随时要求履行，但应当给对方必要的准备时间。

（二）质量担保

货物的质量担保义务指卖方必须保证其交付的货物与合同的规定相符。根据《公约》第三十五条第一款的规定，卖方交付的货物必须与合同所规定的数量、质量和规格相符，并须按照合同所规定的方式装箱或包装。在合同没有对数量、质量、规格和包装作出明确规定的情况下，则应依《公约》第三十五条第二款的规定：

1. 适用于通常使用目的

货物应适用于通常使用目的，即货物适用于同一规格货物通常使用的目的。这种情况是指买方订货时，是依一般的规格订货，而没有向卖方指出货物的任何用途。《公约》所指的是同一规格货物通常使用的用途，如购买商品通常是为了消费和转卖，购买机器通常是用于生产，购买粮食一般是既能用于人类消费又能喂牲畜，如卖方提供的货物只能用于喂牲畜，则没有达到适合于通常使用的用途。

2. 适用于特定目的

货物应适用于特定目的，即货物适用于订立合同时明示或默示地通知卖方的任何特定目的。如果买方对该特定用途所需要的货物的规格不很了解，他可将购买该货物的特定用途告知卖方。如告知其需要购买的是专门用于钻碳钢板的某个尺寸的钻头，则卖方提供的钻头就应能达到钻碳钢板的硬度要求。

3. 与样品或样式相符

货物应与样品或样式相符，即货物的质量与卖方提供的货物样品或样式相同。当订立的合同是以样品或样式为基础时，卖方即应保证货物符合样品或样式的质量。

4. 在包装上的要求

《公约》规定货物应按照同类货物通用的方式装箱或包装。如果没有此种通用方式，则按照足以保全和保护货物的方式装箱或包装。某些国家不认为包装属于货物相符的义务，而《公约》则将包装作为卖方保证货物相符的义务之一，因为在国际货物买卖中，货物通常要经过长距离的运输，卖方对货物的包装是否合理对运输产生影响。一般认为，因卖方包装不符而造成的货损应由卖方承担责任。

《公约》除了规定卖方对货物质量的担保责任外，还规定了卖方对质量责任的例外，依第三十五条第三款的规定，如果买方在订立合同时知道或者不可能不知道货物不符合同，卖方就无须按上述四项负不符合同的责任。在国际货物买卖中，有时买方已经知道了货物在品质上有缺陷，但由于急需该货物等原因，而同意以减价为条件接受货物，在这种情况下，一旦买方知道了货物缺陷的事实而接受货物，则卖方不承担对此种缺陷的品质担保责任。

《公约》第三十八条对货物质量的检验分三种情况进行了规定：

（1）买方应在实际可行的最短时间内检验货物或由他人检验货物。

（2）如果合同涉及货物的运输，检验可推迟到货物到达目的地后进行。

（3）如果货物在运输途中改运或买方须再发货物，没有合理机会加以检验，而卖方在订立合同时已知道或理应知道这种改运或再发运的可能性，检验可推迟到货物到达新目的地后进行。

根据我国《民法典》合同编规定，如果合同有约定所交货物的质量，则按约定的质量交货，如果就货物的质量或包装没有约定或约定不明确的，可以协议补充；不能达成补充协议的，按照合同有关条款或者交易习惯确定；仍不能确定的，按照国家标准、行业标准履行；没有国家标准、行业标准的，按照通常标准或者符合合同目的的特定标准履行。卖方应当按照约定的包装方式交付标的物。对包装方式没有约定或者约定不明确的，可以协议补充；不能达成补充协议的，按照合同有关条款或者交易习惯确定；仍不能确定的，应当按照通用的方式包装，没有通用方式的，应当采取足以保护标的物的方式包装。

案例 5.2 如果买方购买一台铁路吊车，假设该吊车没有任何质量缺陷，并能够吊起除火车车厢外其他类型的重物，而合同中并无关于该吊车质量的任何规定，该卖方是否应承担违反品质担保义务的责任？

【解析】应该承担。因为他违反了默示的品质担保义务。该案例中虽无卖方对于品质的明示担保，但各国法律以及《公约》都规定货物应具备通常品质，这构成一项默示担保。作为铁路吊车的通常品质就是能够吊起火车车厢，这也是买方购买铁路吊车的本来目的，卖方提供的货物无法满足这一要求，因此应承担违反默示担保的责任。

（三）权利担保

1. 权利担保的内容

权利担保可以概括为所有权担保和知识产权担保两个方面：

（1）所有权担保：指卖方保证对其出售的货物享有完全的所有权，必须是第三方不能提出任何权利或要求的货物，如不存在任何未向买方透露的担保物权等。如前所述，《公约》并不调整国际货物买卖中的所有权转移问题，有关所有权转移的问题有国内法调整。但是，如卖方对其出售的货物不享有完全的所有权，就会对合同的履行产生影响，为此，《公约》要求卖方必须对其出售的货物拥有完全的所有权。

（2）知识产权担保：指卖方所交付的货物，必须是第三方不能依工业产权或其他知识产权主张任何权利或要求的货物。知识产权包括工业产权，《公约》之所以将两者并列，是为了避免不同国家在使用这两个概念时的分歧。如果在买方接收货物后，任何第三方通过司法程序指控买方所购的货物侵犯了其知识产权，卖方应承担代替买方辩驳第三方的指控。

案例 5.3 甲公司的营业地所在国为甲国，乙公司的营业地所在国为中国，两国都为《联合国国际货物销售合同公约》的当事国。甲公司将一批货物卖给乙公司，该批货物通过海运运输。货物运输途中，乙公司将货物转卖给了中国丙公司。

根据《公约》，请问：甲公司对自己出售的货物有什么要求？

【解析】甲公司对自己出售的货物的要求有两个：一是甲公司对其出售的货物一定要享有完全的所有权，任何第三方不能提出任何权利或要求，即所有权担保的义务；二是甲公司所出售的货物必须是第三方不能依工业产权或其他知识产权主张任何权利或要求的货物，即知识产权担保的义务。

2. 对知识产权担保义务的限制

由于国际贸易中，货物通常是销往卖方以外的国家，特别是还有转卖的情况，要求卖方了解所有国家有关的法律是不可能的，所以，《公约》对卖方的知识产权担保义务进行了某些限制，主要表现在：

（1）地域限制。《公约》虽然规定了卖方的知识产权担保义务，但并未要求其出售的货物不得侵犯全世界任何知识产权人的权利，对此《公约》第四十二条规定了限制标准：

第一，货物使用地或转卖地国家的法律，即第三方的请求必须是依货物使用地或转卖地国家的法律提出的。如果双方在订立合同时，没有规定货物的最终使用地或转卖地，则卖方对买方不承担向不知名的转卖地转卖的知识产权的担保义务。

第二，依买方营业地所在国法律，即第三方的请求必须是依买方营业地所在国的法律提出的。也就是说，如果双方没有确定货物的最终使用地或转卖地，则卖方只对那些依卖方营业地所在国的法律提出的请求向买方负责。如果买方有一个以上的营业地，则依《公约》的规定，以与合同及合同履行关系最密切的营业地为其营业地。如果没有营业地，则以其惯常居住地为准。

（2）主观限制。《公约》在确定卖方的知识产权担保上还规定了时间的标准，根据《公约》第四十二条第二款的规定，卖方在下列两种情况下，免除其知识产权担保的义务：第一，买方在订立合同时已知道或不可能不知道此项权利或要求；第二，此项权利或要求的发生，是由于卖方遵照买方所提供的技术图样、图案、款式或其他规格的结果。

例如，中国卖方A公司与法国买方B公司签订一批洗衣机买卖合同，在签约时，买方明确告知卖方，该合同标的物将转卖到意大利。日后，该批洗衣机在意大利销售过程中，被意大利C公司依据意大利法律起诉B公司侵犯了他们的专利权，要求B公司停止销售并赔偿C公司损失。在此情况下，不管C公司胜诉还是败诉，卖方A公司都应对买方B公司承担违约责任。

如果法国B公司并未将该批洗衣机卖到意大利，而是卖到了德国，德国的W公司根据德国的法律起诉B公司侵犯了他们的专利权，要求B公司停止销售并赔偿W公司损失。在此情况下，不管W公司胜诉还是败诉，卖方A公司都不对买方B公司承担违约责任。

如果德国的W公司不能根据德国法律向B公司提起知识产权诉讼，但W公司在法国拥有该种洗衣机的专利权，其根据法国的法律向B公司提起侵权诉讼，则卖方A公司也要向买方B公司承担违约责任。另外如果法国的F公司根据法国的法律向B公司提起知识产权诉讼，卖方A公司也要承担违约责任，即使合同中未约定该批货物将在法国销售。因为买方B公司的营业地在法国，有合理的理由推断B公司所购货物是要在法国销售的，因此卖方在任何情况下都要保证在买方营业地所在国不会遭到第三方提起权利主张和要求。

3. *买方的及时通知义务*

《公约》第四十三条规定了买方的及时通知义务，即当买方依已知道或理应知道第三方的权利或要求后一段合理时间内，应将此项权利或要求的性质通知卖方，否则就丧失了买方依《公约》本来可以得到的权利，即要求卖方承担辩驳第三方的权利。至于什么是“合理时间”，则要依个案而定，不同的案情，合理时间的长短不同。

案例5.4 中国A公司与法国F公司约定：由A公司按F公司提供的图案生产花布若干米，分七批运往西非某国销售，A公司交完第三批货物时，F公司在西非接到德国G公司的侵权通知，称：F公司所售的花布侵犯了G公司在西非拥有的一项外观设计专利权。为此，G公司要求：F公司必须立即停止侵权并赔偿其有关损失。

请问：根据《公约》，A公司是否要对F公司承担违约责任？为什么？

【解析】参考《公约》第四十二条第二款的规定。另外，《公约》第四十三条和第四十四条规定了买方在遭到第三方侵权时的通知义务。买方如果不在已知道或理应知道第三方的权利或要求后一段合理时间内，将第三方的权利或要求的性质通知卖方，就丧失要求卖方承担责任的权利。但是如果买方对未及时发出通知一事能提出合理的理由，或者卖方如果知道第三方的权利或要求以及这一权利或要求的性质，即使买方未在合理时间内向卖方发出通知，只要不属于卖方的免责范围，卖方仍须对其所出售的货物承担权利担保责任。

（四）交付单据

在国际贸易中，单据对买方很重要，特别是在象征性交货的情况下，单据可能影响到买方是否能及时提取货物和转卖货物，也会影响到买方办理相关的海关手续。《公约》第三十四条对卖方交付单据的义务进行了规定，依该条规定，如果卖方有义务移交与货物有关的单据，他必须按照合同规定的时间、地点和方式移交这些单据。卖方交付单据的义务，通常是在买卖合同或信用证中加以规定。

如果卖方在约定的时间以前已移交这些单据，则可在时间届满前纠正单据中任何不符合合同规定的情形，但是，此项权利的行使不得使买方遭受不合理的不便或承担不合理的开支，无论如何，卖方不得改变移交单据的地点和方式。而且，卖方可以保留《公约》规定的要求损害赔偿的权利。

二、买方的主要义务

买方的义务主要有两项，即支付货款和接收货物。

（一）支付货款

1. 准备步骤

根据《公约》第五十四条规定，买方支付价款的义务包括依合同或任何有关法律和规章规定的步骤和手续。买方付款义务所必需的一切准备步骤是其付款义务不可分割的组成部分，与支付货款本身一起构成了买方支付货款的义务。如果买方没有依合同或有关法律的规定为使支付成为可能而完成一切必要的准备步骤和手续，也构成违约，将引起相应的违约赔偿。这些准备步骤包括申请信用证或银行的付款担保，在实行外汇管制的国家，获得必要的外汇及将货款汇出的政府许可等。

应该指出的是，《公约》只是规定买方应依合同或有关规定的要求采取这些步骤，并没有要求买方保证其努力的结果，例如保证一定能获得政府的批准，因此，买方的此项义务不是绝对的，只要买方已采取了一切合理的步骤，但由于其不能控制的障碍仍不能获得所需的批准时，根据《公约》第七十九条的规定，卖方可以免除其责任。

2. 支付的地点

由于各国在外汇管制上的规定不同，所以，支付的地点会对支付的顺利完成产生影响。国际货物买卖的双方通常也会在合同中对支付方式和地点作出约定。根据《公约》的规定，支付的地点首先应以当事人在合同中的约定为准，在合同对此没有规定的情况下，《公约》对支付地点进行下列补充规定：①卖方营业地为支付地，在卖方有一个以上营业地的情况下，买方的支付地点为卖方与合同及合同的履行关系最密切的营业地；②如凭移交货物或单据支付货款，则移交货物或单据的地点为支付地。

根据我国现行《民法典》合同编规定，买受人应当按照约定的地点支付价款。对支付地点没有约定或者约定不明确，可以协议补充；不能达成补充协议的，按照合同有关条款或者交易习惯确定；还是不能确定的，买受人应当在出卖人的营业地支付，但约定支付价款以交付标的物或者交付提取标的物单证为条件的，在交付标的物或者交付提取标的物单证的所在地支付。

3. 支付的时间

根据《公约》的规定，如果双方当事人未在合同中具体约定付款的时间，则买方应依《公约》规定的下列时间支付货款：

（1）在卖方将货物或单据置于买方控制下时付款。根据《公约》的规定，卖方可以买方支付货款作为移交货物或单据的条件，不付款则不交货或不交单据。

（2）在买卖合同涉及运输时，在收到银行的付款通知时付款。在涉及运输时，卖方一般会在合同中订明交货的条件，即在买方支付货款后，才能取得代表货物所有权的装运单据，即以付款交单为支付条件，在此种情况下，买方必须在接到银行的付款通知时支付货款。

（3）在买方没有机会检验货物前，无义务支付货款。《公约》第五十八条第三款的规定是若买方付款的义务与其检验货物的权利的机会与双方约定的交货或付款程序相抵触，则买方丧失其在付款前检验货物的权利；在此种情况下，买方应按上述（1）和（2）规定的时间付款。例如，在 CIF 贸易条件的情况下，买方只有在付款赎单后才能提货，才能对货物进行检验，此时不能以检验作为付款的条件。

（二）接收货物

根据《公约》的规定，买方接收货物的义务由两部分组成：其一为“采取一切理应采取的行动”，其二为“提取货物”。

1. 采取一切理应采取的行动

在国际货物买卖中，一方当事人应当采取与另一方当事人相适应的步骤，即双方有相互合作的义务。为了使卖方能交付货物，买方应当采取的行为包括卖方指定准确的发货地点、委托代理人接收货物、依贸易术语的要求作出相应的运输安排等。为此，《公约》第六十条规定，买方应采取一切理应采取的行动，以期卖方能交付货物。

2. 提取货物

提取货物要求买方将货物置于自己的实际控制下，买方应按时提取货物。如果买方在提取货物上不配合，即违反了接收货物的义务。应注意的是：接收不等于接受，接受表明买方认为货物的质量符合买卖合同的规定；而接收并不表明买方对货物的质量没有异议，如货物在目的港经检验与合同不符，买方也应接收货物，然后再进行索赔。根据《公约》第七十七条的规定，声明另一方违约的一方，有义务采取合理的措施，减轻由于违约引起的损失，如不采取措施，例如，任货物弃于码头而受损，则违约一方可要求从损害赔偿中扣除原可以减轻的损失数额。

第三节 货物所有权和风险的转移

一、货物所有权的转移

（一）货物所有权转移问题的重要性

货物所有权转移是指货物的所有权从卖方转移给买方的行为。转移货物的所有权是货物买卖合同中卖方的基本义务之一，这是货物买卖合同与其他合同（如租赁合同、加工合同）相区别的一个重要特点。货物所有权何时由卖方转移给买方，关系到买卖双方的重大利益。

具体来说，主要牵涉到以下两个问题：

1. 破产清算

物权不同于债权。如果卖方将货物所有权转移给了买方，而买方在付款前破产，则卖方仅对买方享有债权，他只能要求买方偿还债务，而不能取回原来所交付的货物。因此卖方只能同其他普通债权人一样参加破产分配，最后实现的债权数额可能远远低于实际债权数额，除非卖方在货物上设定了某种担保权益，如要求买方将货物抵押给他。

例如，英国某公司购买荷兰某公司的铝土，打算转卖出售。买方接受铝土后支付了部分货款，在没有付清其余货款前破产，接受破产清算。英国法院受理了该破产案。卖方在诉讼中主张：对于转卖铝土的收入和剩余的铝土，卖方拥有优于其他债权人的请求权，理由是合同列明了所有权转移条款：

（1）只有当买方付清全部货款时，铝土的所有权才转移给买方所有。

（2）在买方付清全部货款前，卖方对买方转卖铝土的收益享有追偿权，即买方转卖铝土只是代理卖方的行为，其收益归卖方所有。

英国法院的判决支持了卖方的主张，确认以上合同条款具有法律效力，使卖方免受损失。

2. 风险转移

世界上有些国家有“物主承担风险”的原则，将风险转移同所有权转移联系在一起，以所有权转移的时间决定风险转移的时间。如《英国货物买卖法》第二十条规定，除双方当事人另有约定外，在货物所有权转移于买方前，货物的风险由卖方承担，但所有权一经转移给买方，则不论货物是否已经交付，其风险即由买方承担。由于所有权问题相当复杂，各国规定不一，而风险转移在当今国际贸易中一般会由约定的贸易术语来规定，所有权与风险转移搅在一起会使问题复杂化，所以现在许多国家不太强调所有权转移问题。尽管如此，由于转移所有权是卖方的重要义务，并且涉及破产清算问题，所以它仍然比较重要。

（二）货物所有权转移问题涉及的法律

1. 各国国内法

世界各国对所有权转移问题的规定差异太大，很难统一，但共同的是，一般都承认双方对所有权转移时间的约定；另外在国际贸易实践中，一般认为所有权转移没有风险转移重要。

2. 国际贸易惯例

国际贸易惯例中，只有《1932 年华沙—牛津规则》规定了所有权转移的时间和条件。其他贸易惯例，包括《国际贸易术语解释通则》都没有涉及所有权问题。《1932 年华沙—牛津规则》规定：在 CIF 合同中，在卖方将单据交给买方时，货物所有权从卖方转移于买方。虽然《1932 年华沙—牛津规则》只适用于 CIF 合同，但一般认为这一原则也适用于其他凭单据买卖的合同，如 FOB 和 CFR 合同。

3.《公约》

《公约》第四条明确规定“……本公约与以下事项无关：……②合同对所售货物所有权可能产生的影响”。《公约》第三十条规定：“卖方必须按照合同和本公约的规定，交付货物，移交一切与货物有关的单据并转移货物所有权。”由于所有权问题各国规定难以统一，《公约》仅规定了卖方有义务把货物所有权转移给买方，并保证他所交付的货物必须是第三方不能提出任何权利或请求权的货物，至于货物所有权转移的时间、地点和条件，以及买卖合同的效力对第三方货物所有权产生的影响等问题，《公约》都没有作出规定。

4. 中国法

根据我国现行《民法典》规定，标的物的所有权自标的物交付时起转移，但法律另有规定或者当事人另有约定的除外；当事人可以在买卖合同中约定买受人未履行支付价款或者其他义务的，标的物的所有权属于出卖人；出卖人应当履行向买受人交付标的物或者交付提取标的物的单证，并转移标的物所有权的义务。

二、货物风险的转移

货物发生损失的原因很多，由双方责任导致的损失，由双方责任方承担；由风险造成的损失，则应由承担风险的一方当事人来承担。

风险在国际货物买卖中一般指的是货物因自然原因或意外事故所致的损坏或灭失的危险。《公约》没有列出风险事件的范围，此类事件一般包括不可抗力、意外事故和第三方不当行为造成的损失。确定风险转移的目的是为了明确这些损坏或灭失由谁来承担，根据《公约》第六十六条的规定，货物在风险转移到买方承担后遗失或损坏的，买方支付货款的义务并不因此解除。除非这种遗失或损坏是由于卖方的行为或不行为造成的。

在风险转移的时间上，各国有不同的规定，一类是将风险转移与货物的所有权联系在一起；一类是将两者分开，《公约》采用的是后者。《公约》在确定货物的风险转移上基本上采取的是以交货时间确定风险转移的原则，这样可以由向保险人或承运人求偿处于较好地位的一方当事人承担风险。

根据我国《民法典》规定，买卖合同的风险随交付转移，当事人另有约定或法律另有规定的除外。

（一）《公约》确定的风险转移的时间

风险转移的时间依《公约》第六十七条、第六十八条的规定有下列几种情况：

1. 合同中有运输条款的货物买卖的风险转移

对于合同中有运输条款的货物买卖的风险转移，根据《公约》第六十七条的规定应依下列方式转移风险：

（1）如该运输条款规定卖方有义务在某一特定地点把货物交给承运人运输，则卖方履行义务以后，货物的风险就随之转移给了买方。

（2）如合同中没有指明交货地点，卖方只要按合同规定把货物交给第一承运人，货物的风险就转移给买方了。

2. 对于在运输中销售的货物的风险转移

对于在运输中销售的货物的风险，《公约》第六十八条的规定是自买卖合同成立时起转移给买方。运输中销售的货物，不存在交付承运人的问题，因为货物已在承运人的控制下了，所以从合同成立时就转移风险。但由于对运输中的货物的出险时间不易确定，所以《公约》又规定，如情况表明有此需要，风险自交给签发运输单据的承运人时起转移给买方，这种情况须以卖方在订立合同时不知道货物已灭失或损坏为限。

案例 5.5 甲公司的营业地所在国为甲国，乙公司的营业地所在国为中国，两国都为《联合国国际货物销售合同公约》的当事国。甲公司将一批货物卖给乙公司，该批货物通过海运运输。货物运输途中，乙公司将货物转卖给了中国丙公司。

根据《公约》，请问：乙公司转售给丙公司货物，风险何时进行转移？

【解析】本题是关于运输中销售的货物的风险转移问题，根据《公约》规定，运输中货物风险的转移时间是双方合同成立时。乙公司转售给丙公司的货物，风险自乙公司与丙公司的合同成立时发生转移。

3. 其他情况下货物的风险转移

根据《公约》第六十九条的规定，其他情况下如在卖方营业地交货，或在卖方营业地以外的地点交货，此时的风险从买方接收货物时起或货物交由买方处置时起转移给买方。

（二）风险转移与卖方违约的关系

货物的风险指的是货物因自然原因或意外事故所致的损失或灭失的危险。如果货物的损坏或灭失是由于卖方违反合同所致，则根据《公约》第七十条的规定，买方仍然有权向卖方提出索赔，采取因此种违反合同而可以采取的各种补救办法。

案例 5.6 买卖双方订立一项 FBO 合同。合同规定，卖方向买方发 10 包 1 号棉花。卖方将 10 包 1 号棉花装上了船。但该棉花在运输途中被火烧焦，不能用了。买方收到货后认为货物已毁损灭失，拒绝支付货款。

请问：根据《公约》，买方是否应该付款？

【解析】《公约》承认约定优先。本案中买卖双方约定了 FOB 的贸易术语，而 FOB 术语风险转移的时间为卖方所交的货物越过了指定装运港的船舷（《国际贸易术语解释通则》则规定风险转移的时间为卖方将货物装到了指定装运港的船上）。本案棉花在运输途中被火烧焦，此时风险已经由卖方转移给了买方，即使货物发生了毁损灭失，买方仍然有义务支付货款。

案例 5.7 买卖双方订立一项 FOB 合同，规定卖方向买方发送 5 000 磅 1 号大米，用新麻袋包装。卖方发送的 100 袋大米中，有一袋包装用的麻袋是旧的，致使在运输途中破包，大米灭失。

请问：该损失应由谁负责？

【解析】虽然风险已经转移给了买方，但这种毁损灭失是因为卖方的行为，即由于卖方没有按约定用新麻袋包装造成的，因此买方对毁损的那一袋大米有权拒绝付款。

案例 5.8 一份豌豆买卖合同，采用 CFR 术语成交，卖方本应对包装袋进行熏蒸杀虫，但没有这样做，致使豌豆在运输途中受到虫蚀全部变质。卖方认为在装运港越过船舷风险就转移给了买方，故其对虫损不负责。

请问：卖方观点是否正确？

【解析】《公约》承认约定优先，既然合同中约定了贸易术语，《公约》承认其效力的优先性。因此按 CFR 术语，风险确实已转移给了买方。但《公约》同时又规定，如果卖方根本违反合同，风险转移不影响买方向卖方要求承担违约责任。因此本案中买方可以要求卖方赔偿损失等。

三、我国法有关风险转移的规定

根据我国《民法典》规定，货物风险转移的规则与《公约》基本一致，主要包括货物买卖的风险、货物在运输中出售时的风险、当买卖合同涉及运输时的风险、卖方违约和买方违约时的风险等何时转移的问题，在此不作赘述。

第四节 违约的补救办法

在国际贸易中，买卖合同有效成立后，合同双方当事人就应该严格按合同行事，该交货时交货，该付款时付款，如果一方或双方未按合同履行，就构成了对合同的违反，即违约。

违约补救办法是指在一方当事人违反合同时，另一方当事人依法获得补偿的方法，也称救济方法。

违约的救济方法可分为债权的救济方法和物权的救济方法。前者是对当事人行使的，如实际履行、解除合同、损害赔偿、减价等。物权的救济方法是对货物本身行使的，如停止交货等，《公约》规定的救济方法以债权救济方法为主。

在国际货物买卖中，卖方的违约主要表现为不履行交货义务，或不适当履行交货义务，如所交货物与合同不符，所交单据与合同不符，交付的货物违反了卖方的权利担保等情况。买方的违约则主要表现为不付款，或不依合同的约定付款，或不依合同的约定提取货物。《公约》分别对卖方违反合同的救济办法与买方违反合同的救济办法进行了规定。

一、违约责任的内涵界定及其特点

违约责任是指合同当事人因违反合同义务应承担的责任。各国法律均规定，如果当事人没有合法理由不履行或不适当履行合同义务的，应该承担违约责任。

违约责任具有以下特点：

（1）违约责任是合同当事人违反合同义务所产生的责任。

这里包含两层意思：违约责任产生的基础是双方当事人之间存在合法有效的合同关系，若当事人之间不存在有效的合同关系，则无违约责任可言；违约责任是以违反合同义务为前提，没有违反合同义务的行为，便没有违约责任。

（2）违约责任具有相对性。违约责任的相对性，是指违约责任只能在特定的当事人之间发生，合同关系以外的第三方，不负违约责任。

（3）违约责任具有补偿性。违约责任主要是一种财产责任。承担违约责任的主要目的在于补偿合同当事人因违约行为所遭受的损失。从合同法所确认的违约责任方式来看，无论是强制实际履行，还是支付违约赔偿金，或者采用其他补救措施，无不体现出补偿性。当然，在特定情况下并不排除处罚性。

（4）违约责任具有可约定性。根据合同自愿原则，合同当事人可以在合同中约定违约责任的方式、违约金的数额等，但这并不否定违约责任的强制性，因为这种约定应限制在法律许可的范围内。

二、违约责任的归责原则

综观各国立法实践，对违约责任归责原则的规定主要有两类：一类是过错责任原则，即合同当事人有过错才承担违约责任；一类是严格责任原则，也就是合同当事人即使没有任何过失，也应承担违约责任。在违约责任的规则原则上，大陆法系和英美法系在理论上存在着很大的分歧。

大陆法系以过错责任作为民事责任的一项基本原则。按该原则，合同债务人只有存在着可以归责于他的过错时，才承担违约责任。也就是说，如果仅仅证明债务人没有履行其合同义务，尚不足以要求其承担违约责任，而必须同时证明或推定债务人的行为有某种可以归责于他的过错，才能使其承担违约责任。过错包括故意和过失。

与大陆法系的规定不同，英美法系采取严格责任原则。英美法系认为，只要当事人没有履行其合同义务，即使他主观上没有任何过失，也构成违约，应承担违约的后果，除非存在法定或者约定的免责事由。

我国《民法典》规定的民事责任，原则上采取过错责任原则；而在合同编中则确立了严格责任原则，过错责任为例外；《联合国国际货物销售合同公约》和《国际商事合同通则》都采用了严格责任原则。

三、卖方违约时适用于买方的补救办法

1. 要求实际履行

《公约》第四十六条第一款规定了卖方违反合同时，买方可以采取要求实际履行的补救办法。《公约》以实际履行作为第一种补救办法，目的是为了保证合同履行的稳定性。另外，《公约》第四十七条还规定一个合理的履约宽限期，即买方可以规定一个合理时间的额外时间，让卖方履行其义务。要求实际履行前提条件是对方能够履行。

案例 5.9 中国A公司与韩国B公司买卖100吨大蒜，订立合同后国际市场大蒜价格飞涨，A公司向B公司提出无法交付货物，愿意按货款的20%支付违约金。B公司不同意，要求按原合同交付大蒜，并向中国法院提起诉讼，要求A公司实际履行合同。经查A公司仓库还有几百吨大蒜存货。

请问：法院会支持B公司的主张吗？

【解析】法院会支持B公司的主张。实际履行是《公约》规定的主要救济办法，但法院并没有义务一定判实际履行，法院可以根据法院所在地法对实际履行的态度作出判决。我国也将实际履行作为违约救济的主要形式之一，即法院所在国对不按照《公约》处理的类似销售合同也会作实际履行的判决。另外，法院判决实际履行的前提是违约方有能力履行，本案中违约方A公司还有大量存货，完全可以履行。

2. 交付替代物

《公约》第四十六条第二款规定了交付替代物的补救办法。交付替代物是在货物与合同不符时的一种补救办法，即要求卖方替代交付与合同相符的货物。根据《公约》的规定，买方只有在货物与合同不符构成根本违反合同时，才可以要求交付替代货物，而且关于替代货物的要求，必须与说明货物与合同不符的通知同时提出，或者在该项通知发出后一段合理时间内提出。

3. 修理

《公约》第四十六条第三款对修理的补救办法进行了规定。修理是卖方对所交付与合同不符的货物进行的修补、调整或替换有瑕疵部分等。买方请求修理的要求须与发出的货物不符的通知同时提出，或在该通知发出后一段合理时间内提出。

4. 减价

根据《公约》第五十条的规定，如果货物与合同不符，不论货款是否已付，买方都可以减低价格。减价按实际交付的货物在交货时的价值与符合的货物在当时的价值两者之间的比例计算。

5. 解除合同

《公约》关于“解除合同”的英文表达直译为“宣告合同无效”，根据《公约》第四十九条的规定，当卖方在完全不交付货物或不依合同规定交付货物构成根本违反合同时，买方可以解除合同。

根据《公约》第五十条的规定，买方有权在下列情况下解除合同：一是卖方根本违反合同；二是卖方在买方规定的宽限时间内没有交货或声明不交货。

根本违反合同是指因一方当事人违反合同而使另一方合同当事人遭受损害，实际上剥夺了其依合同规定期待取得的东西。即合同的存在对买方期待的利益已没有什么意义了，此时买方可以解除合同，除非违反合同一方并不预知而且一个通情达理的人处于相同情况下也没有理由预知会发生这种结果。

非根本违反合同是指当事人违反合同的结果没有达到像根本违约那样给对方造成了重大损害。至于何为“重大损害”，应根据具体个案进行分析。

《公约》规定，如果一方构成根本违约，受损害的一方有权宣告撤销合同，并有权要求损害赔偿或采取其他的救济方法；如果只是非根本违约，则受损害一方原则上不能撤销合同，而只能要求损害赔偿或采取其他救济方法。

如卖方只交付了一部分货物或交付的货物中只有一部分相符，则前述有关实际履行、交付替代物、修理、减价等补救办法适用于未交付的部分和不符合同规定部分的货物。《公约》第五条规定了解除合同的法律效果，主要是使双方回复到原来的地位。对买方来说，这意味着他不必继续履行合同义务，如买方可撤销付款安排及接货安排等。

买方解除合同的权利由于下列情况而丧失：

（1）对于延迟交货，买方没有在延迟交货后的一段合理的时间内解除合同。

（2）对于其他情况的违约，在他已经知道或应当知道后的一段合理时间内没有解除合同；或者，当买方给予额外交付货物期限时，在该额外期限届满后的一段合理时间内没有解除合同；或者，当卖方对自己的不履行义务向买方声明将在额外期限内进行补救，而该期限已经超过或买方不接受卖方的补救的情况下，买方仍没有解除合同。

例如，买方从卖方处进口 1 000 箱中秋月饼，交货时间为农历八月十日至十四日，而卖方在八月十七日才交货。由于中秋节已过，月饼难以销售，使买方遭受重大损失，完全剥夺了买方根据合同有权期待得到的东西，在这种情况下，卖方迟延交货可以认为是根本违反合同，买方有权撤销合同，并要求损害赔偿。

又如，买方从卖方处进口 1 000 箱普通饼干，交货时间为农历八月十日至十四日，而卖方在八月十七日才交货。该段时间该种饼干的市场价格没有什么变化，供销情况也正常。在这种情况下，卖方迟延交货不能认为是根本违反合同，买方不能撤销合同，只能要求损害赔偿。

四、买方违约时适用于卖方的补救办法

1. 要求履行义务

根据《公约》第六十一条至六十三条的规定，如果买方不履行其在合同中和《公约》中规定的任何义务，卖方可以要求其履行义务，卖方可以要求买方支付货款、收取货物以及其他应履行的义务，只要卖方没有采取与此要求相抵触的某种补救办法。卖方可以规定一段合理的额外时间，让买方履行义务。除非卖方收到买方的通知，声称其将不在所规定的时间内履行义务，卖方不得在这段时间内对违反合同采取任何补救办法。当然，卖方并不因此而丧失因买方延迟履行要求损害赔偿的权利。

2. 解除合同

根据《公约》第六十四条的规定，卖方在下列情况下可以解除合同：

（1）当买方没有履行合同或《公约》规定的义务构成根本违反合同时。

（2）买方不在卖方规定的额外时间内履行支付价款的义务或收取货物，或买方声明他将不在所规定的时间内履行。但买方支付了全部货款，卖方原则上就丧失了解除合同的权利。

五、适用于买卖双方的一般规定

上述是适用于买方或卖方的特殊规定，此外《公约》还规定了适用于买卖双方的一般规

定，主要有中止合同、损害赔偿、支付利息、免责、解除合同的效果、保全货物等。

（一）中止合同（预期违反合同和分批交货合同）

预期违反合同是指在合同订立后，履行期到来前，一方明示拒绝履行合同，或通过其行为推断其将不履行，当一方出现预期违反合同的情况时，根据《公约》的规定，另一方可以采取中止履行义务的措施，《公约》第七十一条对中止履行的内容进行了规定。

1. 中止履行义务的适用条件

（1）必须是被中止方当事人在履行合同的能力或信用方面存在严重缺陷。

（2）被中止方当事人必须在准备履行或履行合同的行为方面表明他将不能履行合同中的大部分重要义务。如在甲合同中，货物不符是由当事人所使用的原料造成的，而情况表明乙合同和甲合同使用的原料都出自同一产地，因此，如果该当事人准备使用或已经使用了的行为，就表明该当事人不能履行合同的大部分重要义务，如不按上述条件采取中止履行义务的措施，不中止履行本身就是违反合同。

2. 中止履行义务的结束

根据《公约》的规定，中止可因被中止方当事人提供了履行合同义务的充分保证而结束，《公约》规定中止履行的一方当事人不论是在货物发运前还是发运后，都必须通知另一方当事人，如经另一方当事人对履行义务提供充分保证，则中止履行的一方必须继续履行义务。当然，中止除了因继续履行而结束外，也可以因中止方当事人解除合同而结束。

3. 预期违反合同与解除合同

根据《公约》的规定，如果在履行合同日期之前，明显看出一方当事人将根本违反合同，另一方当事人可以解除合同。在时间许可的情况下，准备解除合同的一方应向对方发出合理的通知，使其可以对履行义务提供充分保证。

案例 5.10 中国A公司购买法国B公司一批货物，约定7月5日交货。但突然接到B公司电话，称公司订单太多，7月5日肯定交不了货，望A公司早作打算。

请问：B公司是否构成违约？A公司是否可以在7月5日前就要求B公司承担违约责任？

【解析】B公司构成预期违约，因B公司在履行期到来之前就明确表示他履行不了合同。A公司可以在7月5日前就要求B公司承担责任，虽然还未到合同履行期，但B公司已经违约了。

分批交货合同的中止包括：

（1）在一方当事人不履行任何一批货物的义务将构成对该整批货物的根本违约时，另一方当事人可以对该整批货物行使解除合同的权利。

（2）如有充分理由断定对今后各批货物将会发生根本违反合同，则可在一段合理时间内宣告今后的合同无效，即解除合同对任何一批货物的交付为无效，而在各批货物又是相互依存的情况下，另一方当事人可以解除整个合同。

例如，当货物是一种机器的不同部件，则各批货物之间有内在的联系，一批不能履行，则前面已履行的部分也没有意义了。但是如果相互之间没有依存关系，则其中一批货物交付不符合合同的话，则只能该批货物解除合同，不能整批货物解除合同。

案例 5.11 我国A公司进口荷兰B公司的大型印刷设备，约定分四批交货。前三批货物都没有问题，但第四批货物存在严重质量问题，导致整套设备难以正常运转。我国A公司提出撤销整个合同，要求荷兰B公司退回货款，赔偿损失。

请问：我国A公司要求是否合理？

【解析】根据《公约》第七十三条第三款，我国A公司要求合理。

（二）损害赔偿

损害赔偿是《公约》违约补救制度中运用最广泛的一种补救办法，买方或卖方所进行的其他补救，并不妨碍其同时提出损害赔偿。如买方或卖方可以既宣告解除合同，又要求损害赔偿，虽已解除了合同，但买卖双方当事人请求损害赔偿的权利，并不受此影响。《公约》第七十四至七十七条对损害赔偿进行了规定。

1. 损害赔偿的概念

根据《公约》规定，损害赔偿是指对由于一方当事人违反合同，而给另一方当事人造成的损害或损失，给予金钱上的补偿。

2. 赔偿金额的计算

赔偿金额的计算是损害赔偿的中心内容，根据《公约》第七十四条的规定，赔偿金额计算的原则是：一方当事人违反合同应负的损害赔偿额，应与另一方当事人因他违反合同遭受的包括利润在内的损失额相等。根据《公约》的这一原则，计算损害赔偿金的目的是要使受损害一方当事人获得合同被履行后所应有的经济地位，补偿其实际损失。

另外，根据《公约》第七十四条的规定，损害赔偿还应以违约方能够预见的损失为限。如卖方在订立合同时对于买方购买货物的正常市场利润是能预料的，但卖方对买方由异常天气等原因造成的脱销而价格猛涨等不正常的价格变化，是不能预料的，超过正常范围的损失，卖方不承担赔偿责任。

3. 要求损害赔偿的一方减少损失的责任

根据《公约》第七十七条的规定，声称另一方违约的当事人，必须按情况采取合理措施，以减轻由于另一方违约而引起的损失，如果他不采取这种措施，违约的一方可以要求从损害赔偿中扣除原可以减轻的损失数额。

案例 5.12 英国买方A公司向我国电冰箱生产商B公司订购电冰箱400台，合同价款为20万美元，约定2019年12月7日交货。随后A公司与本地C公司签订合同，以25万美元的价格将该批冰箱卖给C公司，交货时间为2020年1月20日。但到了2019年12月7日，卖方无故未交货。买方为了履行对C公司的合同，仓促中只好以22万美元的价格从我国另一家公司购买了同品质的冰箱400台，并支付了5 000美元的运费。

请问：买方可要求多少赔偿？

【解析】补进时的损害赔偿额=合同价与补进价之间的差额+其他损失，合同价与补进价之间的差额为2万美元，另外还有其他损失5 000美元，所以买方可以要求卖方赔偿25 000美元的损失。

案例 5.13 德国买方A公司向我国电冰箱生产商B公司订购电冰箱400台，合同价款为20万美元，约定2019年12月7日在德国交货。但到了2019年12月7日，卖方无故未交货。买方在12月10日通知卖方宣告合同无效。而此时该批货物在德国可以卖到25万美元。

请问：买方可要求多少赔偿？

【解析】未补进时的损害赔偿额＝合同价与宣告合同无效时时价之间的差额＋其他损失，合同价与宣告合同无效时时价之间的差额为5万美元，所以买方可以要求卖方赔偿5万美元的损失。

（三）支付利息

根据《公约》第七十八条关于支付利息的补救办法的规定，支付利息是指拖欠货款或其他金额的一方当事人应向另一方当事人支付上述款项的利息。支付利息有两种：一种是货款的利息，另一种是拖欠金额的利息。采用了支付利息的补救办法后，仍然可以要求损害赔偿。

（四）免责（不可抗力）

《公约》第七十九条和第八十条对免责的情况进行了规定。

1. 免责的条件

（1）不履行必须是由于当事人不能控制的障碍所致。例如战争、风暴、洪水等。

（2）这种障碍是不履行一方在订立合同时不能预见的。

（3）这种障碍是当事人不能避免或不能克服的。《公约》所称的“不能控制的障碍”实际上就是“不可抗力”，《公约》没有采用“不可抗力”这一传统用语的原因是各国对该用语的理解有一定的差异，沿用传统用语可能会引起不必要的误解。

2. 免责的通知

根据《公约》第七十九条第四款的规定，不履行义务的一方必须将障碍及其对他履行义务能力的影响通知另一方。如果对方在不履行义务的一方已知道或理应知道此障碍后一段合理时间仍未收到通知，则不履行义务的一方对由于对方未收到通知而造成的损害应负赔偿责任。

3. 免责的后果

根据《公约》第七十九条第五款的规定，免责一方所免除的是对另一方损害赔偿的责任，但受损方依《公约》采取其他补救措施的权利不受影响。

注意：不可抗力是指在订立合同后，当事人一方遇到了人力不能控制、不能预见、不能避免并不能克服的客观情况，使合同不能履行或不能按期履行，引起的法律后果有两个：一是延期履行合同；二是解除合同。

案例 5.14 甲公司与乙公司订立一份国际货物买卖合同。后因遇到无法预见与不能克服的障碍，乙公司未能按约定履行交货义务，也未在合理时间内将此情况通知甲公司。甲公司直到交货期过了才得知此事。乙公司的行为使甲公司遭受了损失。

请问：乙公司是否可以解除合同？对甲公司的损失乙公司要承担责任吗？为什么？

【解析】本题中，乙公司可以解除合同，原因是订立合同后遇到了不可抗力的情况，依据《公约》规定，发生不可抗力事件，可以解除合同。对甲公司的损失乙公司要承担责任，因为发生不可抗力事件后，乙公司应及时通知甲公司，而乙公司未能在合理时间内将此情况通知甲公司，导致甲公司遭受损失。

（五）解除合同的效果

解除合同的效果指合同解除对买卖双方当事人基于合同产生的权利义务的影响。解除合同的效果涉及终止买卖双方当事人的哪些权利义务与不终止哪些权利义务，以及哪些权利义务因合同被解除才开始。《公约》第八十一条至第八十四条是关于解除合同的效果的规定，根据《公约》的规定，解除合同的效果主要有三个：

（1）合同一经被解除，即解除了买卖双方在合同中的义务。但它并不解除违约一方损害赔偿的责任，及合同中有关解决争议和合同中有关双方在合同解除后的权利义务的规定。

（2）解除合同，要求买方必须按实际收到货物的原状归还货物。如买方归还的货物不具有交货时的使用价值，买方就丧失了解除合同或要求卖方交付替代货物的权利。

（3）解除合同后，买卖双方必须归还因接受履行所获得的收益。即卖方应归还所收取的货款的利息，买方应归还由于使用货物或转卖货物所得的收益。

（六）保全货物

《公约》第八十五至八十八条是关于保全货物的规定。

1. 保全货物的概念

保全货物是指在一方当事人违约，另一方当事人仍持有货物或控制货物的处置权时，该当事人有义务对他所持有的或控制的货物进行保全。保全货物的目的是为了减少违约一方当事人因违约而给自己带来的损失。

2. 履行保全货物义务的条件

买卖双方都有保全货物的义务，但条件不同：

（1）卖方保全货物的条件是：买方没有支付货款或接收货物，而卖方仍拥有货物或控制着货物的处置权。

（2）买方保全货物的条件是：买方已接收了货物，但打算退货。

3. 保全货物的方式

（1）将货物寄放于仓库。有义务采取措施以保全货物的一方当事人，可以将货物寄放于第三方的仓库，由对方承担费用，但该费用应合理。

（2）将易坏货物出售。对易于迅速变坏的货物保全会发生不合理费用的，可以出售货物，并应将出售货物的打算在可能的范围内通知对方。出售货物的一方可从出售货物的价款中扣除保全货物和销售货物发生的合理费用。

本章小结

本章主要学习了国际货物买卖法的概念和渊源；买卖双方在国际货物买卖中的主要义务；

货物所有权和风险转移的法律相关规定；买方或卖方违约时另一方的违约救济措施，适用于买卖双方违约的一般法律规定。

复习思考题

一、简答题

1. 简述国际货物买卖合同中买卖双方的主要义务。
2. 简述卖方违约时买方的违约救济方法。
3. 简述买方违约时卖方的违约救济方法。
4. 对于分批交货合同违约有哪些救济方法？
5. 简述货物所有权和风险转移如何确定。

二、案例分析题

1. 在某转口贸易中，日本A公司与中国B公司签订一份买卖合同，合同规定由A公司向B公司出售一批机床。订立合同时，中国B公司明确告诉日方，这批机床将转口土耳其并在土耳其使用。合同签订后，在履行过程中，由于某种原因这批机床未按原计划转口到土耳其，而是转口到蒙古国。当这批机床到达蒙古国后，蒙古国某厂商发现该机床制造工艺侵犯其两项专利。故根据本国专利法向当地法院提出请求，要求禁止这批机床在蒙古国境内使用和销售，同时要求赔偿。经调查，该批机床确实侵犯了该厂商的两项专利。A公司以其订立合同时并不知道该批机床将转口蒙古国为由，拒绝承担违约责任。

请问：根据《公约》，A公司的理由是否成立？

2. 德国A公司与中国B公司签订机床的买卖合同，货款10万美元，约定2019年12月1日前交货。2019年7月1日，卖方A公司函告买方，市价上涨，而且年内还有上涨趋势，除非买方同意将价格提到12万美元，否则卖方12月1日肯定不交货。买方回函说卖方必须按原合同条款履行合同，卖方表示不同意。在7月1日以后的这段时间内，买方完全有可能与其他供货商以总价11万美元的价格就购买同种类机床订立12月1日前交货的合同。但买方一直拖到12月1日才与其他供货者以12.5万美元的价格订立了次年3月1日交货的购货合同。

请问：A公司应向B公司赔偿多少损失？

3. 意大利某公司与我国公司签订了出口加工生产大理石的成套机械设备合同，合同规定分四批交货。在交付的前两批货物中都存在不同程度的质量问题。在第三批货物交付时，买方发现货物品质仍然不符合合同要求，故推定第四批货物的质量也难以保证，所以向卖方意大利公司提出解除全部合同。

请问：我国公司的要求是否合理？

4. 法国某公司与我国某公司于2019年10月2日签订进口服装合同。11月2日货物出运，11月4日法国公司与瑞士公司签订合同，将该批货物转卖，此时货物仍在运输途中。

请问：货物风险何时由法国公司转移到瑞士公司？

第六章

国际货物运输法

学习目标

了解班轮运输的概念、特点以及租船运输的种类，了解承运人和托运人的主要权利和义务；掌握提单的概念、作用、种类、填制、签发等基础知识和技能，了解海运单的概念和特点；熟悉《海牙规则》、《维斯比规则》和《汉堡规则》的主要内容；掌握国际多式联运的主要法律规定。

能分析国际货物运输合同当事人之间的法律关系；能判断和分析有关提单、保函等特殊法律问题；能分析国际多式联运经营人的赔偿责任制度。

引导案例

1. 有一批货物共100箱，由广州装运至纽约，船公司已签发了已装船清洁提单。但货到目的港，收货人发现下列情况：① 5箱欠交；② 10箱包装严重破损，内部货物已散失50%；③ 4箱包装外表完好，箱内货物有短缺。

试分析上述三种情况中，应该由谁承担责任？为什么？

2. 2019年4月，中国甲公司与美国乙公司签订了一批货物出口合同。五月至六月之间，该公司以信用证结算方式出口了两批货物，交单议付后顺利结汇。10月，又陆续出口几批货物，考虑到前几次货物出口收汇情况良好，甲公司选择了付款交单的托收方式结算。但代收行多次催促，国外客户也不付款赎单。2020年3月，该公司得知货物已被客户凭副本提单提货了，于是要求银行退回单据。4月，该公司凭已退回的正本提单向船公司交涉时，遭到拒绝，理由是该提单为记名提单，按照当地惯例，收货人可以不凭正本提单提货。结果中国甲公司货款两空，蒙受了巨大的经济损失。请问：

（1）什么是记名提单？其性质如何？

（2）从本案中应吸收什么经验？

知识支撑

国际货物运输是国际贸易中的一个重要环节，国际货物买卖中的货物必须从卖方所在地运至买方所在地。国际货物运输的方式有很多，主要的运输方式包括海上货物运输、铁路运输、航空运输、邮政运输、管道运输，以及由各种运输方式组合的联合运输、国际多式联运等。其中，海上运输是最主要的运输方式，国际货物买卖中80%左右的运输量都是通过海上运输方式来完成的。近年来，随着集装箱运输的广泛运用，国际多式联运也迅速发展了起来。

在本章中，我们主要介绍海上货物运输的相关法律制度、提单和海运单的相关法律制度、提单的国际公约以及国际多式联运的法律制度等。

第一节　国际海上货物运输法

一、国际海上货物运输种类

（一）班轮运输的概念和特点

1. 班轮运输的概念

班轮运输又称定期船运输，是指承运人按固定航线和既定挂靠港口、固定船期、固定运费率，用船舶将众多托运人的货物从特定的装运港运往预定的目的港，并按运价本或协议运价的规定计收运费的一种经营方式。班轮运输通常适用于货物数量少、批次较多、交接港口分散的零货和杂货，因此又称杂货运输。

2. 班轮运输的特点

（1）“四个固定”：即固定船期、固定航线、固定停靠港和相对固定的运费费率。班轮公司为了使货主掌握班轮抵达和驶离各停靠港口的日期，一般都将预先制定的一定时间内的船期表印发给有关货主或在报刊上公布。

（2）“一负责”：即货物由班轮公司负责配载和装卸，班轮运费包括货物在装运港的装货费、在目的港的卸货费以及从装运港到目的港的运输费用和附加费用。班轮公司和托运人双方不计滞期费和速遣费。

（3）班轮公司和货主一般不订立书面合同，双方的权利、义务和责任豁免以船方签发的提单条款为依据。

（4）承运货物比较灵活，不论数量、品种，只要有舱位就可以接受。尤其对国际贸易中的杂货、零星货的运输而言更为便宜。

（5）一般是在码头仓库交货，对货主十分有利。

（6）同一航线上的船型相似并保持一定的航班密度。这既可保证商品不脱销，又达到不集中到货，适应均衡供应市场的需要，使商品能以合理的价格卖出。

（二）租船运输的概念、特点和种类

1. 租船运输的概念

租船运输又称不定期船运输，是指没有固定的航线和挂靠港口，也没有预先制定的船期表的费率本，船舶经营人与需要船舶运力的租船人通过洽谈运输条件、签订租船合同来运输的一种经营方式。租船运输主要适用于大宗货物的运输，如谷物、矿石、煤炭等。

2. 租船运输的特点

租船运输中，船舶的营运是根据船舶出租人与承租人双方签订的租船合同来进行的，一般进行的是特定货物的运输。船舶出租人提供的是货物运输服务，而承租人则是按约定的租金率或运费率制定租金或运费。相对于班轮运输来说，租船运输具有下列特点：

（1）按照船舶出租人与承租人双方签订的租船合同安排船舶航线，组织运输；没有相对于定期班轮运输的船期表和航线。

（2）适合于大宗散货运输，货物的特点是批量大、附加值低、包装相对简单。

（3）船舶的租用一般以提供整船或部分舱位为主，主要是根据租船合同来定。另外，承租人一般可以将舱位或整船再租给第三方。

（4）船舶营运中的风险以及有关费用的负担责任根据租船合同规定。

（5）租船运输中的提单的性质不完全与班轮运输中的提单的性质相同，它一般不是一个独立的文件，对于承租人和船舶出租人来说，仅相当于货物收据。这种提单要受租船合同约束，当承租人将提单转让给第三方时，提单起着权利凭证的作用；而在第三方与船舶出租人之间，提单则是货物运输合同的证明。

（6）承租人与船舶出租人之间的权利和义务是通过租船合同来确定的。

（7）租船运输中，船舶港口使用费、装卸费以及滞期费，按租船合同规定由船舶出租人和承租人分担、划分及计算，而班轮运输中船舶的一切正常营运支出均由船方负担。

3. 租船运输的种类

目前，国际航运市场上的租船运输有下列几种方式：

（1）航次租船：又称“航程租船”或“程租船”或“程租”，是指由船舶出租人向承租人提供船舶或船舶的部分舱位，在指定的港口之间进行单向或往返的一个航次或几个航次用以运输指定货物的租船运输方式。

（2）定期租船：又称“期租船”或“期租”，是指由船舶出租人向承租人提供约定的由出租人配备船员的船舶，由承租人在约定的时间内按照约定的用途使用，并支付租金的一种租船方式。

（3）光船租赁：又称“光船租船”或“船壳租船”，是指船舶出租人向承租人提供不配备船员的船舶，在约定的时间内由承租人占有、使用和营运，并向出租人支付租金的一种租船方式。这种租船方式实质上是一种财产租赁方式，船舶出租人不具有承揽运输的责任。

（4）包运租船：是指船舶出租人向承租人提供一定吨位的运力，在确定的装卸港口之间，按事先约定的时间、航次周期和每航次较为均等的运量，完成合同规定的全部货运量的租船方式。

（5）航次期租：又称日租租船，是指由出租人向承租人提供船舶，在指定的港口之间，以完成航次运输为目的，按实际租用的天数和约定的日租金率计算租金的租船运输经营方式。

二、国际海上货物运输合同

我国1993年7月1日起实施的《中华人民共和国海商法》（以下简称《海商法》）第

四十一条规定："海上货物运输合同，是指承运人收取运费，负责将托运人的货物经海路由一港运至另一港的合同。"

1. 国际海上货物运输合同的成立

班轮件杂货运输合同一般通过订舱的方式成立。班轮公司会通过自己的营业机构或船舶代理人在报刊、船运交易公报等媒体上刊登班轮航线和船期表，如《中国海洋航务公报》和《中国航务周刊》等，只是一种要约邀请。托运人或其代理人向班轮公司或其代理机构办理货物托运手续，称为订舱。托运人或其代理人通常填写订舱单或发送相应的数据电文，载明货物的品类、数量、装船期限、装卸港等内容，其性质为要约。如承运人或其代理人决定接受托运，则双方的意思表示达成一致，合同即告成立。

航次租船合同除由船舶出租人和承租人直接洽谈达成外，还经常通过船舶经纪人达成，并普遍使用格式租船合同。我国《海商法》第四十三条规定，航次租船合同应当以书面形式订立。

2. 国际海上货物运输合同的解除

（1）托运人任意解除合同。国际海上货物运输合同的托运人，基于某种原因，在合同仍可履行的情况下，单方面解除合同。合同任意解除是一种违约行为，应承担违约责任。

根据《民法典》规定，当事人一方违约给对方造成损失时，损失赔偿额相当于因违约造成的损失。在海上货物运输合同情况下，托运人任意解除合同，承运人受到的实际损失往往很难计算。为此，《海商法》第八十九条规定："船舶在装运港开航前，托运人可以要求解除合同。但是，除合同另有约定外，托运人应当向承运人支付约定运费的一半；货物已经装船的，并应当负担装货、卸货和其他与此有关的费用。"托运人在船舶开航后任意解除合同的违约责任，应根据《民法典》来确定。

（2）当事人协商解除合同。根据《民法典》规定，国际海上货物运输合同的当事人经协商一致，可以解除合同；如果当事人约定了解除合同的条件，则该条件成就时，解除权人可以解除合同。

（3）因非双方当事人应负责的原因而解除合同。根据《海商法》第九十条："船舶在装货港开航前，因不可抗力或者其他不能归咎于承运人和托运人的原因致使合同不能履行的，双方均可以解除合同，并互相不负赔偿责任。除合同另有约定外，运费已经支付的，承运人应当将运费退还给托运人；货物已经装船的，托运人应当承担装卸费用；已签发提单的，托运人应当将提单退还承运人。"

（4）因法律规定的其他情形而解除合同。《民法典》规定了当事人可以解除合同的具体情形。这一规定同样适用于国际海上货物运输合同的解除。

三、承运人和托运人的主要义务

《海商法》中有关国际海上货物运输合同当事人的主要权利和义务的规定，遵循了以《海牙—维斯比规则》为基础，适当吸收《汉堡规则》中比较合理的内容的原则。

（一）承运人的主要义务

1. 谨慎处理使船舶适航

《海商法》第四十七条规定："承运人在船舶开航前和开航时，应当谨慎处理，使船舶处于适航状态，妥善配备船员、装备船舶和配备供应品，并使货舱、冷藏舱、冷气舱和其他载货处所适于并能安全收受、载运和保管货物。"

2. 妥善和谨慎地管理货物

《海商法》第四十八条规定："承运人应当妥善地、谨慎地装载、搬移、积载、运输、保管、照料和卸载所运货物。"所谓"妥善"，通常指技术上的要求，即承运人、船员或者其他受雇管理人员在管理货物的各个环节中，应发挥通常要求的或者为所运货物特殊要求的知识与技能。所谓"谨慎"，通常指责任心上的要求，即承运人、船员或其他受雇人员在管理货物的各个环节中，发挥作为一名能胜任货物装卸作业或海上货物运输工作的人员可以预期表现出来的谨慎程度。

3. 船舶不进行不合理绕航

《海商法》第四十九条第一款规定："承运人应当按照约定的或者习惯的或者地理上的航线将货物运往卸货港。"所谓"地理上的航线"，是指在保证船舶及货物运输安全的前提下，装卸两港之间最近的航线。法律禁止进行不合理的绕航，对此，该条第二款规定："船舶在海上为救助或者企图救助人命或者财产而发生的绕航或者其他合理绕航，不属于违反前款的规定的行为。""其他合理绕航"指船舶为了船货双方共同利益，或者存在其他合理需要，如在海上躲避台风或者战争风险、送病危船员上岸治疗而驶离航线的行为。

4. 在约定的时间内和在卸货港交付货物

《海商法》第五十条第一款规定："货物未能在明确约定的时间内，在约定的卸货港交付的，为迟延交付。"如果构成迟延交付，并因此使货物灭失或者损失的，或者即使货物没有灭失或者损坏，但托运人或者收货人因迟延交付而遭受其他经济损失，承运人应负赔偿责任，除非承运人证明迟延交付系其根据《海商法》第五十一条可以免责的原因所致。但是，收货人向承运人索赔因货物交付造成的经济损失，必须在承运人向收货人交付货物的次日起连续 60 日内向承运人提交书面通知。否则，承运人不负赔偿责任。注意，根据《汉堡规则》，在没有约定货物交付时间的情况下，如承运人未能在合理时间内交付货物，也构成迟延交付。

（二）承运人的责任期间

承运人的责任期间指承运人对货物应负责的期间。根据《海商法》第四十六条，承运人对集装箱装运的货物，无论是承运人装箱或托运人自行装箱，其责任期间为从装货港接收货物时起至卸货港交付货物时止，货物处于其掌管之下的全部期间。承运人对非集装箱装运的货物的责任期间指从货物装上船时起至卸下船时止，货物处于其掌管之下的全部期间，但承运人可以同托运人就这种货物在装船前和卸船后，承运人对货物的灭失或者损失是否应当负责或者承担何种责任另行达成协议。

（三）承运人的免责

根据《海商法》第五十一条，在承运人责任期间内，货物发生的灭失或者损坏是由于下列原因之一造成的，承运人不负赔偿责任：

（1）船长、船员、引航员或承运人的其他受雇人在驾驶船舶或管理船舶中的过失。例如，某船在航行中遇到大风浪，需往压载舱打压载水，以提高船舶的稳定性，但船员误将海水打入货舱，使货物遭受湿损，船员的这一过失属于管理船舶过程中的过失。又如某船载运水泥，航行中，船员为进入货舱察看舱内货物，打开舱盖，但出舱时忘记将其关上，后因降大雨，雨水进入货舱内使货物受损，这一过失属于管理的过失。

（2）火灾，但是由于承运人本人的过失所造成的除外。如果火灾是承运人本人过失所致，承运人便不能免责。例如，承运人明知或者应当知道轮机人员经常在机舱内违章明火作业而未加阻止。火灾造成的货物灭损，除直接被烧坏或者烟熏造成外，还包括救火过程中造成的损失，如货物的湿损或因践踏造成的损害。

（3）天灾，海上或者其他可航水域的危险或者意外事故。

（4）战争或者武装冲突。

（5）政府或者主管部门的行为、检疫限制或者司法扣押。

（6）罢工、停工或者劳动受到限制。

（7）在海上救助或者企图救助人命或者财产。

（8）托运人、货物所有人或者他们的代理人的行为。例如，托运人对货物的内容或者性质申报错误，或者故意隐瞒货物的危险性质，致使承运人积载错误，或者货物在运输途中发生爆炸等原因受到灭失或者损坏。

（9）货物的自然特性或者固有缺陷。例如，散装油类货物会有部分粘附于舱壁或者结块沉淀而无法泵出；水果、兽皮等易腐烂货物在运输过程中发生腐烂或变质；谷物在运输途中会有水分蒸发，矿粉等扬尘货物在装卸过程中有少部分会随风飘散；活动物在运输途中因生病或胆怯死亡。因此造成的货物重量或体积的正常耗损或货物的灭损，承运人可以免责。

（10）货物包装不良或者标志欠缺、不清。货物标志欠缺、不清，使承运人对货物无法加以辨认时，易造成货物混票或者承运人错误交付货物，或者因货物上没有关于禁止倒置、易碎品或者禁止使用手钩等标志，货物在装卸等管理过程中容易造成损坏。但是，如果货物包装不良或标志欠缺、不清，属于货物表面状况不良，而承运人对此在提单或者其他运输单据中未加批注，则不能援引此项免责对抗收货人等善意第三方提出的索赔。

（11）经谨慎处理仍未发现的船舶潜在缺陷。此项免责是对承运人船舶适航义务的补充。例如，某船在定期检验时，用习惯的方式测量船壳板的厚度，某一处钢板严重腐蚀，但测量时未曾发现，船舶在航行中该处钢板裂缝，海水侵入货舱使货物湿损，这一缺陷即为潜在缺陷，承运人对货物的湿损可以免责。

（12）非由于承运人或者承运人的受雇人、代理人的过失造成的其他原因。

承运人依照上述规定免除赔偿责任的，除第二项规定的原因外，应当负举证责任。此外，《海商法》第五十三条规定了承运人装载货物和舱面货灭损的额外免责事项。

（四）承运人赔偿责任限制

承运人赔偿责任限制又称承运人单位责任限制，指对承运人不能免责的原因造成的货物灭损或迟延交付，将其赔偿责任在数额上限制在一定的范围内。

1. 承运人对货物灭损的赔偿责任限制

《海商法》第五十六条规定，承运人对货物的灭失或者损坏的赔偿限额，按照货物件数或其他货运单位数计算，每件或每个其他货运单位为666.67计算单位，或者按照货物毛重计算，每千克为2计算单位，以二者中赔偿限额较高的为准。但是，托运人在货物装运前已经申报其性质和价值，并在提单中载明的，或者承运人与托运人已经另行约定高于本条规定的赔偿限额的除外。货物的件是指货物的包装单位，如箱、桶、包、捆等。其他货运单位是对非包装货物而言，通常指运费单位。如汽车、机床按台收取运费，则承运人对每台汽车或机床的灭损赔偿一个限额。如散装货物，运费单位通常为重量吨或尺码吨。

当货物用集装箱、货盘或者类似装运器具集装时，如果提单或其他运输单证中载明装在此类装运器具中的货物件数或其他货运单位数，则以所载明的件数或其他货运单位数为准；如果单中未载明，则每一装运器具视为一件或一个单位。当装运器具不属于承运人所有或非由承运人提供时，装运器具本身应当视为一件或一个单位。

货物灭失的赔偿额按照货物的实际价值计算；货物损坏的赔偿额按照货物受损前后实际价值的差额或货物的修复费用计算。货物的实际价值按照货物装船时的价值加保险费加运费计算，即CIF价格计算，并减去因货物灭损带来的可得利润的损失。

2. 承运人对货物迟延交付的赔偿责任限制

《海商法》第五十七条规定："承运人对货物因迟延交付造成的经济损失的赔偿限额，为所迟延交付货物的运费数额。货物的灭失或损坏和迟延交付同时发生的，承运人的赔偿责任限额适用前述承运人对货物灭损的赔偿限额。"

3. 承运人赔偿责任限额权利的丧失

《海商法》第五十九条第一款规定，经证明，货物的灭失、损坏或迟延交付是由于承运人的故意或明知可能造成损失而轻率地作为或不作为造成的，承运人不得援用赔偿责任限制的规定。

（五）托运人的主要义务

1. 提供约定货物、妥善包装和正确申报货物

《海商法》第六十六条规定："托运人托运货物应当妥善包装，并向承运人保证货物装船时所提供的货物品名、标志、包数或者件数、重量或者体积的正确性；由于包装不良或者上述资料不正确，对承运人造成损失的，托运人应当负赔偿责任。但是，承运人享有的这种受偿权利，不影响其根据货物运输合同对托运人以外的人所承担的责任。"

2. 及时办理货物运输手续

《海商法》第六十七条规定："托运人应当及时向港口、海关、检疫、检验和其他主管机关办理货物运输所需要的各项手续，并将已办理各项手续的单证送交承运人；因办理各项手续的有关单证送交不及时、不完备或者不正确，使承运人的利益受到损害的，托运人应当负赔偿责任。"

3. 妥善托运危险货物

《海商法》第六十八条规定："托运人托运危险货物，应当依照有关海上危险货物运输的规

定，妥善包装，做出危险品标志和标签，并将其正式名称和性质以及应当采取的预防危害措施书面通知承运人；托运人未通知或者通知有误的，承运人可以在任何时间、任何地点根据情况需要将货物卸下、销毁或者使之不能为害，而不负赔偿责任。托运人对承运人因运输此类货物所受到的损害，应当负赔偿责任。”

4. 支付运费及其他费用

托运人应当按照约定向承运人支付运费以及亏舱费、滞期费、共同海损分摊费用、承运人为货物垫付的必要费用和其他应由其支付的费用。

第二节 提单和海运单概述

一、提单的概念和作用

1. 提单的概念

《海商法》第七十一条将提单定义为“用以证明海上货物运输合同和货物已由承运人接收或者装船，以及承运人保证据以交付货物的凭证”。提单中载明的向记名人交付货物，或者按照指示人的指示交付货物，或者向提单持有人交付货物的条款，构成承运人保证据以交付货物的凭证。这一定义来源于《汉堡规则》第一条第七项，它明确地说明了提单的性质与作用。《汉堡规则》第一次在国际公约中给出了提单的定义，而《海牙规则》和《维斯比规则》都是有关提单的国际公约，但都没有给提单下定义。

2. 提单的作用

（1）提单是海上货物运输合同的证明。

提单的这一作用表明，提单是确定承运人和托运人权利、义务的依据。在提单签发之前，合同已经通过要约和承诺而成立，签发提单只是承运人履行合同的一个环节。因此，提单是承运人与托运人之间海上货物运输合同的证明。但是在签发提单之前，承、托双方另有约定，且该约定又不同于提单条款规定的内容，则以该约定为主。如果在签发提单之前，双方并无约定，且托运人在接受提单时又未提出任何异议，这时才可以将提单条款推定为合同条款内容，从而约束双方，提单才能从运输合同成立的证明转化为运输合同本身。

当提单转让给善意第三方以后，承运人与第三方之间的权利、义务等就按提单条款的规定处理，即此时提单就是第三方与承运人之间的运输合同。

（2）提单是证明货物已经由承运人接管或已装船的货物收据。

《海商法》第七十七条具体规定了提单的这种证明效力。在托运人与承运人之间，提单是承运人已经按照提单所载明状况收到货物或者货物已经装船的初步证据。如承运人实际收到的货物与提单上记载的内容不符，承运人可以提出反证。若提单转让至收货人在内的善意第三方，在其与承运人之间，除提单上订有有效的“不知条款”，或者承运人或代其签发提单的人知道提单记载的货物情况与实际接收或者装船的货物情况不符，并在提单上批注的情况外，承运人不得提出相反的证据。此时，提单成为承运人按其上记载的内容收到货物的绝对证据。

（3）提单是承运人保证据以交付货物的物权凭证。

如果是记名提单，承运人应向记名的收货人交付货物；如果是指示提单，承运人应按指示人的指示交付货物；如果是不记名提单，承运人应将货物交给提单持有人。承运人凭提单交付货物，是指承运人交付货物时，应当收回提单；反之，即为实践中通常说的无单放货，承运人应对持有提单并根据提单有权提货的人受到的损失负赔偿责任。

提单作为物权凭证的功能是以法律的形式确定的，提单的转移就意味着提单上所记载货物的转移，提单的合法受让人就有权要求承运人交付提单所记载的货物。提单具有物权凭证的功能使提单所代表的“物权”可以随提单的转移而转移，即使货物在运输过程中遭受灭失或损坏，也因货物的风险已随提单的转移而转移给了提单的受让人。提单的受让人能否得到赔偿将取决于有关海上货物运输的法律和提单条款的规定。

二、提单的基本种类

（一）按货物是否已装船为标准划分

1. 已装船提单

已装船提单是指在货物装船后签发的提单。这种提单上注有船名，有的还注明装船日期，表明货物已在该日期装于该船舶。国际货物买卖合同和信用证一般都规定卖方需要提供已装船提单。

2. 收货待运提单

收货待运提单是指承运人、船长或承运人的代理人在接收货物后，但在装船之前，应托运人要求签发的提单，表明货物已由承运人占有。这种提单上没有船名和装船日期的记载。在国际货物买卖中，买方和银行一般不接受这种提单。

在货物装船后，托运人凭收货待运提单向承运人换取已装船提单，或提单签发人在这种提单上加注船名和装船日期，使之成为已装船提单。

（二）按提单收货人一栏的记载为标准划分

1. 记名提单

记名提单是指提单正面收货人一栏内载明特定的人或者公司的提单。承运人在目的港应向该特定的人或者公司交付货物。记名提单不得转让。在实践中，一般只有在贵重物品、赠品、展览品等运输途中不发生所有权转移的货物时才采用。银行一般不愿意接受这种提单。

2. 指示提单

指示提单是指提单收货人一栏内载明“凭某人指示”或者“凭指示”字样的提单。前者视为记名指示，承运人应按记名指示人的指示交付货物。通常，载明由托运人指示或银行指示。后者称为不记名指示，视为由托运人指示。指示提单在当今国际货物买卖中得到普遍应用。如指示人不做任何背书，则意味着指示人保留凭提单取货物的权利，有权提货的仍是指示人本人。

指示提单经过记名背书或空白背书可以进行转让，银行一般愿意接受这种提单，在国际贸易中，这种提单使用最广泛。

3. 不记名提单

不记名提单又称空白提单，是指提单收货人一栏内不载明具体的收货人，通常指注明“持有人”或者“交于持有人”字样的提单。这种提单无须背书，通过交付即可转让。这种提单具有很强的流通性，但容易因遗失或者被盗而给买卖双方带来风险，因此实践中极少采用。

（三）按对货物外表状况有无批注为标准划分

1. 清洁提单

清洁提单是指没有任何明确指出货物外表状况不良批注的提单，表明承运人在接收货物时，货物的外表状况良好。所谓外表状况良好，一般指承运人凭目力或者通常的方法所能观察的货物状况，并不排除货物内容存在目力或者通常的方法不能发现的缺陷。在正常情况下，向银行办理结汇时，都应提交清洁提单。

2. 不清洁提单

不清洁提单是指具有明确指出货物外表状况不良批注的提单，如“内装货物外露”、“包破”、“锈蚀”或“污损”等。承运人在目的港交付货物时，对于不超出批注的货物损害不负赔偿责任。

不清洁提单往往使收货人的利益得不到应有的保护。因此，国际货物买卖合同和信用证一般都规定卖方须提供清洁提单。在实践中，当托运人提供的货物或其包装状态明显具有缺陷，且无法更换包装或者修复货物时，托运人为顺利结汇，通常向承运人出具保函，据此要求承运人签发清洁提单。保函中表明，因未将大副收据上的批注转移至提单上而仍签发清洁提单，使承运人对第三方提单持有人的损失承担赔偿责任，承运人因此遭受损失，由托运人或其他提供保函的人赔偿。

显然，承运人接受保函而签发清洁提单，很可能损害收货人的利益，甚至构成与托运人串通，对善意的收货人进行欺诈。但是货物包装有轻微缺陷，不影响货物质量，并且在托运人不能迅速更换或者修复包装时，承运人接受保函并签发清洁提单，对于买卖合同的履行以及避免船舶延误有积极作用。

因此，国际上趋向于承运人接受保函并签发清洁提单，只要不是对收货人进行恶意的欺诈，则保函在托运人和承运人之间有效，但对于第三方提单持有人不发生效力，即承运人不能以保函对抗善意的第三方，而应根据提单记载的货物情况，对后者受到的损失承担责任，但在对第三方提单持有人承担责任后，可依据保函向出具保函的托运人或者其他人追偿；如属于欺诈，则保函在承运人和托运人或者其他提供保函的人之间也无效，承运人不能依据保函向托运人或者其他提供保函的人追偿。我国也持同样的立场。

（四）按照不同的运输过程为标准划分

1. 直达提单

直达提单是指由承运人签发的，货物从装货港装船后，中途不经过转船而直接运抵卸货港的提单。

2. 转船提单

转船提单是指在装货港装货的船舶不直接到达货物的目的港，而要在中途港口换装其他船舶运抵目的港，由承运人为这种货物运输所签发的提单。

3\. 多式联运提单

多式联运提单是指货物由海路、内河、铁路、公路和航空等两种或两种以上不同运输工具共同完成全程运输时所签发的提单，主要应用于集装箱运输。这种提单一般由承担海运区段运输的船公司签发。

（五）提单的特殊种类

1\. 倒签提单

倒签提单是指在货物装船完毕后，应托运人的要求，由承运人或其代理人签发的载明签发日期早于货物实际装船日期的提单。信用证一般规定货物装船期限。当货物实际装船日期晚于信用证规定的装船日期时，托运人就可能要求签发这种提单，使其能顺利结汇。承运人倒签提单的做法，掩盖了事实真相，是隐瞒迟延交货的侵权行为。托运人要求签发这种提单时，通常也出具保函，但承运人仍须承担较大的风险。例如，12 月 20 日货物全部装上了轮船，但是船长应托运人的要求在提单上记载的装船日期为 12 月 10 日。这种签发提单的形式就是倒签提单，把日期写在 20 日之前。

2\. 预借提单

预借提单是指在货物尚未装船或尚未完全装船的情况下应托运人要求而由承运人或其代理人签发的已装船清洁提单。承运人签发这种提单，不仅掩盖了事实的真相，而且面临着比倒签提单更大的风险。一方面是因为货物尚未装船就签发了清洁提单，很可能增加承运人的货损赔偿责任；另一方面，在签发提单后，可能因种种原因而改变原定的装运船舶，或发生货物灭失、毁损、退关，这样就使收货人掌握预借提单的事实，以此为由拒绝收货并向承运人提出赔偿要求。例如，货物在 12 月 10 日交给了承运人，信用证规定货物必须在 12 月 11 日前装船完毕，承运人此时应托运人要求签发已装船提单，即构成预借提单。

3\. 顺签提单

顺签提单是指在货物装船完毕以后，承运人或其代理人应托运人的要求而签发的提单，但是该提单上记载的签发日期晚于货物实际装船完毕的日期，即托运人从承运人处得到的以晚于该批货物实际装船完毕的日期作为提单签发日期的提单。由于顺填日期签发提单，所以称“顺签提单”。

由于货物实际装船完毕的日期早于有关合同中装运期限的规定，如果按照货物实际装船日期签发提单将影响合同的履行，所以托运人就可能要求承运人按有关合同装运期限的规定“顺填日期”签发提单。承运人顺签提单的做法也掩盖了真实的情况，因此也要承担由此产生的风险责任。

4\. 过期提单

过期提单是指由于出口商在取得提单后未能及时到银行办理议付的提单，或者货物到了，但是提单未到，过期提单的原意是指晚于货物到达目的港的提单，因不及时而过期，形成过期提单，也称滞期提单。

在信用证支付方式下，如信用证没有规定交单的特定期限，则要求出口商在货物装船日起

21 天之内到银行交单，也不得晚于信用证规定的有效期限。超过这一期限，银行将不接受。过期提单是商业习惯的一种提单，但它在运输合同下并不是无效提单，提单持有人仍可凭其要求承运人交付货物。

三、提单的内容、签发、份数和日期

（一）提单的内容

1. 提单的正面记载事项

提单的正面记载事项包括：货物的品名、标志、包数或者件数、重量或者体积，以及运输危险货物时对危险性质的说明；承运人的名称和主营业所；船舶名称；托运人的名称；收货人的名称；装货港和在装货港接收货物的日期；卸货港；多式联运提单增列接收货物地点和交付货物地点；提单的签发日期、地点和份数；运费的支付；承运人或者其代表的签字。

提单缺少前款规定的一项或者几项的，不影响提单的性质；但提单的记载事项应符合《海商法》第七十一条的规定，一般来说，除关于提单的签发和其他应付给承运人的费用等几项记载由承运人填写外，其他都由托运人填写。

2. 提单的正面印制条款

提单的正面印制条款包括：确认条款；不知条款；承诺条款和签署条款。

3. 提单背面条款

提单背面条款包括：首要条款；定义条款；管辖权与法律适用条款；承运人的责任条款；责任期间条款；运费及其他费用条款；装货、卸货和交货条款；留置权条款；货物灭失或损坏的通知、时效条款；赔偿责任限额条款；危险品、违禁品条款；舱面货、活动物条款；选择卸货港条款；转运、换船、联运与转船条款和共同海损条款。

（二）提单的签发、份数和日期

1. 提单签发的主体

承运人、载货船舶船长和承运人的代理人可作为签发提单的主体。

2. 提单签发的地点和日期

提单的签发地点通常是装货港，有时是船公司所在地或者其他地点。提单的签发日期是提单所列货物实际装船完毕的日期。在国际货物买卖和信用证结汇中，除提单载明的货物装船日期外，通常把已装船提单的签发日期视为货物装船完毕的日期。

3. 提单签发的份数

提单签发的份数应托运人的要求而定，通常正本一式三份，每一份具有同等的法律效力。提单正面都注明了全套正本提单的份数，其中一份完成提货手续，回收一份正本提单后，交付货物的义务即告终止。

4. 提单签发的对象

提单应该签发给托运人。

四、提单的背书、更正和补发

1. 提单的背书

提单作为物权凭证，只要具备一定的条件就可以转让。但提单的流通性小于汇票的流通性。主要表现为提单的受让人不像汇票的正当持票人那样享有优于前手背书人的权利。具体来说，如果一个人用欺诈手段取得一份可转让提单，并把它背书转让给一个善意的、支付了对价的受让人，则该受让人不能因此取得货物的所有权，不能以此对抗真正的所有人。提单的背书是指转让人（背书人）在提单的背面写明或者不写明受让人，并签名的手续。具体包括：

（1）记名背书，也称完全背书，是背书人（转让人）在提单背面写明被背书人（受让人）的姓名，并由背书人签名的背书形式，经过记名背书的指示提单将成为记名提单性质的指示提单，被背书人不能再进行背书，也称为限制背书。

（2）指示背书，是背书人在提单背面写明“指示”或“凭 × × 指示”字样，并不写明特定受让人，由背书人签名的背书形式。经过指示背书的指示提单还可以继续进行背书，但是背书必须连续进行，写明被背书人的名称。

（3）不记名背书，也称空白背书，是指在提单背书中不记载任何受让人，只由背书人签名的背书形式。经过不记名背书的指示提单将成为不记名提单性质的指示提单。

2. 提单的更正

在实务中，提单通常是在托运人办妥托运手续后，货物装船前在缮制有关货物单证的同时缮制的。在货物装船后，因事先缮制的提单与实际装载情况不符、发现托运人申报材料有误，或者信用证要求的条件有变化等原因需要更正时，承运人或其代理人通常都会同意托运人提出的更正要求。

如果提单已签署，托运人提出更正要求的，承运人只在更改内容不涉及主要问题，不妨碍其他提单利害关系人利益的前提下，承运人才同意更改并回收原来签发的提单。因更改提单内容引起的损失和费用，都应由提出更改要求的托运人负担。如果提出提单更改时船舶已起航，应立即电告船长作相应的更改。

3. 提单的补发

正本提单结汇后，在寄送途中遗失。收货人可在目的港凭副本提单和加上担保或保证金的方式提取货物，并依照法定程序声明提单作废，而无须另行补发提单。《海事诉讼特别程序法》第一百条规定：“提单等提货凭证持有人，因提货凭证失控或者灭失，可以向货物所在地海事法院申请公示催告。”提单如果在结汇前遗失，此时由托运人提供书面担保，承运人或其代理人同意后补签新提单并另行编号。将有关情况转告承运人在目的港的代理，并声明原提单作废，以免发生意外纠纷。

五、海运单

（一）海运单的概念及其特点

1. 海运单的概念

海运单是指证明国际海上货物运输合同和货物由承运人接收或者装船的一种“不可流通”

的海上货物运输单证。1990 年 6 月在巴黎通过的国际海事委员会《海运单统一规则》，专门解决海运单带来的主要法律问题。但是，这一民间规则不具有强制性的约束力，仅供当事人协议采纳。

2. 海运单的特点

与传统提单相比，海运单的最大特点为不是物权凭证，不具有可流通性。收货人提货时无须凭海运单，只需证明其身份，即证明自己是海运单上载明的收货人。因而，海运单具有实现快速提货的优点。此外，由于海运单的这一特点，即使非法得到海运单，也无法凭以提货，从而没有因被窃或遗失使承运人、托运人或收货人利益造成损害的风险。海运单正面通常注有“不可流通”字样，不具有转让性及提货凭证的效力。然而，由于海运单不具有可流通性，在货物运输中不能凭海运单的转让实现货物的单证贸易，也不能作为权利质押的标的物，不利于融资和贸易的支付。

（二）海运单的流转和货物交接

同提单一样，海运单在承运人接收货物或将货物装船后，应托运人要求，由承运人、船长或承运人的代理人签发。托运人凭海运单及其他单证，根据货物买卖合同和信用证到银行结汇。装货港的承运人或其代理人将海运单的内容，通常通过数据电文方式传送给目的港承运人的代理人。在船舶抵达卸货港之前或之后，目的港承运人的代理人向海运单上载明的收货人或通知方发出到货通知书。到货通知书表明这批货物的运输是根据海运单进行的。

收货人在目的地出示有效身份证明，证明他确系海运单上记载的收货人，并将其签署完的到货通知书交给目的港承运人的代理人，同时出示海运单副本。承运人或其代理人签发提货单给收货人。一旦这批货物的运费和其他费用结清，同时办好海关等所有规定应办理的手续，收货人就可以到码头仓库、船边或者其他地点接收货物。

第三节 关于提单的国际公约

一、《海牙规则》

20 世纪初在美国、澳大利亚及加拿大相继制定了约束国际海上货物运输合同——提单的国内法时，国际上并无统一的法规，各航运公司提单扩大免责范围，减轻自己的义务，滥用“合同自由”原则的现象普遍存在。

关于明确承运人最低义务和责任的要求已成为当时国际贸易有关方面深切关注的问题。但是，第一次世界大战的爆发延缓了制定国际统一规则的时间。国际法协会于 1921 年 9 月在荷兰海牙召开会议，制定了提单规则，提供各方选择适用。随之以该规则为基础，于 1924 年 8 月 25 日在比利时召开的由 26 国代表出席的外交会议上制定了《统一提单的若干法律规则的国际公约》，简称（海牙规则），1931 年 6 月 2 日起生效。《海牙规则》第一次用国际公约的形式确定了海上货物运输合同中的权利、义务分配规则。立法指导思想是海上货物运输合同中的契约自由原则必须受到一定的限制，但仍偏重于对承运人利益的保护。

《海牙规则》规定了承运人、运输合同、货物、船舶和货物运输的定义；提单的签发、内容和证据效力；采纳《哈特法》基本原则，明确了承运人最低限度的义务和最大限度的权利；规定了货物损失通知与诉讼时效以及适用范围等内容。我国没有加入该公约，但其中有关联承运人责任与免责的规定，基本上被我国《海商法》第四章所采纳。

二、《维斯比规则》

《海牙规则》自 1931 年生效以来虽然得到海运国家比较广泛的接受，但也暴露了存在的问题。《海牙规则》概括起来主要存在以下几个问题：

（1）比较有利于承运人。

（2）随着海运技术的发展，海运危险已能相应得到控制，驾驶和管理船舶的过失免责日益受到攻击。

（3）海运件杂货已进入集装箱运输时代，《海牙规则》的规定无法适应运输的发展。

（4）赔偿责任限额太低。

（5）适用范围不够广泛。

（6）承运人的代理人、受雇人的法律地位和善意受让提单的持有人的法律地位需要予以明确。

针对上述问题，特别是海运现代技术的发展带来的问题，国际海事委员会于 1959 年召集会议考虑对《海牙规则》的修改，之后鉴于集装箱运输的发展带来的问题，国际海事委员会于 1963 年在斯德哥尔摩召开了第二届会议讨论了修改草案后，于 1968 年 2 月 23 日，在布鲁塞尔召开的第 12 届海洋法外交会议上通过了《统一提单的若干法律规则的国际公约的议定书》，又称《维斯比规则》。经修订后的《海牙规则》称为《海牙—维斯比规则》。该议定书于 1977 年 6 月 23 日生效。《维斯比规则》共 17 条，主要对《海牙规则》第 3、4、9、10 条进行了修改。

我国没有参加该议定书，但《海商法》中有关提单证据效力、非合同之诉、承运人的受雇人或代理人的法律地位和诉讼时效的规定，是以该议定书的内容为基础作出的。

三、《汉堡规则》

《1978 年联合国海上货物运输公约》，简称《汉堡规则》，于 1992 年 11 月 1 日生效。该公约进一步加重承运人的义务和责任，但影响和使用范围远不及上面两个公约。我国没有参加该规则，但其中一些比较成熟和合理的内容为我国《海商法》所采纳。

目前，在国际海上货物运输领域，《海牙规则》、《海牙—维斯比规则》和《汉堡规则》并存。进入 20 世纪 90 年代后，一些主要航运国家相继出台了有关国际海上货物运输的法律，如我国的《海商法》和 1994 年在瑞典、丹麦、挪威和芬兰同时实施的新海商法。这些国内立法的显著特点之一就是增加了承运人的责任，并在很多内容上向《汉堡规则》靠拢。三大国际公约的比较见表 6.1。

表 6.1 三大国际公约的比较

比较内容	《海牙规则》	《维斯比规则》	《汉堡规则》
承运人的基本义务	适航、管货、应托运人的要求签发提单		无明确规定，但不应低于前者
责任制度	不完全过失责任		完全过失责任
承运人的责任期间	货物运输期间为从货物装上船时起至卸离船时止的一段期间，即“钩至钩”或“舷至舷”。之前或之后的一段时间，可由承托双方另行订立协议		货物在装货港、运输途中和卸货港处于承运人掌管下的期间，即“港到港”
承运人的免责	包括“航行过失”在内的 17 项免责		取消了“航行过失免责”
承运人迟延交货责任	未规定		所延迟交付的货物应付运费的 2.5 倍为限。但不超过应付运费总额
索赔时效	提货时发现，当时提交书面通知；损坏不明显，3 天内；联合检查，无须提交		将损坏不明显情况下提出书面通知的时间延长为 15 天内
承运人赔偿责任限制	每件或每单位 100 英镑，但托运人在货物装运前已将其性质和价值加以申报并在提单上注明的，不在此项	每件或每单位 10 000 法郎或按灭失或受损货物毛重计算，每千克为 30 法郎，以二者中较高者为准（当时 10 000 法郎等于 431 英镑）	每件或每一其他装运单位 835 SDR 或货物毛重每千克 2.5 SDR，两者中以较高者为准。对非 IMF 成员且国内法不允许使用 SDR 的国家，承运人的责任限制为每件或每一装运单位 12 500 法郎，或按货物毛重每千克 37.5 法郎，二者中以较高者为准
提单的效力	载有货物主标志、件数、数量或重量以及货物外表状态的提单，是承运人已收到其上所载货物的初步证据	提单转让至善意第三者收货人时，是承运人收到其上所载货物的绝对证据	
实际承运人	未规定；《维斯比规则》中提出如诉讼是对承运人的受雇人或代理人提起，则该受雇人的各项抗辩或责任限制的规定		确立了实际承运人的概念及其责任
保函	未规定		满意有效
舱面货、活牲畜	不适用		依约定、惯例、法规可装舱面货；活牲畜固有风险造成损失承运人免责
诉讼时效	自货物交付之日起 1 年	1 年，可协议延长	2 年

第四节 国际多式联运法律制度

一、国际多式联运的概念和特点

1. 国际多式联运的概念

国际多式联运是一种以实现货物整体运输的最优化效益为目标的联运组织形式。它通常是以集装箱为运输单元，将不同的运输方式有机地结合在一起，构成连续的、综合性的一体化货物运输，通过一次托运、一次计费、一次保险，由各运输区段的承运人共同完成货物的全程运输，即将货物的全程运输作为一个完整的单一运输过程来安排。然而，它与传统的单一运输方式有很大的区别。根据 1980 年《联合国国际货物多式联运公约》以及 1997 年我国交通部和铁道部共同颁布的《国际集装箱多式联运管理规则》的定义，国际多式联运是指“按照多式联运合同，以至少两种不同的运输方式，由多式联运经营人将货物从一国境内接管货物的地点运至另一国境内指定地点交付的货物运输”。

我国《海商法》第一百零二条给多式联运合同定义为：“多式联运经营人以两种以上的不同运输方式，其中一种是海上运输方式，负责将货物从接收地运至目的地交付收货人，并收取全程运费的合同。”

2. 国际多式联运的特点

构成国际多式联运必须具备以下基本条件：

（1）必须具有一份多式联运合同。该运输合同是多式联运经营人与托运人之间权利、义务、责任与豁免的合同关系和运输性质的确定，也是区别多式联运与一般货物运输方式的主要依据。

（2）必须使用一份全程多式联运单证。该单证应满足不同运输方式的需要，并按单一运费率计收全程运费。

（3）必须是至少两种不同运输方式的连续运输。

（4）必须是国际间的货物运输。这不仅是区别于国内货物运输，主要是涉及国际运输法规的适用问题。

（5）必须由一个多式联运经营人对货物运输的全程负责。该多式联运经营人不仅是订立多式联运合同的当事人，也是多式联运单证的签发人。当然，在多式联运经营人履行多式联运合同所规定的运输责任的同时，可将全部或部分运输委托他人完成，并订立分运合同。但是分运合同的承运人与托运人之间不存在任何合同关系。

由此可见，国际多式联运的主要特点是：由多式联运经营人对托运人签订一个运输合同，统一组织全程运输，实行运输全程一次托运，一单到底，一次收费，统一理赔和全程负责。

二、国际多式联运经营人的概念和赔偿责任

（一）国际多式联运经营人的概念

《联合国国际货物多式联运公约》对国际多式联运经营人下的定义是：“其本人或通过其代表订立国际多式联运合同的任何人，他是事主，而不是发货人的代理人或代表，或者参加国际多式联运承运人的代理人或代表，并且负有履行合同的责任。”

我国《海商法》第一百零二条将多式联运经营人定义为“本人或者委托他人以本人名义与托运人订立多式联运合同的人”。

（二）国际多式联运经营人的赔偿责任

1. 国际多式联运经营人的赔偿责任制

国际多式联运经营人的赔偿责任制主要有三种形式：

（1）统一责任制，是指多式联运经营人在全程运输中使用统一的赔偿标准向货主负责赔偿。

（2）经修正后的统一责任制，是指多式联运经营人在全程运输中对货损事故按统一赔偿标准负责向货主赔偿。如果该统一赔偿标准低于实际货运事故发生区段的适用法律法规所规定的赔偿标准时，按该区段规定的赔偿标准，由多式联运经营人负责向货主赔偿。

（3）网状责任制，是指多式联运经营人对全程运输的货物责任，局限在各个运输区段的责任范围内，如果能确定货运事故区段的，则按该区段适用的法律法规，由多式联运经营人负责向货主直接赔偿；如果对隐藏损害等不确定货运事故区段的，则推定发生在海运区段，按海运区段的适用法律法规，由多式联运经营人负责向货主直接赔偿。

我国《海商法》第一百零四条到第一百零六条规定了多式联运经营人的责任形式，主要包括：

（1）多式联运经营人负责履行或组织履行多式联运合同，并对全程运输负责。

（2）多式联运经营人与参加多式联运的各区段承运人，可以就多式联运合同的各区段运输，另以合同约定相互之间的责任。但是，此项合同不得影响多式联运经营人对全程运输所承担的责任。

（3）货物的灭失或者损坏发生于多式联运的某一运输区段的，多式联运经营人的赔偿责任和责任限额，适用调整该区段运输方式的有关法律规定。这体现了多式联运经营人实行的是"网状责任制"。

（4）货物的灭失或损坏发生的运输区段不能确定的，多式联运经营人应当依照《海商法》第四章关于承运人赔偿责任和责任限额的规定负赔偿责任。

2. 国际多式联运经营人的赔偿标准

目前绝大多数国家的多式联运经营人采用网状责任制，按与网状责任制有关的各运输区段国际货运公约以及国际多式联运公约所规定的赔偿标准进行赔偿。

《维斯比规则》、《汉堡规则》以及《联合国国际货物多式联运公约》均规定了两种责任限额，这是因为这三个国际公约的通过均在出现集装箱运输以后，而在集装箱运输方式下，如果仍以每件或每单位责任限额，可能会对货主造成很大的不利，特别是在未列出箱内货物件数的情况下，集装箱内所有的货物只被看作一件，采用两种责任限额并择大赔偿，有利于在集装箱运输方式下保护货主的利益。

3. 国际多式联运经营人的责任期间

在各种国际公约和国内法规中，关于多式联运的责任期间具有很高的一致性。《联合国国际货物多式联运公约》规定："多式联运经营人对多式联运货物的责任期间为接受货物时起至交付货物时止"。这一规定表明不论货物的接收地和目的地是港口还是内陆，不论多式联运的经营人是否将部分或全部运输任务委托给他人履行，他都必须对全程货物运输负责，包括货物在两种运输方式交换的过程中也得负责。

本章小结

本章主要学习了：国际班轮运输的概念和特点，租船运输的种类，国际海上货物运输合同签订，承运人和托运人的主要权利和义务；提单的概念、作用和种类，提单的内容、签发，海运单的概念和特点；关于提单的三大国际公约的主要内容以及主要区别；国际多式联运的概念和特点，国际多式联运经营人的概念和赔偿责任制度等内容。

复习思考题

一、简答题

1. 什么是提单？它有什么作用？

2. 简述海运提单的种类。

3. 承运人的主要义务有哪些？

4. 简述国际多式联运的概念和特点。

二、案例分析题

1. 2021 年 1 月 18 日，A 公司委托 B 公司办理一批参加巴拿马国际博览会展品出口运输，并向其提交了一份出口货物托运单。1 月 22 日，B 公司签发了一份多式联运提单，提单载明，海运船舶为驶往巴拿马的定期班轮，货物由汽车运往中国香港装上轮船，中途曾被卸下，由他船转运至巴拿马。当货物到达巴拿马时，已超出合同约定的期限，未能参展。这样，A 公司指出作为多式联运经营人 B 公司擅自转船，导致错过参展日期，要求其赔偿经济损失。

请问：B 公司是否应该向 A 公司赔偿经济损失？

2. 2020 年，中国甲公司与美国乙公司签订了一批货物出口合同。五六月之间，该公司以信用证结算方式出口了两批货物，交单议付后顺利结汇。10 月，又陆续出口几批货物，考虑到前几次货物出口收汇情况良好，选择了付款交单的托收方式结算。但代收行多次催促，国外客户也不付款赎单。2021 年 3 月，该公司得知货物已被客户凭副本提单提货了，于是要求银行退回单据。4 月，该公司凭已退回的正本提单向船公司交涉时，遭到拒绝，理由是该提单为记名提单，按照当地惯例，收货人可以不凭正本提单提货。后来公司货款两空，蒙受了巨大的经济损失。请问，

（1）什么是记名提单？其性质如何？

（2）从本案中应吸收什么经验？

3. 某公司以 CIF 马赛条件成交一批冻品，对方开来的信用证规定，最迟装船期和议付期均为 10 月 31 日，不准转船。出口方预计中远公司某船于 10 月下旬到港，10 月 29 日开始装船，11 月 2 日才能装完，于是以保函向船方预借 10 月 31 日以装船提单并于当日向银行议付。经过议付行审核无误，即送开证行索偿。不料此船于装完这批货物后，冷冻机于 11 月 4 日损坏，不

得不将该批货物卸下由中远公司另外安排船只运输，因此而耽误了大概一个月，至 11 月 30 日才运出。货物到马赛时已经超过圣诞节。客户以实际到货船名与结汇单据船名不符合，同时以货物不适当地迟交影响市场为由，要求赔偿 30 万元。请问：

（1）什么叫作预借提单？

（2）本案例中银行是否付款？

（3）卖方应如何处理？

4. 一批货物由甲公司运往中国青岛港，运输合同适用《海牙规则》。运输途中因雷击烧毁部分货物，其余货物在目的港被乙公司以副本提单加保函提走。丙公司为该批货物正本提单持有人。根据《海牙规则》和我国相关法律规定，请回答下列问题：

（1）甲公司是否对雷击造成的货损承担赔偿责任？为什么？

（2）甲公司无正本提单放货能否享受赔偿责任限制？为什么？

（3）丙公司可以要求甲公司和乙公司承担赔偿责任吗？为什么？

第七章

国际货物运输保险法

学习目标

掌握国际货物运输保险的主要法律规定；能分析国际货物运输保险的基本原则；能熟练掌握国际货物运输保险合同的主要内容；能熟练掌握国际货物运输保险的承保范围、险别及条款。

引导案例

1. 我国A公司与某国B公司于2020年9月10日签订购买5 000吨化肥的CFR合同。A公司开出的信用证规定，装船日期为2020年12月1日至10日，由于B公司租来运货的“顺风号”轮在开往某外国港口途中遇到大风，结果装船至12月20日才完成。承运人在取得B公司出具的保函的情况下签发了与信用证一致的提单。“顺风号”轮于12月21日离开装运港。A公司为这批货物投了水渍险。2021年1月20日轮船经过巴拿马运河时起火，造成部分化肥烧毁。船长在命令救火过程中又造成部分化肥湿毁。由于船在装货港口的延误，使该船到达目的地时正遇上了化肥价格下降。A公司在出售余下的化肥时不得不大幅度降低价格，给A公司造成很大损失。请根据上面的案例，回答下列问题：

（1）途中烧毁的化肥损失属于什么损失，应由谁承担？为什么？

（2）途中湿毁的化肥损失属于什么损失，应由谁承担？为什么？

2. 我国A公司以CFR贸易术语出口一批货物，A公司按期在装运港装船后，即将有关文件寄交买方，要求买方付款，买方按要求办理了付款手续，当买方收到货物后随来函向A公司索赔，理由是货物在运输途中遭遇海上风险而损毁，且买卖双方均未投海上货物运输保险。请问：

（1）A公司是否有权拒绝买方的索赔？理由是什么？

（2）A公司是否有义务投保海上货物运输保险？理由是什么？

知识支撑

国际货物运输保险是国际贸易的重要组成部分，国际货物运输保险不但可以给运输中的货物提供保障，而且还能为国家提供无形贸易的外汇收入。国际货物运输保险主要包括海上货物运输保险、铁路货物运输保险、公路货物运输保险、航空货物运输保险和邮包运输保险。其中，历史最悠久、业务量最大、法律规定最全面的是海上货物运输保险。

在本章中，我们主要介绍海上国际货物运输保险的相关法律规定，其他的货物运输保险我们不再一一介绍。货物在海上运输过程中，有可能会遇到自然灾害、意外事故、战争等，这样就会导致货物有一定损失，有可能全部损失，也有可能部分损失，损失后要进行救助，就会产生相关的救助费用等。所以我们要对海上运输的货物进行一定的投保，例如投保平安险、水渍险和一切险，有时再加些附加险等，这样在货物损失后，可以得到一定的补偿，以免损失扩大。

在此，我们必须了解国际货物运输保险的概念和特征，保险的基本原则，国际货物运输保险合同的概念和特征，国际货物运输保险合同的内容，国际货物运输保险合同的订立、履行、变更和终止，被保险人的义务与保险人的责任等内容。

第一节 国际货物运输保险概述

一、国际货物运输保险的概念、特征

1. 国际货物运输保险的概念

国际货物运输保险是指投保人与保险人通过双方协商，订立保险合同，以进行国际运输的各种货物作为保险标的，由投保人缴纳保险费，当货物在国际运输的过程中遇到保险事故时，由保险人对货物的损失承担支付保险金责任的一种财产保险制度。

国际货物运输保险的概念可以从两个方面来理解：

一是从经济的角度出发，国际货物运输保险可以理解为一种经济补偿制度，保险人通过集中众多投保人所缴纳的保险费形成保险基金，同时也集合了可能发生的众多同质风险，通过科学的数理计算，将个别被保险人可能遭受的损失在所有参加保险的被保险人中予以分摊，从而得以进行经济损失补偿。

二是从法律角度出发，国际货物运输保险是投保人和保险人之间的经济合同行为，彼此之间通过国际货物运输保险合同明确规定各自享有的权利和承担的义务，其中投保人应按照合同规定缴纳保险费，保险人应在合同约定的事故发生时履行损失赔偿的责任。本书主要介绍一般意义上的国际货物运输保险，仅指国际货物运输中的商业保险，即国际货物运输中保险合同当事人通过订立保险合同而建立起来的民事法律关系。

在国际货物贸易中，货物的交接要经过长途运输、装卸和储存等环节，遇到各种风险而遭受损失的可能性比较大。为了在货物遭受损失时能得到经济补偿，就必须办理货物运输保险。因此，国际货物运输保险就成为国际货物销售和运输中不可缺少的一个环节。

2. 国际货物运输保险的特征

（1）国际货物运输保险属于一种商务活动行为，在通常情况下，或者保险的当事人属于不同的国家，或者保险事故发生在异地他乡，总之大多牵涉复杂的国际经济法律关系。

（2）国际货物运输保险属于保险中的财产保险，是一种特定条件下的货物保险。

（3）国际货物运输保险是以国际货物运输过程中的各种货物作为保险标的的保险。

二、国际货物运输保险的基本原则

1. 最大诚信原则

《中华人民共和国保险法》（以下简称《保险法》）第四条规定："从事保险活动必须遵循法律、行政法规，尊重社会公德，不得损害社会公共利益。"第五条规定："保险活动当事人行使权利、履行义务应当遵循诚实信用原则。"保险活动中的最大诚信原则就是指保险双方当事人在签订和履行保险合同的过程中，都能够做到最大限度的诚实和守信，不隐瞒与保险相关的重要事实，不逃避或减少按合同规定对另一方承担的责任。

最大诚信原则的基本内容为告知、保证及弃权和禁止反言。

根据我国《海商法》的有关规定，履行如实告知义务的时间为"合同订立前"，被保险人的告知义务截至海上保险合同成立，被保险人没有义务告知在合同订立后才知道的新情况或才发生变化的情况。在海上保险合同订立前就已存在的不重要的情况，即使在合同订立后成为保险标的发生损失的原因，也不是被保险人必须告知的重要情况。

保证是指被保险人对于某一事项的作为或不作为、某种状态的存在或不存在做出的允诺。由于保证条款对被保险人限制十分严格。所以各国法律都限制保险人使用默示保证，只有一些约定俗成的事项成为默示保证。

最大诚信原则中的告知义务和遵守保证的义务绝大部分是针对被保险人的，而合同的制定者是保险人，为了保持公平，平衡双方权利与义务，对保险人使用弃权和禁止反言原则。

弃权是指保险人自愿或有意识地放弃在合同中可以主张的某种权利。禁止反言指保险人既然已经放弃某种权利，日后就不得再向被保险人主张该权利。

2. 可保利益原则

可保利益是指投保人或被保险人因对于保险标的具有法律上的利害关系而产生的为法律所承认的、可以投保的经济利益，即投保人或被保险人因保险标的未发生保险事故而受益；因保险标的遭受保险事故而受到损失。可保利益原则要求投保人或被保险人必须对保险标的具有可保利益才可投保，否则保险合同无效。保险利益原则旨在预防道德风险的发生，避免将保险作为赌博的工具以及防止故意诱发保险事故而牟利的企图。

可保利益具有以下三个特征：

（1）是经济上的利益或金钱上的利益。可保利益必须具有经济价值，这种经济价值是可以用货币估算的，否则发生损失时将难以确定补偿的标准。

（2）是合法的利益。可保利益必须是法律上可以主张的利益，不应该违反法律规定，通过不正当手段获得，否则，即便订立了保险合同，也属无效。

（3）是确定的利益。所谓确定利益，是指既得利益或预期利益，是客观上可以实现的利益，而不是单凭主观上的猜测、推断可能获得的利益。

3. 近因原则

近因原则是指在多个原因导致保险标的损失的情况下，只有导致保险标的损失的近因在保险责任范围之内，保险人才能对保险标的的损失负责赔偿。所以在保险理赔中，确定造成保险事故的众多原因中哪一个是导致保险标的损害发生的最直接、最有效、起决定性作用的原因，即哪个是近因，然后判断损失的近因是否属于保险责任范围是首先要解决的问题。

1915 年 1 月 30 日，Leyland 航运有限公司一艘货船被德国潜艇的鱼雷击中后严重受损，被拖到法国勒哈佛尔港，港口当局担心该船沉没后会阻碍码头的使用，于是该船在港口当局的命令下停靠在港口防波堤外，在风浪的作用下该船最后沉没。Leyland 公司向承保了海上危险的保险公司索赔，该公司以“一切敌对行为或类似战争行为的后果”的保险除外责任条款拒绝赔偿。Leyland 公司索赔遭拒后诉至法院。保险公司认为损失的近因是鱼雷，属于除外责任；Leyland 公司则认为，时间上最后造成损失的原因才是近因，船舶的沉没是由于停靠在防波堤边反复搁浅造成的。审理此案的英国上议院大法官 Lord Shaw 认为，导致船舶沉没的原因包括鱼雷击中和海浪冲击，但船舶在鱼雷击中后始终没有脱离危险，因此，船舶沉没的近因是鱼雷击中而不是海浪冲击。法庭最后判保险公司胜诉。

4. 损失赔偿原则

损失赔偿原则是指保险标的发生保险事故，被保险人遭受损失时，保险人应根据保险责任的范围对其进行补偿。这个原则取决于保险的经济补偿职能，是委付制度和保险代位权制度的基础。

损失赔偿原则有以下两个方面的含义：

（1）保险人只有在受到约定的保险事故造成的损失时才能够得到赔偿。在保险期间如果发生了保险事故，但被保险人没有受到损失，就无权要求保险人赔偿。

（2）被保险人所得到的赔偿金额不能超过保险单上的保险金额或被保险人遭受的实际损失，被保险人不能因保险赔偿而获得额外利益。

第二节 国际货物运输保险合同

一、国际货物运输保险合同的概念和特征

（一）国际货物运输保险合同的概念

国际货物运输保险合同是指进出口商对进出的货物按照一定的险别向保险公司投保，缴纳一定的保险费，当保险货物在国际运输中遇到保险事故时，由保险公司对进出口商因保险事故遭受的货物损失和产生的责任负责赔偿。

（二）国际货物运输保险合同的特征

国际货物运输保险合同属于合同的一种，一经成立便受到法律的保护，具有经济合同的所共有的一般法律特征。

1. 国际货物运输保险合同是双务合同

投保人负有按约定给付保险费的义务，保险人则负有当保险事故发生时给付保险金的义务。

2. 国际货物运输保险合同是射幸合同

国际货物运输保险合同是射幸合同，是指合同当事人一方的履行有赖于偶然事件的发生。对投保人来说，其支付一定数额的保险费，在保险事故发生时，可以获得大大超过所付保险费数额的保险金；如果保险事故不发生，则丧失所交的保险费。对于保险人来说，保险事故发生后，其支付的保险金额将大大超过保险费的收入；如果保险事故不发生，则获得保险费的利益，而无支付保险金的责任。

3. 国际货物运输保险合同是最大诚信合同

合同的订立和履行都要遵守诚实信用原则。保险合同的诚信原则比一般合同都要高，它要求投保人对订立和履行保险合同过程中的一切重要事实和情况作出真实、可靠的陈述，不能有任何隐瞒和虚假的陈述，这一点在前面保险合同的基本原则中已作介绍。

4. 国际货物运输保险合同是要式合同

国际货物运输保险合同是要式合同，是指在法律上要具备一定的形式和手续，各国保险惯例都要求将保险合同作成保险单的形式，各国保险立法对此也有规定。国际货物运输保险合同是以保险单或保险凭证作为保险合同的书面形式。

二、国际货物运输保险合同的要件

（一）国际货物运输保险合同的主体

国际货物运输保险合同的主体是指参加保险合同并且享有权利和承担义务的人，包括保险合同的当事人和关系人。

当事人有保险人和投保人。保险人又称承保人，是保险合同当事人的一方，是设计保险合同、收取保险费，并且在保险事故发生时，对被保险人承担损失赔偿的主体。我国《保险法》第十条规定，保险人是指与投保人订立保险合同，并按照合同约定承担赔偿或给付保险金责任的保险公司。投保人又称要保人，是保险合同当事人的另一方，是与保险人订立保险合同并负有交纳保险费义务的主体。投保人既可以是自然人，也可以是法人。

国际货物运输保险合同的关系人有被保险人。被保险人是指根据保险合同，其财产利益受保险合同保障，在保险事故发生后，享有保险金请求权的人。投保人往往同时就是被保险人。

保险代理人、保险经纪人和保险公估人是保险合同的辅助人。

保险代理人是指根据保险人的委托，向保险人收取代理手续费，并在保险人授权的范围内代为办理保险业务的单位或个人。在实际业务中，保险代理人主要是根据保险人的授权招揽保险业务，出立暂保单，代收保险费，代理查勘损失以及代理理算赔款等。

保险经纪人是基于投保人的利益，为投保人与保险人订立保险合同提供中介服务，并依法收取佣金的单位。在实际业务中，保险经纪人是为投保人寻找最合适的保险人，代其向保险人磋商保险合同事宜，从中获取佣金的人。

保险公估人又称保险公证行或保险公估行，是指向保险人或被保险人收取费用，为其办理保险标的评估、查勘、鉴定、理算等业务，并且予以证明的人。

（二）国际货物运输保险合同的客体

国际货物运输保险合同的客体是指保险人和被保险人双方权利义务共同指向的对象。保险合同的客体并不是保险合同本身，而是投保人或被保险人对保险标的所具有的可保利益。可保利益是指投保人或被保险人因对于保险标的具有利害关系而产生的为法律所承认的、可以投保的经济利益。可保利益以保险标的的存在为前提，既体现在保险标的的存在上，也体现为投保人或被保险人的经济利益；当保险标的遭受损失时，被保险人将蒙受经济上的损失。投保人或被保险人向保险人投保，要求经济上的保障，并不是保险标的本身，而是针对保险标的所具有的经济利益，所以保险合同中权利义务共同指向的对象是可保利益。

（三）国际货物运输保险合同的内容

国际货物运输保险合同的内容是指保险合同所确定事项，即保险条款。保险人与被保险人的权利和义务具体体现在保险合同的条款上。保险合同的内容一般分为两种：一是法律规定保险合同必须列入的事项或条款，即保险合同的基本条款；二是允许当事人自由约定的事项或条款，即保险合同的特约条款。

1. 基本条款

根据我国《保险法》第十八条规定，保险基本条款有：保险人的名称和住所；投保人、被保险人的姓名或者名称、住所，以及人身保险的受益人的姓名或者名称、住所；保险标的；保险责任和责任免除；保险期限和保险责任开始时间；保险价值和保险金额；保险费及支付办法；保险金赔偿或给付办法；违约责任和争议处理；订立合同的年、月、日。

2. 特约条款

特约条款是指保险合同双方当事人在保险合同基本条款以外协商确定的其他保险条款。根据保险实务，保险合同的特约条款一般有两类：

一类是扩大或限制保险人承担的保险责任的条款，包括扩大保险人保障的危险范围等，保险人根据业务的需要，在基本条款以外增设一些其他条款供投保人进行选择。这样既能增强保险基本条款的伸缩性，又能满足投保人的特殊需要。

另一类是约束投保人或被保险人行为的条款，通常有“保证条款”，要求投保人或被保险人保证做或保证不做某事，或者保证某种事实状态的存在或不存在。投保人或被保险人的保证必须严格遵守，否则保险人可以解除合同或拒绝承担保险责任。

当然，保险合同双方当事人自由协商的条款不得与我国的《保险法》以及其他法律法规相抵触，不得违背社会的公共秩序，否则协商条款无效。

三、国际货物运输保险合同的订立、履行、变更和终止

（一）国际货物运输保险合同的订立

国际货物运输保险合同属于财产保险合同的一种，它的订立是由被保险人以填制投保单的形式向保险人提出保险要求（即要约），经保险人同意承保，并就货物运输保险合同的条款达成协议（即承诺）后，保险合同成立。

国际货物运输保险合同采用书面形式，书面形式一般有要保书、暂保单、保险单和保险凭证和批单五种方式。

1. 要保书

要保书又称投保单，是投保人填写的递交给保险人的要求保险的书面要约。要保书一般载明投保人、被保险人的名称和地址，保险标的及其地点，保险对象及被保险人的年龄、健康情况，投保险别，投保价值及保险金额，保险期限和保险责任，保险费以及支付办法等主要事项。

2. 暂保单

暂保单又称临时保险书，是指在保险单发出以前出立给投保人的一种临时保险凭证。暂保单一般由保险代理人签发，表示保险代理人已经按投保人的要求及所列的事项办理了保险手续，等待保险人出立正式的保险单。暂保单的使用一般有时间限制，只能在规定的时间内使用有效，一般为 30 天，并且在保险单签发后自动失效。

3. 保险单

保险单又称大保单，是保险人和投保人之间订立正式保险合同的一种书面文件，一般由保险人签发给投保人。保险单将保险合同的全部内容详细列明，包括双方当事人的权利与义务以及保险人应承担的风险责任。保险单也是保险人向被保险人进行赔偿的依据。

4. 保险凭证

保险凭证是指保险人签发交给投保人表明保险合同生效的证明文件，它与保险单唯一的区别在于背面不附有保险条款。保险凭证是保险单的简化形式，俗称小保单，与保险单具有同等法律效力，但缺乏完整的独立性，需要依赖于其他文件，即保险当事人的权利、义务及相关保险责任范围的约定须以保险公司的正式条款为准。

5. 批单

批单，又称背书，是保险人应投保人或被保险人的要求出立的修改或更改保险单内容的证明文件。它是变更保险单内容的批改书。

（二）国际货物运输保险合同的履行

国际货物运输保险合同的履行包括投保人对保险合同的履行和保险人对保险合同的履行。

投保人对保险合同的履行主要包括投保人交付保险费的义务、维护保险标的安全的义务、保险标的危险增加通知的义务、保险事故通知的义务、投保人对施救的义务和提供单证的义务等。

保险人对保险合同的履行主要包括保险人对签发保险单义务的履行、保险人对赔付或给付保险金义务的履行、保险人对支付有关费用义务的履行和保险人对附随义务的履行等。

（三）国际货物运输保险合同的变更

一般情况下，保险合同一经有效成立，对双方就产生约束力，双方均应严格履行，任何一方不得擅自变更、解除合同。但在特殊情况下，依据法律的规定，经过一定的程序，办理一定的手续，可以对保险合同进行变更。保险合同的变更包括主体变更和内容变更。

（1）主体变更。主体变更实际上就是合同的转让，它是指国际货物运输保险合同的投保人、被保险人的变更，合同的权利义务和客体不发生变化。它主要是由于保险标的的所有权转移而引起的。国际货物运输保险合同投保人或被保险人的变更不需要征得保险人的同意，投保人或被保险人依据保险单所享有的权利，可以采用背书的方式并把保险单交付给受让人而转让。各国保险法和国际保险惯例都有相关规定，我国《海商法》第二百二十九条也作了类似规定："海上货物运输保险合同可以由被保险人背书或者以其他方式转让，合同的权利、义务随之转移。"

（2）内容变更。国际货物运输保险合同内容的变更是指在合同主体不变的情况下，对合同中各条款的变更，如保险标的的数量、品种的增加，用途、存放地点的变化，保险金额、保险价值、保险费的增减，船期、航程的变更等。合同内容的变更一般由投保人或被保险人提出，经保险人同意才发生法律效力。国际货物运输保险合同的内容需要修改时，被保险人可以向保险人提出申请，由保险人出具保险批单，保险批单的效力大于保险单正文的效力。

（四）国际货物运输保险合同的终止

国际货物运输保险合同的终止是指合同确立的当事人之间权利义务关系的结束，即保险关系的完全消灭。导致保险合同终止的主要原因有自然终止、义务已经履行完毕而终止、因保险标的全部灭失而终止、因合同解除而终止等。

第三节 国际海上货物运输保险

一、国际海上货物运输保险的承保范围

国际海上货物运输保险承保的范围包括承保的风险、损失和费用。

（一）风险

国际货物运输保险中风险包括两类，一类是海上风险，一类是外来风险。

1. 海上风险

海上风险又称海难，是指海上发生的自然灾害和意外事故。

自然灾害是指由于自然界的变异而产生的具有破坏力量的现象，是不以人的意志为转移的，如雷电、暴风雨、海啸、洪水等。

意外事故是指由于偶然的难以预料的原因造成的事故，如船舶搁浅、触礁、沉没、互撞或遇流冰或其他固体物，如与码头碰撞以及失火、爆炸等原因造成的事故。

按照国际保险市场的一般解释，海上风险并非局限于海上发生的灾害和事故。那些与海上航行有关的发生在陆上或海陆、海河或驳船相连接之处的灾害和事故，如地震、洪水、火灾等，也属于海上风险。对货物原有的缺陷、发货人的故意损失、商品的特征、货物的自然耗损以及运输迟延等原因导致的损失不包括在海上风险之内。

2. 外来风险

外来风险是指由于海上风险以外的其他外来原因引起的风险，包括一般外来风险和特殊外来风险。一般外来风险包括偷窃、雨淋、短量、渗透、破碎、串味、受潮、受热、钩损和锈损

等。特殊外来风险包括战争、罢工、拒收、交货不到等。

（二）损失

国际货物运输保险的损失可以分为全部损失和部分损失。

1. 全部损失

全部损失是指被保险货物在运输过程中遭遇风险而导致货物实际全部灭失或构成推定全部灭失即为全部损失，简称全损，又分为实际全损和推定全损。

（1）实际全损。

实际全损又称绝对全损，是指被保险货物完全灭失或已经失去使用价值或原有用途。如100立方米的棉花发生火灾全部烧成灰烬，水泥被水浸泡后完全结成硬块等。

构成保险标的实际全损有下面几种情况：被保险货物的实体已完全灭失；被保险货物遭受严重损害，已丧失原有用途和价值；被保险人对被保险货物的所有权已无可挽回地被完全剥夺；载货船舶失踪并达到一定期限（一般为6个月）仍杳无音讯。如船舶全部沉入海底、船只被盗、货物被占、货物被海水浸湿等，已完全失去使用价值都可以看作实际全损。

（2）推定全损。

推定全损是指货物发生保险事故后，实际全损已经不可避免，或者为了避免发生实际全损所需要支出的费用与继续将货物运抵目的地的费用之和超过了保险价值。在这种情况下，被保险人可以要求保险人按照保险金额予以全部赔偿。但是残损的货物，必须交给保险公司处理。这种做法，在法律上称为“委付”。

委付是指被保险人在保险标的发生推定全损时，将货物的一切权利、义务都转移给保险人，然后要求保险人按全损给予赔偿的一种做法。委付的条件是：要将被保险货物全部进行委付，并不得附带任何条件。委付经保险人同意后才能生效，但保险人应当在合理时间内将接受委付或不接受委付的决定通知被保险人。委付一经保险人接受，不得撤回。但当被保险人要求做推定全损赔偿时，必须向保险人发出“委付通知”，经保险人同意后才能作全部损失处理。

如一批汽车运往销售地销售，每辆售价10 000美元。途中船舶遇险，导致货物遭受严重损失。如要修理汽车，所需要的修理费用，再加上继续运往目的地费用，每辆车将超过10 000美元。此时，被保险人有权要求保险公司按投保金额予以全部赔偿，并将残损汽车交保险公司处理。

2. 部分损失

部分损失是指货物的损失没有达到上述全部损失的程度。按照损失产生的原因不同，部分损失可以分为共同海损和单独海损。

（1）共同海损。

共同海损是指载货船舶在海运途中遇到灾害、事故，威胁到船、货的共同安全，为了解除这种威胁，维护船、货共同的安全或使航程得以继续完成，由船方有意识地、合理地采取措施所做的某些特殊牺牲（如抛货）或某些额外的费用支出（如雇佣拖轮拖拉搁浅的船舶）。

构成共同海损的条件包括：

第一，船方在采取紧急措施时，必须确有危及船、货的共同危险存在，且危险的发生是不可避免的，而不是主观臆测的。

第二，共同海损的危险必须是危及船、货各方的共同安全的，采取的措施是为了解除船、货的共同危险。若是仅为了维护船舶一方或货物一方的利益而采取措施所造成的损失，则不能看作是共同海损。

第三，共同海损的牺牲必须是有意识的、合理的行为所导致，其支出的费用是额外的，且做出的牺牲和支出的费用是有效果的。

第四，共同海损的损失必须是共同海损措施的直接结果，即损失是由解除危险的措施造成的，而不是由风险本身造成的。

共同海损的牺牲和费用的支出都是为了船、货和运费免于损失，因而应该由全体受益人，即船方、货方和运费收入方按照最后获救的价值的多少，共同按比例来分摊，这种分摊叫做共同海损分摊。然后各方再向各自的保险人进行索赔，共同海损分摊涉及的因素比较多，一般由专门的海损理算机构进行理算。

（2）单独海损。

单独海损是指被保险货物受损后，未达到全部损失的程度，仅为部分损失，而这部分损失不属于共同海损，它只涉及船舶或货物所有人单方面的利益损失，并不涉及其他方；同时仅指保险标的本身的损失，不包括由此而引起的费用损失。例如，载货船舶在海上航行遇到风浪，海水入舱造成部分货物受损；又如某公司装运100箱货物出口，在运输途中，有10箱货被船上水管流出的热水浸泡损坏。这些情况都属于单独海损。

共同海损和单独海损的区别主要表现为：

第一，在损失的构成上，共同海损既包括货物牺牲，又包括因采取共同海损措施而引起的费用的损失；单独海损仅指货物本身的损失，不包括费用项目。

第二，在损失原因上，共同海损是为了解除或减轻承保风险而人为采取合理措施而造成的；而单独海损是由于承保风险直接造成的船货损失。

第三，在损失承担上，共同海损的损失是由受益人按获救财产价值的大小比例来分摊；而单独海损的损失由受损方自己承担。

共同海损和单独海损的联系表现为：

一般来说，单独海损先发生，进而引起共同海损，在采取共同海损措施之前的部分损失，一般被列为单独海损。

（三）费用

国际货物运输保险中的费用是为抢救受损货物，及为防止损失进一步扩大而形成的费用，又称为海上费用，一般是由保险人支付，海上费用包括施救费用和救助费用。

施救费用是指被保险货物在遭遇承保责任范围内的灾害事故时，被保险人或其代理人、雇佣人或受让人，为了避免或减少货物的损失，采取各种抢救措施所支出的合理费用。

救助费用是指被保险货物遭受承保范围内的灾害事故时，由保险人和被保险人以外的第三者采取救助措施并获得成功，由被救助方给予救助方的一种报酬。救助费用一般都列为共同海损的费用项目，因为通常它是在船、货各方遭遇共同危险的情况下，为了共同安全由其他船舶前来救助而支出的费用。在我国，中国贸促会海事仲裁委员会制定有“海上救助契约格式”，这个格式采取的是“无效果、无报酬”的原则。

二、国际海上货物运输保险的险别

国际海上货物运输保险的险别，按照能否单独投保，可以分为基本险和附加险。基本险可以单独投保，附加险不能单独投保，只有在投保一种基本险的基础上才能加保附加险。

（一）基本险

基本险也称主险。我国海洋货物运输保险条款包括三种基本险别，即平安险、水渍险和一切险。

1. 平安险

平安险按其英文意思是“不负责单独海损”，仅对全部损失和共同海损负责赔偿。随着国际航运和国际贸易的发展，这一险别经过了多次修改和补充，已经超出了原责任范围。现在平安险的承保责任范围是：

（1）被保险货物在运输途中，由于恶劣气候、雷电、海啸、地震、洪水等自然灾害所造成整批货物的实际全损或推定全损。

（2）由于运输工具遭受搁浅、触礁、沉没、与流冰或其他物体碰撞以及失火、爆炸等意外事故造成货物的全部和部分损失。

（3）在运输工具已经发生搁浅、触礁、沉没、焚毁等意外事故的情况下，货物在此前又在海上遭受恶劣气候、雷电、海啸等自然灾害所造成的部分损失。

（4）在装卸或转运时由于一件、数件或整件货物落海造成的全部或部分损失。

（5）被保险人对遭受承保责任内危险的货物采取抢救、防止或减少货损的措施而支付的合理费用，但以不超过该批被救货物的保险金额为限。

（6）运输工具遭遇海难后，在避难港口由于卸货所引起的损失，以及在中途港、避难港由于卸货、仓储及运送货物所产生的特别费用。

（7）共同海损的牺牲、分摊和救助费用。

（8）运输契约订有“船舶互撞责任”条款，根据该条款规定应由货方偿还船方损失。

案例 7.1 有一批货物投保了平安险，该批货物在装船过程中，有8件货物落海，其中5件货物全部损失，而另外3件货物由于打捞及时，仅造成部分损失。

请问，保险公司应负责赔偿几件？

【解析】全部都要赔偿。在装卸或转运时由于一件、数件或整件货物落海造成的全部或部分损失，保险公司都要赔偿。

2. 水渍险

水渍险的承保责任范围除平安险所承保的全部责任外，还包括被保险货物在运输过程中，由于恶劣气候、雷电、海啸、地震、洪水等自然灾害所造成的部分损失。

案例 7.2 关于海洋货物运输保险，下列哪一选项是正确的？（　　）

A．平安险项下赔偿的因自然灾害造成的全部损失只包括实际全损

B．保险人的责任期间自保险合同订立时开始

C．与平安险相比，水渍险的保险范围还包括因自然灾害造成的部分损失

D．附加险可以单独投保

【解析】应选C。平安险的意思是“单独海损不赔”，责任范围包括自然灾害造成的全部损失、意外事故造成的全部和部分损失、共同海损等，因此A是错误的。在保险合同中，保险合同自生效到终止的期间为保险期间，从保险公司承担责任开始到终止的期间为保险责任期间。保险合同的责任期间通常在保险合同中进行约定，可以一致，也可以不一致，B是错误的。水渍险的范围是在平安险的基础上再加上自然灾害造成的部分损失，因此C是正确的。基本险可以单独投保，附件险不能单独投保，因此D是错误的。

案例7.3 中国甲公司与某国乙公司签订茶叶出口合同，并投保水渍险，商定由丙公司“天然”号货轮承运。下列哪些选项属于保险公司应赔偿的范围？（　　）

A．运输中因茶叶串味等外来原因造成的货损

B．运输中因货轮过失与另一轮相撞造成的货损

C．运输延迟造成的货损

D．运输中因遭遇台风造成的部分货损

【解析】应选B、D。水渍险的责任范围主要包括自然灾害、意外事故造成的全部损失和部分损失、共同海损等。运输中因“天然”号过失与另一轮船相撞造成货损属于意外事故造成的损失，属于水渍险的承保范围，B是正确的。运输中因遭遇台风造成部分货损属于自然灾害造成的部分损失，属于水渍险的承保范围，D是正确的。货物在运输中由于外来原因造成的全部或者部分损失是一切险的承保范围，茶叶串味是外来原因，属于一切险承保范围，所以A是错误的。被保险货物的自然耗损、本质缺陷、特性以及市场价格的跌落、运输延迟引起的损失或费用属于保险的除外责任，不属于保险公司的赔偿范围，因此C是错误的。

3．一切险

一切险的承保责任范围除包括上面的平安险和水渍险的各种责任外，还负责被保险货物在运输过程中由于一般外来风险所造成的全部或部分损失，如偷窃、碰损、受潮受热、淡水雨淋、短量和包装破裂等。一切险不能和一般附加险一起投保，因为一切险中包括一般附加险。但是一切险可以和特殊附加险一起投保，例如一切险加保战争险或罢工险等。而平安险和水渍险可以加保一般附加险或特殊附加险。

上述三种基本险别，被保险人可以从中选择一种投保。险别不同，保险责任的范围也不同。一切险的保险范围和责任最大，水渍险次之，平安险最小，因此其保险费率也相对应的由高到低有所不同。

（二）附加险

附加险分为一般附加险和特殊附加险两类。

1．一般附加险

一般附加险是指由于一般外来风险所造成的全部或部分损失，包括：偷窃、提货不着险，

淡水雨淋险，短量险，混杂、玷污险，渗透险，破损、破碎险，串味险，钩损险，受潮、受热险，包装破裂险和锈损险，共 11 种险。

2. 特殊附加险

特殊附加险包括：战争险，罢工险，舱面险，进口关税险，拒收险，黄曲霉素险，交货不到险和货物出口到中国香港（包括九龙）或中国澳门存仓火险责任扩展条款。被保险货物运抵目的地中国香港或中国澳门，卸离运输工具后，如直接存放于保单载明的过户银行所指定的仓库，本保险对存仓火灾的责任至银行收回抵押款，解除货物的权益为止，或运输险责任终止时起满 30 天为止。这一保险是为了保障过户银行的利益，货物通过银行办理押汇业务，在货主未向银行归还货款前，货物的权益属于银行。因此，保险单上必须注明过户给放款银行。在此阶段，货物即使到达目的港，收货人也无权提取货物，货物一般存放在过户银行指定的仓库中，如在仓库期间，发生火灾，保险人负责赔偿。

三、国际货物运输保险承保责任的起讫期限

1. 基本险的责任起讫期限

平安险、水渍险和一切险的承保责任的起讫期限采用“仓至仓条款”。

“仓至仓条款”是指从被保险货物远离保险单上载明的启运港发货人的仓库开始，包括正常运输过程中的海上、陆上、内河和驳船运输在内，一直到货物运达保险单所载明的目的港收货人的仓库为止。该条款中所说的“远离”，是指货物一经离开发货人仓库，保险责任即开始；所指到达，是指货物一经进入收货人仓库，保险责任即终止。对在仓库发生的损失不负责赔偿。

如果货到目的港，因港口泊位拥挤或提单迟到等无法控制的原因，不能及时运到收货人仓库，则保险有效期可延长 60 天，60 天届满时，不论被保险货物有没有进入收货人的仓库，保险责任均告终止。如货物在 60 天内运达收货人仓库，则以运达时间为保险责任终止的时间。若收货人收货后，并不运往仓库，就对货物进行分配、转运则保险责任终止于分配、转运之时。

对“仓至仓条款”条款的理解要结合价格术语来看，例如，价格术语是 CIF 或 CFR 等，国际货物运输保险中保险公司承担的责任是水上运输这段期间，在陆地上运输这段期间，如果货物发生毁损或灭失保险公司不承担赔偿责任。不能完全理解为“仓库到仓库”。

2. 海运战争险的起讫期限

海运战争险的承保责任的起讫期限采用“岸到岸条款”，其责任起讫期限仅限于水上危险。它规定保险责任从货物装上保险单上所载明的启运港的海轮或驳船时开始，直到卸离保险单上所载明的目的港海轮或驳船为止。如果货物不卸离海轮或驳船，则保险责任最长延至货物抵达目的港之日午夜起算满 15 天为止。如在中途港转船，则不论货物在当地卸载与否，保险责任以海轮抵达该港或卸货地点的当日午夜起算满 15 天为止，待货物再装上续运的海轮时，保险公司仍继续负责。

3. 罢工险的责任起讫期限

罢工险的责任起讫期限采用“仓至仓条款”。

4. 扩展保险期限

被保险人可以要求扩展保险期限。例如，我们对某些内陆国家的出口业务，如在港口卸货转运内陆，无法按保险条款规定的保险期限在卸货后60天内到达目的地时，即可以申请扩展。经保险公司出具证明予以延长，但是需加收一定的保险费。在办理扩展责任时，必须注意，在买卖合同的保险条款中对扩展期限和扩展地点应做具体明确规定。对于没有铁路、公路、内河等正常运输线路的地区，除非事先征得保险公司的同意，一般不能规定扩展保险责任，对于散装货一般也不办理扩展责任。

四、保险公司的除外责任

不论是平安险、水渍险或一切险，根据保险公司保险条款的规定，对于下列各项损失和费用，保险公司不负责赔偿：

（1）被保险人的故意行为或过失行为所造成的损失。

（2）属于发货人责任所引起的损失。

（3）被保险人货物的自然耗损、本质缺陷、特征以及市场跌落所引起的损失或费用。

（4）在保险责任开始前，被保险货物已存在的品质不良或数量短差所造成的损失。

（5）属于海洋运输货物战争险条款和货物运输罢工险条款规定的责任范围和除外责任。

（6）运输迟延所引起的损失或费用。

五、诉讼时效

海洋货物运输保险的诉讼时效为2年，从被保险货物在最后卸货港全部卸离运输工具后起开始计算。

六、保险赔偿的支付

1. 保险索赔文件

保险事故发生后，保险人向被保险人支付保险赔偿前，可以要求被保险人提供与确认保险事故性质和损失程度有关的证明和资料。根据我国《保险法》第二十五条规定："保险人自收到赔偿或者给付保险金的请求和有关证明、资料之日起六十日内，对其赔偿或者给付保险金的数额不能确定的，应当根据已有证明和资料可以确定的数额先予支付；保险人最终确定赔偿或者给付保险金的数额后，应当支付相应的差额。"被保险人向保险人索赔时，通常应当提交保险单正本、提单、发票、装箱单、磅码单、货损货差证明、检验报告及索赔清单等。

2. 保险人的代位求偿权

《海商法》第二百五十二条规定，保险标的发生保险责任范围内的损失是由第三人造成的，被保险人向第三人要求赔偿的权利，自保险人支付赔偿之日起，相应转移给保险人。被保险人应当向保险人提供必要的文件和其所需要知道的情况，并尽力协助保险人向第三人追偿。保险人取得代位求偿权的时间是他赔付被保险人之日，从此时起，保险人可以而且应当以自己的名义向第三人要求赔偿，无须被保险人同意转让这一权利。

被保险人未经保险人同意放弃向第三人要求赔偿的权利，或者由于过失致使保险人不能行使追偿权利的，保险人可以相应扣减保险赔偿。

保险人支付保险赔偿时，可以从应支付的赔偿额中相应扣减被保险人已经从第三人取得的赔偿。保险人从第三人取得的赔偿，超过其支付的保险赔偿的，超过部分应当退还给被保险人。

3. 保险委付

保险标的发生推定全损，被保险人要求保险人按照全部损失赔偿的，应当向保险人委付保险标的。保险人在收到被保险人的委付通知后，可以自行决定是否接受委付，但应将其是否接受委付的决定，在合理的时间内通知被保险人。委付不得附带任何条件。委付一经保险人接受，不得撤回。保险人接受委付的，被保险人对委付财产的全部权利和义务转移给保险人。

在推定全损发生时，被保险人也可以选择救助和修复保险标的，不委付保险标的，而向保险人索赔部分损失，但最高索赔额以保险金额或保险价值中较低者为限。

本章小结

本章主要学习了：国际货物运输保险的概念、特征和基本原则；国际货物运输保险合同的概念、特征以及保险合同的主要内容，保险合同的订立、履行、变更和终止；国际海上货物运输保险的承保的风险、损失和费用，承担的基本险和附加险，承保责任的起讫期限，保险公司的除外责任，诉讼时效和保险赔偿的支付等内容。

复习思考题

一、简答题

1. 国际货物运输保险合同的特征有哪些？
2. 简述共同海损的条件。
3. 简述共同海损和单独海损的区别。
4. 什么是委付？它有什么特点？
5. 简述保险公司的除外责任。

二、案例分析题

1. 某货轮从天津新港驶往新加坡，在航行中船舶货舱起火，大火蔓延至机舱，船长为了货船的共同安全决定采取紧急措施，往舱中灌水灭火。火虽被扑灭，但由于主机受损，无法继续航行，于是船长决定雇用拖轮将货船拖回新港修理，检修后重新驶往新加坡。其中的损失与费用有：1 000 箱货被火烧毁；600 箱货由于灌水受到损失；主机和部分甲板被烧毁；拖轮费用；额外增加的燃料、船长及船员工资。

请指出上述损失中哪些是单独海损？哪些是共同海损？为什么？

2. 我某出口公司按CIF条件向某国出口一批海绵，向中国人民保险公司投保了一切险，并规定用信用证方式支付，我出口公司交货并完成了议付。第二天，客户来电，装货的海轮在海上失火，货物全部烧毁，并要求我公司出面向中国人民保险公司索赔，否则要求我公司退回全部货款。

请问：我公司是否应退回全部货款？为什么？

3. 有一载货海轮，在舱面上载有200辆卡车，航行途中遇到恶劣气候，海浪已将50辆卡车卷入海中，从而海轮在巨浪中出现严重倾斜，如不立即采取措施，海轮随时有翻船沉没的危险。在危急关头，船长下令将其余的150辆卡车全部抛入海中，从而求得船身在风浪中保持平衡。

试分析以上各种损失的性质，并指出根据英国伦敦“协会货物条款”需要投保何种险别，才能取得保险公司的赔偿？

4. 甲国A公司向乙国B公司出口一批货物，双方约定适用2010年《国际贸易术语解释通则》中CIF术语。该批货物由丙国C公司“乐安”号商船承运，运输中船舶搁浅，为起浮抛弃了部分货物。船舶起浮后继续航行中又因恶劣天气，部分货物被海浪打入海中。到目的港后发现还有部分货物因固有缺陷而损失。该批货物投了平安险，关于运输中的相关损失的认定以及赔偿，依据《海牙规则》，回答下列问题：

（1）为起浮抛弃了部分货物造成的损失保险公司是否赔偿？为什么？

（2）因恶劣天气部分货物被海浪打入海中的损失保险公司是否赔偿？为什么？

（3）承运人或保险公司是否对因固有缺陷的货物损失进行赔偿？为什么？

5. 中国甲公司以CIF向某国乙公司出口一批货物，信用证方式付款，有关运输合同明确约定适用《海牙规则》。甲公司在装船并取得提单后，办理了议付。两天后，甲公司接到乙公司来电，称装船的海轮在海上因雷击失火，该批货物全部烧毁。

请问：谁应向保险公司提出赔偿？为什么？

第八章

票据法

学习目标

掌握我国关于汇票、本票、支票的相关法律规定。能够运用所学的票据法知识分析、解决经济活动中的相关票据纠纷。

引导案例

甲公司从乙公司购进一批设备，价款为 80 万元，甲公司开出一张付款期限为 6 个月的远期汇票，付款人为 W 银行，甲公司将汇票交给了乙公司，丙公司在该汇票的正面记载了保证事项。乙公司取得汇票后，将该汇票背书转让给了丁公司。汇票到期，丁公司持票要求 W 银行付款时，遭到拒付，理由是甲公司的存款账户不足支付。丁公司遂请求乙公司付款。

以《中华人民共和国票据法》为依据回答：

（1）丁公司在票据未获付款的情况下是否有权向乙公司请求付款，为什么？

（2）丁公司在乙公司拒绝付款的情况下可否向甲、丙公司要求付款，为什么？

（3）如果丙公司代为履行了票据的付款义务，则丙公司可向谁行使追索权？

知识支撑

国际贸易的支付包括支付工具和支付方式，支付工具包括货币和票据。

支付工具中的货币可以是买方国家中的货币或者卖方国家中的货币，也可以是第三个国家中的货币；支付工具中的票据主要包括汇票、本票和支票，国际贸易中使用较广的是汇票，本票和支票在国内贸易中使用比较多。

支付方式主要包括汇付、银行托收和信用证，前两者属于商业信用，其风险相对比较大，后者属于银行信用，信用度比较高，所以国际贸易中使用信用证的结算方式比较广泛。但是随着国际贸易的快速发展，在很多外贸业务货款的支付中，汇付中的电汇方式使用比较多，因为卖方货款能及时收到，缺点是支付的费用比较多。

在本章中，我们主要介绍国际贸易支付工具中票据的相关法律制度。

第一节 票据和票据法

一、票据

（一）票据的概念

票据是指由出票人签发的，由自己或委托他人在见票时或指定日期无条件支付一定金额给收款人或持票人的有价证券。约定由自己付款，则为本票；约定由他人付款，则为汇票或支票。

涉外票据是指在出票、背书、承兑、保证、付款等行为中，既有发生在境内的又有发生在境外的票据。

票据有广义和狭义之分，我国《票据法》所指票据是狭义上的票据，仅包括汇票、本票和支票。

（二）票据的特征

关于票据的特征，各国观点基本相同。票据特征主要包括以下几项：

1. 票据是完全有价证券

有价证券是表示或代表一定财产权利的证券，而完全有价证券是有价证券的一种，该证券与权利不可分离。票据权利的发生必须作成票据；票据权利的转移必须交付票据；票据权利的行使必须提示票据。没有票据，就没有权利。因此票据是一种完全有价证券。

2. 票据是设权证券

票据作成后便创设了一种权利，即票据权利，这与股票、债券这些证权证券不同。

3. 票据是要式证券

票据必须具有法定的形式要件才能发生票据效力，才能得到法律保护。

4. 票据是文义证券

票据上的权利义务，完全根据票据上所记载的文字来确定，不考虑当事人的真实意思。

5. 票据是流通证券

票据最初创设时，就是为了解决大额资金转移不方便的问题，就是为了支付便利。票据的流通性是票据的价值所在，如果票据不可以流通，票据存在的价值就会大打折扣。票据的流通非常方便，票据上的权利，经背书或单纯的交付即可转移。

6. 票据是无因证券

票据的无因性不是指票据的签发、转让没有原因。相反，票据的签发和转让往往是有原因的，经常存在买卖关系、资金关系等基础关系，但是权利人取得票据权利只以持有票据为必要，至于产生票据及取得票据的原因则在所不问，即使这种原因关系无效，对票据关系也不产生影响。持有票据的人行使权利时无须证明其取得票据的原因，所以票据是无因证券。票据的无因性非常重要，正是因为无因性才能保证票据的流通性。如果票据权利的行使与基础关系联系，受让票据就会存在很大的风险，人们就不敢受让票据，票据就无法流通。票据无法流通，票据就失去了它赖以存在的生命力。

案例 8.1 甲交给乙一张经付款银行承兑的远期汇票，作为向乙订货的预付款，乙在票据上背书后转让给丙以偿还原先欠丙的借款，丙于到期日向承兑银行提示付款，遭到承兑银行的无理退票。丙随即向甲追索，甲以乙所交货物的质量不合格为由予以拒绝，丙再向乙追索，乙以汇票系甲开立为由推诿不理。丙遂向法院起诉，被告为甲、乙与银行三方。

请问：你认为法院将如何依法判决？理由何在？

【解析】根据票据的无因性，只要持票人合法持有票据，就享有票据权利，该票据权利不受基础关系的影响。甲不能以其与乙的基础关系对抗票据关系，其为出票人，应对票据遭到拒付承担责任。乙为背书人、银行为承兑人，其都有义务接受追索，保证票据权利的实现。

7. 票据是金钱证券

票据是金钱证券或货币证券。绝大多数国家的票据法规定只允许以金钱作为票据给付的标的，并且原则上讲其金额必须是确定的。

（三）票据的种类

各国票据法均对票据采取法定主义，不允许有法律规定之外的票据存在。票据立法上的分类各国不尽相同。如英国《票据法》中规定了汇票、本票和支票，美国《统一商法典》中规定了汇票、本票、支票和存款单四种票据。德、法、日的票据法将票据分为汇票和本票，不包括支票，支票规定在其他法律中。我国票据法规定票据包括汇票、本票和支票三种。

二、票据法

（一）票据法的概念和调整对象

票据法是指调整汇票、本票、支票等票据的签发、转让和当事人之间权利和义务关系的法律规范的总称。

票据法有广义和狭义之分。广义的票据法是指各种法律中有关票据规定的总称，除了以票据法名称颁布的法律外，还包括其他法律法规中有关票据的规定，如《刑法》中有关票据欺诈罪的规定，《民事诉讼法》中有关公示催告等的规定。

狭义的票据法仅指对票据的专门立法，主要指 1995 年 5 月 10 日第 8 届全国人民代表大会常务委员会第 13 次会议通过，2004 年 8 月 28 日修正的《中华人民共和国票据法》（以下简称《票据法》）。《票据法》颁布后，中国人民银行于 1997 年 8 月 21 日发布了《票据管理实施办法》，于 1997 年 9 月 19 日又发布了《支付结算办法》，对进一步规范票据、促进企业结算业务的开展起到重要作用。目前票据主要限于我国银行结算领域。

票据法的调整对象包括：票据的种类、形式和内容，票据的签发、转让和流通，票据当事人之间的权利和义务关系，以及救济措施等。

（二）票据法的特征

1. 技术性

票据的出现就是为了能给商事活动带来便利。为了保证票据使用的方便与安全、便于管理和操作而设计出的一整套的技术性规定。

2. 强制性

票据法中的规范几乎都是强制性规范，不允许当事人任意变更。比如票据的种类、票据的内容、票据当事人的权利义务等都必须依据法律的规定。

3. 国际统一性

国际贸易越发达，票据在国际间的流通量就越大。为解决票据在国际流通中因各国票据法规定不同而引起的贸易争端，充分发挥票据的经济职能，19 世纪后期就掀起了票据法国际统一化运动。大陆法系包括法、德等很多国家都加入了《日内瓦统一汇票本票法》和《日内瓦统一支票法》，这些国家的票据法基本相同，都是以日内瓦统一票据法为蓝本的。因此，票据法的国际化程度是很高的。

三、票据法律关系

1. 票据关系

票据关系是指票据当事人之间因票据行为而直接产生的票据上的权利义务关系。比如，因出票行为形成的出票人与收款人之间的关系，因背书行为形成的背书人与被背书人之间的关系。

2. 票据基础关系

票据基础关系是指票据关系赖以产生的民事基础法律关系。比如票据原因关系、票据资金关系。出票人出票后因出票行为形成票据关系，但出票人为何出票一般是有原因的，可能他与收款人之间存在买卖关系，也可能存在借贷关系，这里的买卖关系或借贷就是票据基础关系。

票据关系与票据基础关系有联系，但独立于基础关系。票据关系与票据基础关系相分离。

票据基础关系的效力一般不会影响票据关系的效力。

3. 票据法律关系的当事人

票据法律关系的当事人是指享有票据权利、承担票据义务的票据法律关系的主体。分为基本当事人和非基本当事人。基本当事人是票据作成交付时就已存在的当事人，汇票的基本当事人是出票人、付款人和收款人三个；本票的基本当事人有出票人、收款人两个，因为本票是本人签发本人付款，所以付款人就是出票人；支票的基本当事人是出票人和付款人，可以没有持票人。非基本当事人是指在票据作成并交付后，通过一定的票据行为加入票据关系而享有一定权利、义务的当事人，包括承兑人、背书人、被背书人、保证人等。

票据的所有当事人都置身于债权债务关系中，票据的债权人为持票人，而票据的债务人根据所负的责任可以将其分为第一债务人和第二债务人，第一债务人为主债务人，是对持票人负有付款义务的当事人；第二债务人是偿还义务人，是对持票人负有担保付款义务的当事人，即当主债务人不能满足持票人的付款要求时负偿还义务的当事人。原则上持票人应该先向主债务人行使付款请求权，遭到拒绝后再行使追索权。其实票据的主债务人是出票人和承担保证的保证人。

第二节　票据行为

一、票据行为的概念

票据行为有广义和狭义之分。

广义的票据行为是指以发生、变更或消灭票据的权利义务关系为目的法律行为，包括出票、背书、承兑、保证、参加承兑、付款、参加付款、追索等行为在内。

狭义的票据行为专指以设立票据债务为目的的行为，只包括出票、背书、承兑、保证、参加承兑等，不包括解除票据债务的付款、参加付款、追索等。我国《票据法》没有参加制度，只有出票、背书、承兑、保证、付款、追索等票据行为。出票为主票据行为，或称基本票据行为，因为没有出票就没有其他票据行为的存在。其他都是从票据行为，或称附属票据行为。

二、票据行为的种类

如上所述，票据行为有广义与狭义之分，这里仅介绍几种狭义的票据行为。

1. 出票

出票是指出票人依照法定形式作成票据并交付于受款人的行为。它包括“作成”和“交付”两种行为。所谓“作成”就是出票人按照法定款式制作票据，在票据上记载法定内容并签名。由于现在各种票据都由一定机关印制，因而所谓“作成”只是填写有关内容和签名而已。所谓“交付”是指根据出票人本人的意愿将其交给受款人的行为，不是出于出票人本人意愿的行为如偷窃票据不能称作“交付”，因而也不能称作出票行为。

注意：出票人必须具有完全民事行为能力，无民事行为能力人和限制行为能力人出具的票据不具有法律效力，即出票行为无效，但是不影响票据本身的效力。

2. 背书

背书是指持票人转让票据权利给他人。票据的特点在于其流通性。票据转让的主要方式是背书。背书转让是持票人的票据行为，只有持票人才能进行票据的背书转让。背书是转让票据权利的行为，票据一经背书转让，票据上的权利义务也随之转让给被背书人。

3. 承兑

承兑是指汇票的付款人承诺负担票据债务的行为。承兑为汇票所独有。汇票的发票人和付款人之间是一种委托关系，出票人签发汇票，并不等于付款人就一定付款，持票人为确定汇票到期时能得到付款，在汇票到期前向付款人进行承兑提示。如果付款人签字承兑，那么他就对汇票的到期付款承担责任，否则持票人有权对其提起诉讼。承兑只能针对远期汇票，即期汇票、本票和支票不存在承兑行为。

4. 参加承兑

参加承兑是指票据的预备付款人或第三人为了特定票据债务人的利益，代替承兑人进行承兑，以阻止持票人于汇票到期日前行使追索权的一种票据行为。它一般是在汇票得不到承兑、付款人或承兑人死亡、逃亡或其他原因无法承兑、付款人或承兑人被宣告破产的情况下发生。

5. 保证

保证是指除票据债务人以外的人为担保票据债务的履行、以负担同一内容的票据债务为目的的一种附属票据行为，保证人承担的是无限连带责任。票据保证的目的是担保其他票据债务的履行，适用于汇票和本票，不适用于支票。

6. 保付

保付是指支票的付款人向持票人承诺负绝对付款责任的一种附属票据行为。

保付是支票付款人的一种票据行为。支票一旦经付款人保付，在支票上注明“照付”或“保付”字样，并经签名后，付款人便负绝对付款责任，不论发票人在付款人处是否有资金，也不论持票人在法定提示期间是否有提示，或者即使发票人撤回付款委托，付款人均须按规定付款。

三、票据的具体操作

在具体操作时，票据行为表现为票据当事人把行为的意思按照法定的方式记载在票据上，并由行为人签章后将票据交付。它包括三方面内容，即记载、签章和交付。

（1）所谓记载，通俗地讲就是票据当事人在票据上写明所要记载的内容，如签发票据时应写明票据的种类、金额、无条件支付命令、签发票据日期以及其他需要明确的内容，承兑汇票时写上“承兑”字样，保证时应写上“保证”或“担保”字样。

（2）所谓签章，即是指签名、盖章或签名加盖章，它表明行为人对其行为承担责任。自然人签章是指在票据上亲自书写其姓名或加盖其私章。法人和其他使用票据单位的签章为该法人或者该单位的盖章加其法定代表人或其授权的代理人的签章。按照《票据法》规定，在票据上的签名应当为该当事人的本名，而不能用笔名、艺名等来代替。

（3）所谓交付，是指票据行为人应将票据交付给执票人。票据行为人在票据上进行记载，并进行签章后，票据还不能发生法律效力，只有票据被交付给了对方，票据才能发生法律效力。

四、票据行为的特征

1. 要式性

票据行为是一种法律行为，法律对每一种票据行为都规定了必要的形式，只有满足了法律规定的形式要求，票据行为才有效，才受到法律的保护。

2. 文义性

票据行为的内容以票面上的文字记载为准。即使票面记载与实际情况不符，也以票面为准，不允许当事人提供其他证据或以约定排除或变更票面记载的内容。

3. 无因性

票据行为的无因性（也叫抽象性）是指票据行为只需要具备抽象的形式要件就可生效，而不问票据行为产生的基础关系。票据行为的基础关系如买卖关系、借贷关系、资金关系的效力不会影响票据行为的效力。持票人行使票据权利不需证明原因关系的存在或说明原因关系的合法性。

4. 独立性

票据行为的独立性是指在票据上所为的各种票据行为是相互独立的，一行为的无效或撤销，均不影响其他行为的效力。

第三节　票据权利

一、票据权利的概念

票据权利是指持票人向票据债务人请求支付票据金额的权利，包括付款请求权和追索权。

付款请求权是指持票人向票据主债务人或其他付款义务人请求支付票据上所载金额的权利。行使付款请求权的权利人是持票人。该持票人可以是票据上记载的收款人，也可以是最后的被背书人。付款请求权是票据上的第一次请求权。

追索权是指持票人行使付款请求权遭到拒绝或有其他法定原因时，向其前手请求偿还票据金额及其他法定款项的权利。付款请求权无法实现才可以行使追索权，所以追索权是第二次请求权。

二、票据权利的取得

票据权利的取得是指依一定的法律事实而享有票据权利。票据是一种完全有价证券，要取得票据权利必须持有票据。票据权利的取得可以分为原始取得和继受取得。

（一）原始取得

原始取得包括出票取得和善意取得。

1. 出票取得

出票取得是指收款人因出票人签发票据并交付给收款人而获得票据权利，不是因为受让其他人持有的票据而获得票据权利。

2. 善意取得

善意取得是指票据受让人依票据法规定的转让方法，善意地从无处分权人处取得票据，从而取得票据权利。世界各国基本都承认善意取得制度。

票据权利的善意取得必须符合以下构成要件：

（1）必须是从无处分权人处取得票据。这里的无处分权人，是指善意受让人的直接前手而非他人。如果善意取得的直接前手是有权处分人，则其转让票据就是票据的正常流通，则其后手当然取得票据权利，不需要适用善意取得。

（2）必须是依票据法规定的票据转让方式取得票据。根据我国票据法的规定，受让人必须依背书方式取得票据，并且能够以背书连续证明自己为合法持票人。

（3）受让人必须是善意。所谓善意是指无恶意或重大过失。恶意就是明知让与人无让与权利；重大过失就是欠缺一般人应有的注意，没有发现让与人无让与权。对于受让人善意的判断，应以受让人取得票据时的情况为判断标准，且其注意义务也仅限于其直接前手。受让人就其善意与否，不负举证责任。

（4）必须支付对价。如果持票人取得瑕疵票据虽出于善意但未付出对价也不能主张善意取得。

我国《票据法》规定如下：

票据的取得，必须给付对价，即应当给付票据双方当事人认可的相对应的代价。

因税收、继承、赠与可以依法无偿取得票据的，不受给付对价的限制。但是，所享有的票据权利不得优于其前手的权利。

以欺诈、偷盗或者胁迫等手段取得票据的，或者明知有前列情形，出于恶意取得票据的，不得享有票据权利。

持票人因重大过失取得不符合《票据法》规定的票据的，也不得享有票据权利。

（二）继受取得

继受取得是指持票人依票据法的规定从有处分权人处取得票据的方法，比如因背书、继承、赠与等方式取得票据。

三、票据权利的行使和保全

票据权利的行使是指票据权利人向票据债务人提示票据并请求其履行其票据债务的行为。主要包括：向付款人提示票据请求承兑；向付款人或承兑人提示票据行使付款请求权；向票据债务人行使追索权。

票据权利的保全是指票据权利人为防止票据权利丧失而进行的行为，主要包括为防止追索权丧失依期提示付款、提示承兑，依期作成拒绝证书的行为。

四、票据权利的消灭

票据权利的消灭是指因发生一定的法律事实而使票据权利不复存在。票据权利消灭之后，票据上的债权、债务关系也随之消灭。一般情况下，票据权利可因履行、免除、抵销等非票据法上的原因而消灭。这里主要说明票据权利因票据法上的原因而消灭的情形。

1. 付款

付款人向持票人支付票据所载款项的行为，会使所有票据权利归于消灭。付款是最正常、最基本的票据权利消灭的原因。

2. 欠缺保全手续

没有依期提示付款、提示承兑，依期作成拒绝证书会使持票人丧失追索权。

3. 除权判决

票据丧失后，原票据权利人或失票人可以请求法院进行公示催告，公示催告期限届满而无人申报票据权利的，法院应作出除权判决，即判决原票据消灭票据权利。而失票人可以持除权判决申请法院判令票据债务人向其支付票据金额。

4. 善意取得

票据丧失后被他人善意取得的，善意取得人依法享有票据权利，而失票人则丧失票据权利。

5. 时效届满

持票人在票据时效内对相应的票据债务人不行使票据权利的，因时效届满而消灭票据权利。根据我国《票据法》第十七条之规定，票据权利因在一定期限内不行使而消灭的情形有四种：

（1）持票人对票据的出票人和承兑人的权利，自票据到期日起二年。见票即付的汇票、本票，自出票日起二年。

（2）持票人对支票出票人的权利，自出票日起六个月。

（3）持票人对前手的追索权，自被拒绝承兑或者被拒绝付款之日起六个月。

（4）持票人对前手的再追索权，自清偿日或者被提起诉讼之日起三个月。

根据《最高人民法院审理票据纠纷案件若干问题的规定》第十三条和第十八条之规定，前述4种情形中，第（1）种和第（2）种所指的权利，包括付款请求权和追索权；第（3）种和第（4）种所指的追索权，不包括对票据出票人的追索权。

五、票据抗辩

（一）票据抗辩的概念

票据抗辩是指票据债务人根据票据法的规定提出相应的事实和理由，对票据债权人拒绝履行票据义务的行为。拒绝履行票据义务的事由叫抗辩事由，票据债务人提出抗辩事由拒绝履行票据债务的权利，叫票据抗辩权。

（二）票据抗辩的种类

我国票据法依据抗辩对象不同将票据抗辩分为两类：对物抗辩和对人抗辩。世界各国也都有票据抗辩的规定。

1. 对物抗辩

票据抗辩中，一切票据债务人或特定票据债务人可以对抗任何持票人的抗辩，称为对物抗辩。因其是基于票据本身所存在的事由，而非针对某当事人的抗辩，所以叫对物抗辩。

（1）一切票据债务人可以主张的对物抗辩主要有：①票据欠缺应记载的内容；②票据未到期；③票据已经依法付款；④票据已作出除权判决；⑤票款已依法提存。

（2）特定票据债务人可以主张的对物抗辩主要有：①欠缺票据行为能力；②票据系伪造及变造；③票据因时效而消灭（比如只丧失追索权，则出票人就不可以提出此种抗辩）。

2. 对人抗辩

票据抗辩中，一切票据债务人或特定票据债务人可以对抗特定持票人的抗辩，称为对人抗辩。因其与当事人自己的行为相关，所以叫对人抗辩。这种抗辩是基于当事人之间的特定关系而产生的，一旦持票人发生变更，就不得行使该种抗辩。

（1）一切票据债务人可以主张的对人抗辩主要有：持票人恶意取得票据，不享有票据权利。如持票人以欺诈、胁迫、偷盗、拾遗等方式取得票据。

（2）特定票据债务人可以主张的对人抗辩主要有：①票据原因关系不合法，比如为支付赌债而签发的票据。但这种抗辩一般只能是直接前后手之间。②基础合同未按约定履行。我国《票据法》第十三条规定，票据债务人可以对不履行约定义务的与自己有直接债权债务关系的持票人进行抗辩。比如甲与乙签订一买卖合同，甲为支付货款签发一张10万元的汇票给乙，乙又将该汇票背书转让给丙。后乙未按合同交付货物。汇票到期，丙持汇票去付款人处取款时遭到拒付，如果丙向乙追索，乙偿还后向甲追索时，则甲可以乙未履行基础合同为由抗辩。

案例 8.2 张三因欠李四赌债签发一张10万元的支票给李四，李四因购买王五的货物将该支票转让给了王五，王五不知张三因欠赌债签发票据。王五持支票请求付款人付款时遭到拒付后向前追索。请问：

（1）如王五向李四追索，李四可否行使抗辩权？

（2）如王五向李四追索，李四偿还后向张三追索，张三可否以该支票的原因关系不合法抗辩？

【解析】

（1）如王五向李四追索，李四不可行使抗辩权。王五通过合法方式从李四手中取得票据，根据票据的无因性，王五可以取得票据权利。

（2）李四向张三追索，张三可以该支票的原因关系不合法抗辩。

六、票据的伪造和变造

（一）票据的伪造

1. 票据伪造的概念

票据伪造是指假冒他人或虚构他人名义而进行的票据行为。即假冒或虚构他人名义在票据上签章。我国《票据法》第十四条规定，伪造、变造票据上的签章和其他记载事项的，应当承担法律责任。票据上有伪造、变造的签章的，不影响票据上其他真实签章的效力。

2. 票据伪造的法律效力

（1）对被伪造人：被伪造人由于自己没有在票据上签名或盖章，所以不负任何票据责任。

（2）对伪造人：伪造人以他人的名义签章，不是以自己的名义，其也不负票据责任。但伪造人应承担民事侵权责任，也有可能承担刑事责任或行政责任。

（3）对其他真实签章人：票据的伪造行为，不影响其他在票据上真正签章人所为的票据行为的效力，这是票据行为独立性的表现。

（4）对持票人：一切持票人（包括善意持票人），都不能要求伪造者或被伪造者承担票据责任。只能要求票据上真正签章的人承担票据责任或向伪造者要求承担赔偿责任。

（5）对付款人：付款人如果未能审查出票据是伪造的而对持票人付款，则其付款行为有效。付款人由此遭受的损失只能通过民法上的途径解决。

（二）票据的变造

1. 票据变造的概念

票据变造是指对票据记载事项没有变更权的人，以实施票据行为为目的，对票据上除签章以外的记载事项进行变更，从而使票据权利义务关系内容发生改变的行为。比如改变票据的日期、金额等。

2. 票据变造的效力

多数国家认为票据上的文义发生改变时，签名在变造之前的，依原有文义负责；签名在变造之后的，依变造文义负责。我国《票据法》第十四条规定，票据上其他记载事项被变造的，在变造之前签章的人，对原记载事项负责；在变造之后签章的人，对变造之后的记载事项负责；不能辨别是在票据被变造之前或者之后签章的，视同在变造之前签章。

七、票据的丧失与补救

（一）票据丧失的定义

票据丧失是指持票人非出于自己的本意而丧失对票据占有的情形。比如票据因遗失、被盗、焚烧、撕碎等原因失去。

（二）票据丧失的补救措施

票据是完全有价证券，票据权利的行使离不开对票据本身的占有。因此票据的丧失对持票人的利益影响很大。为了保护持票人的利益，各国都规定了票据丧失的补救措施。大陆法系国家通常采取公示催告程序，英美法系国家则大都采取直接诉讼方式。我国《票据法》既规定了公示催告的方式，又规定了直接进行普通诉讼的方式。下面简单介绍我国《票据法》的规定。

1. 公示催告

（1）挂失止付。

挂失止付是票据丧失后，失票人将票据丧失的情况通知付款人，接受通知的付款人暂停支付，以防止票据款项被他人所得，暂时保全失票人票据权利的一种补救措施。此措施不是补救措施的必经程序，只是暂时性的补救措施，失票人也可直接向法院申请公示催告。另外挂失止付后如果不在规定期限内向法院申请公示催告，付款人就会解除止付，并且对由此造成的损失不负责。

我国《票据法》规定：

票据的丧失，失票人可以及时通知票据的付款人挂失止付，但是，未记载付款人或者无法确定付款人及其代理付款人的票据除外。

收到挂失止付通知的付款人，应当暂停支付。

失票人应当在通知挂失止付后3日内，也可以在票据丧失后，依法向人民法院申请公示催告，或者向人民法院提起诉讼。

（2）由失票人向人民法院提出申请。

失票人在挂失止付后，或不经挂失直接向法院提出公示催告的申请。申请人应当向人民法院递交申请书，写明票面金额、出票人、持票人、背书人等票据主要内容和申请的理由、事实。

（3）人民法院受理申请。

法院对申请进行审查后，如果认为申请合格，则受理当事人申请。人民法院决定受理申请，应当同时通知支付人停止支付。

（4）公示催告。

人民法院决定受理申请，应在三日内发出公告，催促现持票人申报权利。公示催告的期间，由人民法院根据情况决定，但不得少于60日。

法院采取登报或张贴的方式催告现持票人在一定期间内向法院申报权利，并且告知如不在该期间内申报权利，将丧失该权利。

（5）权利的申报和对票据的检查。

现持票人应当在公示催告期间向人民法院申报。人民法院收到现持票人的申报后，通知申请人和支付人。申请人对票据检查后，如失票人与现持票人就谁行使票据权利无争执，则应当裁定终结公示催告程序，如失票人与现持票人对票据权利有争议，也应当裁定终结公示催告程序，而由失票人与现持票人另行诉讼解决。

（6）除权判决。

如果公示催告期已过还无人申报权利，则由失票人申请，人民法院作出宣告票据无效的除权判决。判决应当公告，并通知支付人。自判决公告之日起，申请人有权向支付人请求支付。

2. 普通诉讼

我国《票据法》也吸取了英美票据法的制度。我国《票据法》第十五条规定，票据丧失后，失票人也可不经挂失止付和公示催告程序直接向人民法院提起诉讼，请求票据债务人支付票据金额。失票人提起诉讼时应提供相应的担保，以补偿一旦有善意持票人向票据债务人主张票据权利而使票据债务人遭受损失。

第四节 我国关于汇票、本票、支票的规定

一、汇票

（一）汇票的含义

汇票是出票人签发的，委托付款人在见票时或者在指定日期无条件支付确定的金额给收款人或者持票人的票据。汇票是最重要的票据类型，也是在国际贸易中使用最多的票据，我国《票据法》对汇票的规定也是最详尽、最全面的。

汇票的基本当事人有三个，即出票人、付款人和收款人。出票人是票据的义务人，收款人为票据的权利人，付款人既不是权利人也不是义务人，他是票据的关系人。

（二）汇票的种类

根据不同的标准可将汇票分成不同的种类。

1. 按出票人不同，可分为银行汇票和商业汇票

银行汇票是以银行为出票人的汇票。商业汇票是以银行以外的企事业单位、机关、团体为出票人的汇票。比如在国际贸易中，信用证和托收项下一般都是出口商主动开票收款，所以使用的是商业汇票，在汇付中票汇情况下，是进口商向汇出银行购买汇票给出口商，此时用的是

银行汇票。

2. 按付款期限不同，可分为即期汇票和远期汇票

即期汇票也称见票即付的汇票。即期汇票在汇票上记载“见票即付”或不记载付款日期。即期汇票持票人可直接向付款人提示付款，不需承兑。

远期汇票是指汇票上记载了到期日，持票人应于到期日前向付款人提示承兑，付款人承兑后变成承兑人，持票人在到期日向承兑人提示付款，承兑人才有义务付款的票据。远期汇票一定要承兑。远期汇票根据到期日的记载方式不同，又可分为定日付款、出票后定期付款、见票后定期付款三种。

3. 按承兑人不同，可分为商业承兑汇票和银行承兑汇票

承兑人为银行以外的主体，为商业承兑汇票。承兑人为银行的，为银行承兑汇票。如在国际贸易中，D/A 或 D/P 远期所使用的汇票经进口商承兑后，就是商业承兑汇票，远期信用证使用的汇票经承兑行承兑后就是银行承兑汇票。

4. 按汇票是否附随商业单据，分为光票和跟单汇票

光票是在付款时无须附随其他单据的汇票。跟单汇票是需要附随提单、仓单、保险单、装箱单、商业发票等单据才能进行付款的汇票。国际贸易中使用跟单汇票较多，而国内贸易一般都用光票。

（三）汇票的票据行为

1. 出票

（1）出票的含义。

出票是指出票人签发汇票并将其交付给收款人的行为。它包括两个行为：一是在票据上记载法定记载事项并签章；二是交付票据。

（2）出票的记载事项。

①绝对必要记载事项：是指汇票上必须记载的，缺少任何一项，汇票都将无效。这类事项包括：表明“汇票”的字样；无条件支付的委托；确定的金额；付款人名称；收款人名称；出票日期；出票人签章。

②相对必要记载事项：票据法规定应记载的事项，但如未记载不影响汇票的效力。这类事项包括：付期日期；付款地；出票地。

汇票上未记载付款日期的，为见票即付。

汇票上未记载付款地的，付款人的营业场所、住所或者经常居住地为付款地。

汇票上未记载出票地的，出票人的营业场所、住所或者经常居住地为出票地。

③任意记载事项：出票人可以自由选择是否记载该事项，但一经记载，即发生票据法上的效力。如在汇票上记“不得转让”。

④非法定记载事项：该事项在汇票上记载不产生票据效力。比如在汇票上记载合同号码、货物型号等。

⑤出票不得附条件。出票附条件的，票据无效。

（3）出票的效力。

对出票人：出票人签发汇票后，即承担保证该汇票承兑和付款的责任。出票人在汇票得不

到承兑或者付款时，应当向持票人清偿票面金额和其他追索费用。

对付款人：出票人委托付款人进行付款只是出票人在票据上的单方面意思表示，付款人并不因此承担票据义务，他可以选择付款或拒付。虽然他拒付可能违反了他与出票人之间票据外的其他约定，但在票据关系上他并没有义务。

对收款人：出票一经完成，收款人就获得了票据权利。其享有付款请求权、追索权和依法转让票据的权利。

2. 背书

（1）背书的含义。

背书是指持票人在票据的背面或者粘单上记载有关事项，签章后将汇票权利转让给他人或者将一定的汇票权利授予他人行使的票据行为。

（2）背书的记载事项。

背书的必须记载事项是背书人签章及被背书人名称。我国《票据法》第三十条规定，汇票以背书转让或者以背书将一定的汇票权利授予他人行使时，必须记载被背书人名称。但根据最高人民法院《关于审理票据纠纷案件若干问题的规定》第四十九条的规定，背书人未记载被背书人名称即将票据交付他人的，持票人在票据被背书人栏内记载自己的名称与背书人记载具有同等法律效力。由此可见，我国实际承认空白背书的存在。

背书未记载日期的，视为在汇票到期日前背书。

背书不得附条件，背书附条件的，所附条件不具有汇票上的效力，但背书行为依然有效。

此外，我国票据法不允许部分背书和分别背书。

（3）禁止背书转让的记载。

出票人在票据的正面记载“不得转让”字样，其后手再背书转让的，不发生票据法上的效力，出票人对受让人不承担票据责任。

背书人如在汇票的背面记载“不得转让”字样，其后手再背书转让的，则记载“不得转让”的背书人只对其直接后手负担保责任。

（4）背书的连续性。

我国《票据法》规定：以背书转让的汇票，背书应当连续。持票人以背书的连续，证明其汇票权利；非经背书转让，而以其他合法方式取得汇票的，依法举证，证明其汇票权利。

背书连续是指在票据转让中，转让汇票的背书人与受让汇票的被背书人在汇票上的签章依次前后衔接。背书连续主要是指背书在形式上的连续。

以背书转让的汇票，后手应当对其直接前手背书的真实性负责。

3. 承兑

（1）承兑的含义。

承兑是指汇票付款人承诺在汇票到期日支付汇票金额的票据行为。承兑是汇票特有的制度。远期汇票都必须在到期日前承兑，也只有远期汇票才需要承兑。

（2）承兑的记载事项。

承兑记载事项包括：承兑文句、承兑人签章和承兑日期。承兑日期为相对必要记载事项。

如承兑人未记载承兑日期，则以持票人提示承兑之日起的第 3 日，即付款人 3 天承兑期的最后一天。但见票后定期付款的汇票，必须记载承兑日期，因为承兑日期关系到汇票到期日的计算。

（3）提示承兑。

提示承兑是指持票人向付款人出示汇票，并要求付款人承诺付款的行为。

即期汇票无须承兑。定日付款或者出票后定期付款的汇票，持票人应当在汇票到期日前向付款人提示承兑。见票后定期付款的汇票，持票人应当自出票日起一个月内向付款人提示承兑。

汇票未按照规定期限提示承兑的，持票人丧失对其前手的追索权。

（4）拒绝承兑。

付款人对向其提示承兑的汇票，应当自收到提示承兑的汇票之日起 3 日内承兑或者拒绝承兑。期满后既不表示承兑，也不表示拒绝的，应视为拒绝承兑。

付款人承兑汇票，不得附有条件；承兑附有条件的，视为拒绝承兑。

（5）承兑的效力。

付款人承兑汇票后，应当承担到期付款的责任。付款人承兑前，并不承担票据义务，一旦承兑，即成为票据的主债务人，承兑人于票据到期日必须向持票人无条件地支付汇票上的金额。除非票据权利因时效届满而消灭，否则，持票人就有权向承兑人请求付款。

案例 8.3 A 企业 2021 年 2 月 7 日向 B 企业签发一张出票后 3 个月付款的银行承兑汇票，汇票金额为 100 万元，承兑人是甲银行。B 企业将该承兑汇票背书转让给了 C 企业，C 企业又背书转让给 D 企业，汇票于 5 月 7 日到期以后，持票人 D 企业于 5 月 10 日向甲银行提示付款。甲银行以 A 企业的资金账户只有 80 万元为由拒绝付款。请问：甲银行的主张是否符合法律规定?

【解析】甲银行的主张不符合法律规定。我国《票据法》规定，承兑人不得以其与出票人之间资金关系来对抗持票人，拒绝支付汇票金额。汇票一经承兑，承兑人就成为汇票的主债务人，承兑人于汇票到期日必须向持票人无条件地当日足额付款，否则其必须承担迟延付款责任。

4. 保证

（1）保证的含义。

保证是指汇票债务人以外的他人，为担保特定票据债务人履行票据债务而在票据上所为的一种附属票据行为。当票据权利不能实现时，票据保证人与票据被保证人以及其他票据债务人一起承担连带责任。

（2）保证事项的记载。

根据我国《票据法》规定，票据保证人为保证行为，必须在汇票或者粘单上记载下列事项：①表明“保证”的字样；②保证人名称和住所；③被保证人的名称；④保证日期；⑤保证人签章。

其中①和⑤是必须记载事项，缺少一项，保证无效。未记被保证人的名称，已承兑的汇票，承兑人为被保证人；未承兑的汇票，出票人为被保证人。未记保证日期，出票日期为保证日期。

（3）保证人责任。

我国《票据法》第五十条规定，被保证的汇票，保证人应当与被保证人对持票人承担连带责任。汇票到期后得不到付款的，持票人有权向保证人请求付款，保证人应当足额付款。

（4）保证人的权利。

我国《票据法》第五十二条规定，保证人清偿汇票债务后，可以行使持票人对被保证人及其前手的追索权。

5. 付款

（1）付款的含义。

汇票的付款是指汇票的付款人或承兑人在汇票到期时向持票人支付汇票金额，以消灭票据关系的行为。

（2）提示付款的时间。

我国《票据法》第五十三条规定，持票人应当按照下列期限提示付款：

①见票即付的汇票，自出票日起一个月内向付款人提示付款。

②定日付款、出票后定期付款或者见票后定期付款的汇票，自到期日起10日内向承兑人提示付款。

对于付款提示的时间，我国票据法与英国票据法、日内瓦公约规定都不同。

（3）付款人付款的时间。

我国票据法规定，持票人依照法律规定提示付款的，付款人必须在当日足额付款。对于付款的时间，我国票据法与日内瓦公约规定相同，都是当日付款，没有优惠日，而英国票据法则规定远期汇票可以有3天的优惠日。

（4）付款的效力。

付款人依法足额付款后，全体汇票债务人的责任解除。汇票上的债权债务关系即告消灭。付款人在付款时可要求持票人在汇票上签名注明“收讫”字样，并把汇票交给收款人。

6. 追索

（1）追索和追索权的概念。

追索是指持票人在汇票期前未获承兑或到期未获付款或有其他原因时，在依法采取保全手续后，向其前手请求偿还汇票金额及其他金额的票据行为。通过追索，获得汇票金额及其他金额的权利叫追索权。我国《票据法》第六十一条规定，汇票到期被拒绝付款的，持票人可以对背书人、出票人以及汇票的其他债务人行使追索权。

追索的当事人包括追索权人和偿还义务人。追索权人包括最后持票人和已为清偿的原票据债务人，即已向自己的后手清偿票据金额及其他金额的持票人。偿还义务人包括出票人、背书人、承兑人和保证人。

（2）追索权行使的情形。

我国《票据法》第六十一条规定了两种追索权行使的情形。

①到期追索。汇票到期被拒绝付款的，持票人可以对背书人、出票人以及汇票的其他债务人行使追索权。

②期前追索。汇票到期日前，有下列情形之一的，持票人也可以行使追索权：

a. 汇票被拒绝承兑的。

b. 承兑人或者付款人死亡、逃匿的。

c. 承兑人或者付款人被依法宣告破产的或者因违法被责令终止业务活动的。

（3）追索权的保全。

持票人行使追索权必须要履行一定的保全手续。保全手续包括：

①在法定提示期限提示承兑或提示付款。

②取得拒绝证明。持票人不能出示拒绝证明的，将丧失对其前手的追索权。拒绝证明主要有拒绝证书、退票理由书和在汇票上记载拒绝事由等形式。

（4）追索权行使的程序。

①发出追索通知。

根据我国《票据法》第六十六条的规定，持票人应当自收到被拒绝承兑或者被拒绝付款的有关证明之日起 3 日内，将被拒绝事由书面通知其前手；其前手应当自收到通知之日起 3 日内书面通知其再前手。持票人也可以同时向各汇票债务人发出书面通知。

未按照前款规定期限通知的，持票人仍可以行使追索权。因延期通知给其前手或者出票人造成损失的，由没有按照规定期限通知的汇票当事人，承担对该损失的赔偿责任，但是所赔偿的金额以汇票金额为限。

在规定期限内将通知按照法定地址或者约定的地址邮寄的，视为已经发出通知。

②确定追索对象。

根据我国《票据法》第六十八条和六十九条规定，汇票的出票人、背书人、承兑人和保证人对持票人承担连带责任。持票人可以不按照汇票债务人的先后顺序，对其中任何一人、数人或者全体行使追索权。持票人对汇票债务人中的一人或者数人已经进行追索的，对其他汇票债务人仍可以行使追索权。被追索人清偿债务后，与持票人享有同一权利。持票人为出票人的，对其前手无追索权。持票人为背书人的，对其后手无追索权。

③确定追索金额。

根据我国《票据法》的第七十条的规定，持票人行使追索权，可以请求被追索人支付下列金额和费用：

a. 被拒绝付款的汇票金额。

b. 汇票金额自到期日或者提示付款日起至清偿日止，按照中国人民银行规定的利率计算的利息。

c. 取得有关拒绝证明和发出通知书的费用。

被追索人清偿债务时，持票人应当交出汇票和有关拒绝证明，并出具所收到利息和费用的收据。

二、本票

1. 本票的含义

本票是出票人签发的，承诺自己在见票时无条件支付确定的金额给收款人或者持票人的票据，即本人签发本人付款。

2. 本票的种类

本票可以分为商业本票和银行本票，由工商企业或者个人签发的称为商业本票或一般本票。由银行签发的称为银行本票，我国《票据法》只规定了见票即付的银行本票。商业本票有即期和远期之分，银行本票都是即期的。在国际贸易的结算中我们大都采用银行本票。

3. 本票的记载事项

本票的绝对必要记载事项有6项，与汇票相比少了付款人一项，因为本票的出票人就是付款人。根据我国《票据法》第七十五条规定，本票必须记载下列事项：

（1）表明“本票”的字样。

（2）无条件支付的承诺。

（3）确定的金额。

（4）收款人名称。

（5）出票日期。

（6）出票人签章。

本票的相对必要记载事项有两项：付款地和出票地。本票上未记载付款地的，出票人的营业场所为付款地。本票上未记载出票地的，出票人的营业场所为出票地。

4. 本票的付款

本票的出票人在持票人提示见票时，必须承担付款的责任。本票自出票日起，付款期限最长不得超过两个月。本票的持票人未按照规定期限提示见票的，丧失对出票人以外的前手的追索权。

5. 本票与汇票的区别

本票的出票、背书、保证、付款行为和追索权的行使，除对本票有特别规定外，适用有关汇票的规定。但是由于本票是自己承诺付款，所以本票与汇票有以下明显区别：

（1）本票的基本当事人只有出票人和收款人，而汇票的基本当事人有出票人、付款人和收款人。

（2）本票是出票人无条件付款的书面承诺，而汇票是出票人要求付款人付款的命令。

（3）本票无须承兑，因为本票的出票人就是付款人自己，出票人一旦出票，就要保证到期付款，而远期汇票则不同，持票人须向付款人提示票据要求承兑及到期付款。

三、支票

1. 支票的含义

支票是出票人签发的，委托办理支票存款业务的银行或者其他金融机构在见票时无条件支付确定的金额给收款人或者持票人的票据。支票的当事人有出票人和付款人两个，可以没有持票人名称，无须承兑，即期票据。

2. 支票的记载事项

支票的绝对必要记载事项有6项，包括：

（1）表明“支票”的字样。

（2）无条件支付的委托。

（3）确定的金额。

（4）付款人名称。

（5）出票日期。

（6）出票人签章。

支票上未记载前款规定事项之一的，支票无效。

支票上的相对必要记载事项，包括付款地和出票地。支票上未记载付款地的，付款人的营业场所为付款地。支票上未记载出票地的，出票人的营业场所、住所或者经常居住地为出票地。

支票上的金额可以由出票人授权补记，未补记前，不得使用。

支票上未记载收款人名称的，经出票人授权，可以补记。

3. 支票的种类

我国《票据法》将支票分为现金支票、转账支票和普通支票 3 种。现金支票只能用于支取现金。转账支票只能用于转账，不得支取现金。普通支票既可以用于支取现金，也可以用于转账。

在普通支票的正面画有两条平行线，为划线支票，划线支票只能用于转账，不得支取现金；未划线的普通支票，可用于支取现金。

4. 支票的付款

出票人必须按照签发的支票金额承担保证向该持票人付款的责任。出票人在付款人处的存款足以支付支票金额时，付款人应当在当日足额付款。支票的出票人所签发的支票金额不得超过其付款时在付款人处实有的存款金额。出票人签发的支票金额超过其付款时在付款人处实有的存款金额的，为空头支票。禁止签发空头支票。根据《中国人民银行关于对签发空头支票行为实施行政处罚有关问题的通知》，签发空头支票或者签发与其预留的签章不符的支票，不以骗取财物为目的的，由人民银行处以票面金额 5% 但不低于 1 000 元的罚款。明确空头支票的罚款，由出票人在规定期限内到指定的罚款代收机构主动缴纳，逾期不缴纳的，人民银行及其分支机构可采取每日按罚款数额的 3% 加处罚款、要求银行停止其签发支票、申请人民法院强制执行等措施。

支票限于见票即付，不得另行记载付款日期。另行记载付款日期的，该记载无效。

支票的持票人应当自出票日起 10 日内提示付款；异地使用的支票，其提示付款的期限由中国人民银行另行规定。

超过提示付款期限的，付款人可以不予付款；付款人不予付款的，出票人仍应当对持票人承担票据责任。

案例 8.4 2021 年 7 月，甲公司签发了一张支票，其上并没有记载金额和收款人名称，其他事项都有明确记载，拟打算授权他人补记。请问：

（1）案例中所提到的支票叫做什么支票？我国法律允许这种支票存在吗？

（2）如果甲公司将改支票交给乙公司并授权其补记金额和收款人名称后，乙公司想将该权利再授权给某本来就想背书转让给的丙公司，这种做法符合法律规定吗？为什么？

（3）如果该支票经授权已经补记完整，票面上记载的出票日期为2021年11月10日，则持票人应当在何日以前向付款人提示付款？如不在此期间内提示付款，将发生什么法律后果？

（4）如果该支票的持票人向付款人请求付款时，发现出票人账户上资金已经不足，会发生什么后果？如果付款银行用出票人账户上剩余的所有资金对持票人进行了付款，合法吗？为什么？

【解析】

（1）本案例中所提到的支票是空白支票；我国法律允许这种支票存在。

（2）不符合。因为根据我国法律规定，空白支票未补记之前，不得背书转让。

（3）2021年11月20日之前。过期付款人不予付款，持票人除了向出票人行使权力外，对背书人不可以行使追索权。

（4）此时这张支票就是空头支票，空头支票是被我国票据法所禁止的。不合法。因为我国票据法紧追部分付款。

本章小结

本章主要学习了票据和票据法的概念和特征，票据的基础法律关系；票据行为的概念、特征和种类，票据的具体操作；票据权利的概念、取得方式，票据权利的行使和保全，票据权利的消灭、抗辩，票据的伪造和变造、丧失与补救；我国关于汇票、本票和支票的相关法律规定等内容。

复习思考题

一、简答题

1. 什么是票据？它有什么特征？
2. 简述票据行为的种类和特征。
3. 什么是付款请求权和追索权？
4. 简述票据权利的取得方式。
5. 票据的伪造和变造有何区别？
6. 简述我国关于汇票、本票和支票的相关法律规定。

二、案例分析题

1. A公司向B公司购买一批货物，于2020年8月20日签发一张转账支票给B公司用于支付货款，但A公司在支票上未记载收款人名称，约定由B公司自行填写。B公司取得支票后，在支票收款人处填写上本公司名称，并于8月20日将该支票背书转让给C公司。C公司于9月3日向付款银行提示付款。A公司在付款银行的存款足以支付支票金额。

根据我国《票据法》的规定，请问：

（1）A公司签发的未记载收款人名称的支票是否有效？为什么？

（2）A公司签发的支票能否向银行支取现金？为什么？

（3）付款银行能否拒绝向C公司付款？为什么？

2. A公司开出一张收款人为B公司，付款人为C银行的银行承兑汇票，B公司因与D厂发生了货物买卖关系而将该银行承兑汇票背书转让给了D厂，D厂又将其背书转让给了E公司。E公司在票据到期日请求C银行付款时遭拒绝。为此，E公司要求B公司承担票据责任。B公司认为，D厂所供货物有明显的质量瑕疵，故拒绝付款。请问：

（1）假定上述若干次背书均为有效背书，E公司要求B公司承担票据责任的请求是否合法？为什么？

（2）假定E公司是善意取得票据，那么B公司的抗辩是否合法？为什么？

（3）恶意取得票据有哪几种情形？

（4）什么是票据抗辩？

3. 王某系某科学院一知识分子，2020年10月因受刺激而致精神失常。2021年1月5日王某签发了一张1万元的转账支票给大中电器公司购买空调作为新年礼物，大中公司提出应有保证人进行保证。王某于是找到其同事李某为其进行保证，大中公司收受支票后，于1月10日以背书的方式将该支票转让给了海龙科技公司以购买一台电脑，1月12日海龙科技公司持该支票向某超市购置办公用品，1月14日超市通过其开户银行提示付款时，开户银行以超过提示付款期为由作了退票处理。超市只好通知其前手进行追索。在追索的过程中，海龙科技公司和大中家电公司均以有保证具为由推卸自己的票据责任。保证人李某也以王某系精神病人，其签发的支票无效为由拒不承担责任。经鉴定，王某确实精神不正常，属无行为能力人。请问：

（1）王某的票据行为是否有效？其所签发的票据是否有效？

（2）海龙科技公司、大中电器公司拒不承担责任的理由有无道理？为什么？

（3）本案中李某应否承担保证责任？为什么？

（4）假设超市的工作人员携带支票去银行提示付款时，将支票丢失，被孙某捡到，孙某伪造了超市的签章并将票据背书转让给了赵某，赵某足额支付了1万元，请问赵某是否能取得票据权利？为什么？

（5）假设上一题中孙某将票据赠与给了其女友许某，许某不知道该票据是孙某所拾得的，请问许某是否取得票据权利？为什么？

4. 无行为能力人甲向乙签发了一张符合票据法规定的票据，乙将其背书转让给丙，丙又将其背书转让给了丁，当丁向甲主张权利时，甲为无行为能力的人，其在票据上的签章无效，其不承担票据义务。但是乙和丙仍须承担票据义务。请问：他们为何要承担票据义务？

5. 甲公司从乙公司进货拖欠了100万元货款，乙公司又因借款而拖欠丙公司100万元，现在距离借款到期日还有4个月，乙公司在经得甲、丙两家公司同意后，决定以汇票结算他们之间的债权债务关系，乙为出票人，甲为付款人，丙为受款人，票据金额为100万元，出票后4个月付款。丙得到汇票后向甲提示承兑，甲履行了承兑手续。一个月后，丙从丁公司进货，将汇票背书转让给丁公司，丁不小心将汇票丢失，于是向甲办理了挂失止付手续，但是未采取其他措施，戊捡到后伪造了丁的印章，以丁为背书人，自己为被背书人，持票到某汽车公司购买了一辆价值为100万元的汽车。汽车公司于汇票到期时持票请求甲付款，甲以汇票已经挂失止付为由拒绝付款。汽车公司于是行使追索权向所有的前手发出了通知。丁接到通知后提出自己是票据的权利人，汽车公司的票据有缺陷，请求返还票据。双方发生争执，诉至法院。请问:

(1) 甲能否对汽车公司行使追索权?

(2) 如果汽车公司遭到拒绝付款，则他可以采取什么补救措施?

(3) 丁公司是否有权要求汽车公司交回汇票?

(4) 丁公司有何补救措施?

6. A银行接受B公司的委托签发了一张金额为8 600元人民币的本票，收款人为某电脑公司的经理李某。李某将票据背书转让给了王某。王某将票据金额改写为“8.6万元”人民币后转让给了C公司。C公司又将该票据背书转让给了某供销社。当该供销社向付款银行提示付款时，付款银行以票据上有瑕疵为由退票。请问:

(1) 该本票是银行本票还是商业本票? 为什么?

(2) 王某改写票据金额的行为，在票据法上叫做什么行为?

(3) 如果最后持票人向前手行使追索权，除了王某以外的各位前手替代承担怎样的票据责任? 法律依据是什么?

第九章

产品责任法

学习目标

掌握产品责任的概念和特征；了解美国、欧洲的产品责任法相关规定；了解产品责任的三大国际公约相关法律规定；熟练掌握我国产品责任法的主要内容；能运用我国产品质量法的理论知识解决产品质量的责任纠纷。

引导案例

2020年12月6日，一户赵姓人家在为家中老人祝寿时，高压锅突然爆炸，儿媳妇被锅盖击中头部，抢救无效死亡。据负责高压锅质理检测的专家鉴定，高压锅爆炸的直接原因是高压锅的设计有问题，导致锅盖上的排气孔堵塞。由于高压锅的生产厂家距离遥远，赵家要求出售此高压锅的商场承担损害民事赔偿责任。但商场声称缺陷不是由自己造成的，而且商场在出售这种高压锅（尚处于试销期）的时候已与买方签订有一份合同，约定如果产品存在质量问题，商场负责退货，并双倍返还货款，因而商场只承担双倍返还货款的违约责任。

请问：

（1）请问赵家可否向该商场请求承担责任？为什么？

（2）赵家可以请求违约责任还是侵权赔偿责任？

知识支撑

产品责任法是指调整产品的生产者、销售者和消费者、使用者之间因产品缺陷引发的侵权行为所承担赔偿责任关系的法律规范的总称。它的目的在于通过确定生产者和销售者对其生产或销售的产品所承担的责任，保护消费者的利益和市场的正常秩序。

产品责任是指由于产品存在缺陷而使消费者、使用者或其他第三方遭受人身伤害或财产损失时，该产品的生产者和销售者依法所承担的一种损害赔偿责任。产品责任是侵权责任行为在商业领域中最基本的表现形式之一。

在本章中，我们主要学习产品责任法概述、美国产品责任法、欧洲各国的产品责任法、关于产品责任的国际公约和我国的产品责任法等。

第一节 产品责任法概述

一、产品责任的概念和特征

（一）产品责任的概念

产品责任是指由于产品存在缺陷而使消费者、使用者或其他第三方遭受人身伤害或财产损失时，该产品的生产者和销售者依法所承担的一种损害赔偿责任。产品责任是侵权责任行为在商业领域中最基本的表现形式之一。

（二）产品责任的特征

根据产品责任的概念，产品责任具有三个特征。

1. 产品责任是由产品缺陷引起的

产品缺陷是指产品具有不合理的危险。产品所存在的缺陷是指生产者或销售者把该产品投入市场之前就已经存在的缺陷。如果消费者或使用者在购买该产品后，自己改动产品的性能，因此而造成的财产损失或人身伤害，则不属于产品责任的范围，即产品的生产者或销售者对此不承担产品责任。一种产品是否有缺陷，可以从以下三方面进行衡量：

（1）设计方面的缺陷，是指产品在设计过程中，由于对产品的合理性、安全性等因素考虑不全面，导致后来发生的产品责任事故。

（2）生产方面的缺陷，可以分为两种情况：一是产品原材料的缺陷，因为原材料的好坏不仅直接影响产品的质量，而且直接影响使用者的人身健康与生命安全；二是制造装配的缺陷，许多产品，例如家用电器、机电产品和交通运输工具等，往往由于装配不当，导致在使用过程中零部件松动或脱落，因而造成伤害事故。

（3）指示方面的缺陷。许多产品本身并无任何缺陷，但是如果使用不当，也会有危险。在这种情况下，生产者或销售者的责任不仅在于保证其产品没有实际缺陷，而且还在于应当对消费者或使用者适当告诫以防止不适当的使用。例如，生产者或销售者做不真实的广告，或者没有考虑产品安全使用所必需的种种因素、产品说明书不标准或不准确等，从而导致消费者或使用者遭受损害。

2. 产品责任是一种特殊的侵权责任

产品责任是一种独立于货物买卖法的侵权责任。货物买卖中的违约行为属于民事责任，而违约责任主要是指当事人一方没有履行或者没有适当履行合同的义务，必须对其因违约给另一方当事人造成的经济损失所应承担的民事责任。在发生违约案件时，首先要求当事人之间存在合同关系，如果当事人之间不存在合同关系，则任何一方不能提出违约的诉讼或其他权利主张。但是在产品侵权行为案件中，并不要求双方存在合同关系，只要一方当事人的侵权行为成立，任何一方（即消费者、用户或第三方）因该侵权行为导致损害的受损害方，都可以向侵权行为人依法主张权利，所以产品责任是一种侵权责任。

而这里的侵权责任又是一种特殊的侵权责任，之所以特殊主要表现在归责原则的适用方面。普通的侵权责任适用过错责任原则，而作为特殊侵权责任的产品责任，则大多适用无过错责任或严格责任的归责原则，受害方不要求证明加害人有无过错，而只需要证明产品的缺陷、损害、有缺陷的产品使用与损害之间的因果关系。

3. 产品责任是一种损害赔偿责任

既然产品责任是因为产品的缺陷而给消费者或使用者造成的财产损失和人身伤害，那么，生产者或销售者就应承担相应的损害赔偿责任。

就赔偿金额而言，产品责任案件的赔偿金额一般要比货物买卖法中的索赔金额大得多，因为在货物买卖索赔案件中，其赔偿金额一般不超过合同金额，但是在产品责任案件中，赔偿金额不是根据合同，而是根据产品责任制度确立的赔偿原则，补偿受损失者或受伤害者的全部损失。这种损失不仅包括过去的损失、实际的开支与将来的影响，而且包括其所受痛苦的代价，即精神损失赔偿费用。此外，赔偿金必须一次性支付，并且不得扣除原告可能从其他途径取得的任何补偿或津贴，例如保险赔偿或者社会救济金等。

二、产品责任法的概念和特征

1. 产品责任法的概念

产品责任法是指调整产品的生产者、销售者和消费者、使用者之间因产品缺陷引发的侵权行为所承担赔偿责任关系的法律规范的总称。它的目的在于通过确定生产者和销售者对其生产或销售的产品所承担的责任，保护消费者的利益和市场的正常秩序。

2. 产品责任法的特征

产品责任法具有下列三个特征：

（1）产品责任法的调整范围为缺陷产品造成的人身伤害及缺陷产品以外的其他财产损害所引起的赔偿关系，不包括单纯的产品本身的损害。单纯的产品本身所发生的损失而产生的赔偿关系不属于产品责任法的调整范围，应由合同法调整。

（2）产品责任法主要调整消费者或使用者与生产者、销售者之间因缺陷产品所产生的侵权关系，即双方没有任何合同关系的产品侵权关系，它是侵权行为在商事领域的一种重要表现。产品责任法与合同法有密切关系，有合同关系的产品责任问题还可以由合同法调整，而没有合同关系的产品责任问题只能作为侵权责任由产品责任法来进行调整。

（3）产品责任法中的各项规定和原则大多属于强制性规定。当事人之间以合同或单方声明等方式予以排除的行为无效。产品责任法体现了现代商法发展的典型趋势，具有公法性和强制性，为体现国家对于处于弱势地位的公众消费者的保护意志，产品责任的产生不以约定为先决，也不得以无约定而排除。

第二节 美国产品责任法

一、产品责任的归责原则

美国的产品责任归责原则一般有三种，即疏忽责任原则、担保责任原则和严格责任原则。凡是原告由于使用有缺陷的产品遭受损害向法院起诉要求损害赔偿时，必须援引上述三种理由之一，作为要求该产品的生产者或销售者承担责任的依据。

（一）疏忽责任原则

疏忽责任指产品的生产者或销售者因其在产品生产或销售过程中存有疏忽而导致产品存在缺陷，从而应对消费者或使用者遭受的损失承担的产品责任。

当原告以疏忽为理由向法院起诉要求被告赔偿其损失时，原告和被告之间不需要有直接的合同关系。但是必须提供证据证明：一是被告没有尽到“合理的注意”，即被告有疏忽之处；二是由于被告的疏忽直接造成了原告的损失。

美国早期的产品责任归责理论受到英国判例的影响，要求产品责任诉讼当事人必须要有合同关系，最具代表性的是1842年英国最高法院受理的温特伯顿诉赖特一案。

1. 英国温特伯顿诉赖特案（1842年）

案例 9.1 原告温特伯顿是一名受雇的马车夫，雇主与被告赖特订有一份契约，约定由赖特提供一辆安全的马车供雇主用于运送邮件。被告按照约定将马车交给雇主，后者让原告驾驶马车运送邮件。但是原告在驾驶时，马车的一个轮子突然坍塌，造成原告受伤。为此，原告对赖特提起损害赔偿之诉，而被告则以原告不是合同的当事人为由拒绝赔偿。

请问：原告能胜诉吗?

【解析】法院认为，动产的债务不发生侵权行为的损害赔偿请求权。而合同责任仅发生在合同的当事人之间，对于非合同的当事人，商品的制造者无注意义务。据此法院判决原告败诉，由此确立了“无契约无责任”原则。

显然，“无契约无责任”原则确立的救济权仅限于具有直接合同关系的当事人之间，对于非合同的当事人很不公平，并且有可能使得真正的责任者逃避损害赔偿责任。1852年，美国托马斯诉温切斯特一案突破了“无契约无责任”原则的限制。

2. 美国托马斯诉温切斯特案（1852年）

案例 9.2 被告温切斯特将误贴有与标签不符的有毒药品颠茄经某药店出售给原告托马斯，原告购买了被告制造并误贴蒲公英标签的药品后，按照该药品标签的指示服用了该药品，结果导致身体受伤。

请问：被告是否要承担责任?

【解析】尽管原告与被告之间没有合同关系，但是，纽约州最高法院认为，药品的制造商虽然与原告不存在直接的合同关系，但是被告的行为是一种将人的生命置于现时可知的危险之中，被告有义务防止该损失的发生，但被告怠于履行注意义务，因此应按过失行为论处。此案确立了药品制造商对于无合同关系的第三方因使用其药品而受到本可防止的损害，也应承担损害赔偿责任。

但是，上述判例确定的原则限于“固有的危险性”责任。因此一般认为，现代意义上的产品责任法的标志是美国的麦克弗森诉别克汽车公司案。

3. 美国麦克弗森诉别克汽车公司案

案例 9.3 别克汽车公司将汽车交给经销商经销，经销商将其中一辆汽车卖给了原告麦克弗森。原告在驾驶该车时，汽车轮胎发生爆炸，导致原告受伤。为此，原告起诉被告别克汽车公司。被告称原告受伤是由于汽车轮胎爆炸造成的，而汽车的轮胎并非是被告制造的，而是由另一家公司提供的，因而被告不应承担损害赔偿责任。

请问：被告是否要承担责任？

【解析】法官卡多佐判决，根据证据显示，如果被告在制造该汽车时检查车轮就能够发现瑕疵，而该瑕疵轮胎足以危害使用者的生命健康，那么就属于危险产品。被告可以预见买方不经过检验会使用该产品，而由于被告疏于检查，因此被告应对该产品承担注意的义务。如果未尽到合理的注意义务，那么无论买方与制造商是否有合同关系，均要承担赔偿责任。纽约州上诉法院依此维持了别克汽车公司应向麦克弗森承担赔偿责任的判决。

本案确立了产品生产者的疏忽责任原则，排除了合同关系的要求，将产品责任正式导入侵权责任领域，给那些非合同买受人的受害者提供了法律救济途径，并扩大了合同受害人的诉讼理由，为消费者的产品责任诉讼铺好了道路。本案判决也反映了美国的一种立法价值取向，即从契约自由下对生产者和销售者的保护开始转向了对处于社会弱势地位的消费者的保护。

（二）担保责任原则

担保责任是指产品的生产者或销售者违反了对产品的品质担保义务而承担的责任。担保责任源于合同法，销售者有义务保证出售产品的品质。担保包括明示担保和默示担保。明示担保是基于当事人的意思表示而产生，通过口头、书面或其他方式所作出的明确的、直接的担保，主要是产品生产者和销售者对产品的品质、用途、性能等作出保证性的声明或陈述，常见于合同、广告、产品说明、标签之中。默示担保是非基于生产者或销售者的意思表示，而是依据法律、交易习惯、惯例而产生的一种担保责任，要保证产品具有起码的品质和效用。

由于这种产品责任源于合同关系，消费者基于担保责任原则提起诉讼时，原告无须证明被告确有疏忽而导致产品有缺陷。但是，原告必须证明：第一，产品存在缺陷；第二，原告的损失确由产品缺陷所致；第三，被告违反了对产品明示或默示担保义务。从某种意义上说，担保责任相当于是一种严格责任。然而，由于担保责任归属于合同责任，担保责任的认定也受制于合同法上的各种抗辩，如原告和被告之间应当具有直接的合同关系、明示的弃权条款以及消费者及时通知产品缺陷及损害的义务等要求。因此，美国法院在司法实践中又逐步突破了这些抗辩的限制。其中，1932 年巴克斯特诉福特汽车公司案就是其中有代表性的案例。该案突破了担保责任的合同抗辩限制，将担保责任延伸到侵权责任领域。

案例 9.4 原告巴克斯特向汽车零售商处购买了一辆被告福特汽车公司生产的福特牌汽车。在该汽车的使用手册上，被告宣称汽车的挡风玻璃是防碎玻璃。但是，当原告在驾驶汽车时被一颗小石子击中挡风玻璃，玻璃的碎片伤及原告的眼睛。为此，原告以违反担保为由起诉福特公司。被告福特公司以与原告之间没有直接的合同关系作为抗辩。

请问：这种抗辩能成立吗？

【解析】法院的判决认为，尽管原被告之间没有合同关系，但是原告有理由信赖被告所作出的担保。同时，被告能够预见对其产品的明示担保范围涉及购买者和使用者，即受众对象并非只是具有合同关系的买方，因此合同关系不能成为该案诉讼的障碍。

（三）严格责任原则

严格责任也称无过错责任，是指对产品存在的缺陷，即使产品的生产者或销售者不存在任何过错，也应当对缺陷产品所造成的损失承担赔偿责任。严格责任以侵权行为之诉为特征，不要求原被告之间存在直接的合同关系，原告也无须证明被告存在疏忽。因此，严格责任原则对保护消费者是最为有利的。在 1944 年美国加利福尼亚州最高法院审理的“艾丝卡拉诉可口可乐瓶装公司案”最早提出严格责任思想。

1. 艾丝卡拉诉可口可乐瓶装公司案

案例 9.5 原告艾丝卡拉是一位餐馆女服务员，当她将可口可乐放进冰箱时，其中有一瓶发生了爆炸，致使原告严重受伤。本案中，原告并没有提出被告过失的证据。被告可口可乐瓶装公司则提供了有关可口可乐瓶子的制造、检验以及装气的适当性证明。

请问：被告是否有责任？

【解析】初审法院运用事实自证原则认定被告有过失并负有赔偿责任。被告不服，提起上诉。大法官吉不森发表了判决意见：可乐瓶经被告运送到餐厅后，并没有因遭受其他外力而被损坏。因此，该可乐瓶在离开被告控制时是存在某种缺陷的，因为当其被小心安置和运载时，坚固完好的碳酸饮料的汽水瓶是不会发生爆炸的，并且，被告对于可乐瓶的装料和检查处于绝对的控制地位。因此，原告根据事实自证原则推断被告过失所需的条件得到了满足，所以法院维持了原判。“事实不言自明”原则虽然还是在过错责任的范围之内，但其以过错推定的方式，减轻了消费者的举证责任，使产品责任向严格责任的方向发展。

值得注意的是，参与审理本案的特雷诺法官在赞同判决结果的同时，提出了自己的判决理由。他认为，当产品投入市场时，生产者明知产品将不经检验而使用，那么他就应当对产品的缺陷所造成的损害承担绝对责任。

1963 年，格林曼诉尤巴电器公司案标志着严格责任的正式确立。

2. 格林曼诉尤巴电器公司案

案例 9.6 1955 年，原告格林曼的妻子购买了一件组合电动工具（既能当锯、钻，又能当木料车床）作为圣诞节礼物送给原告。1957 年，原告买来能使该工具作为车床用的必要附件。原告按照制造商宣传册的说明正常使用了几次。在之后的一次使用中，机器中突然飞出一块木屑击中他的前额，使他受了重伤。10 个月后，原告以违反担保和过失为由起诉了零售商和制造商，要求赔偿。

请问：原告的诉讼请求是否得到法院支持？

【解析】初审法院判决驳回原告对零售商的诉讼请求，支持原告对制造商的诉讼请求，并判决制造商应向原告支付损害赔偿金 65 000 美元。原告和制造商不服，提起上诉。

特雷诺法官发表了判决意见：原告提供了实质性证据证明他的伤害是由于产品本身的设计和构造缺陷造成的。他的证人证明，由于没有使用适当的一组螺丝来使该工具各部件紧固在一起，以至于正常的振动引起车床的尾座偏离木头，并导致木屑飞出车床。他们也证明，有许多其他更有效的办法使该工具的各个部分紧固在一起，这样就可以防止事故的发生。陪审团因此得出了两个结论：第一，制造商在组装该工具的过程中存在过失；第二，制造商的宣传小册子是不真实的，这个小册子构成制造商的明示担保，原告的伤害是被告违反担保造成的。

根据本案的情形，要求制造商承担严格责任，原告就无须证明民事法典中一千七百三十二节规定的明示担保的存在。当一个制造商将一件产品投放到市场中时，如果明知它将不经检查而被使用，而此项产品被证明含有致人受到伤害的缺陷，那么该制造商在侵权方面负有严格责任。严格责任的目的是确保因缺陷产品所致损害的费用应由将这些产品推向市场的制造商承担，而非由无力保护自己的受害人承担。受害的消费者再无须依靠复杂的买卖法寻求救济。在本案中，确立被告责任的证据已经足够了，因为原告证明了他是在按照该工具的使用方法使用时，由于产品制造或设计的某种缺陷而受伤的。这种使该工具处于不安全的缺陷是原告无法预料的，法院最后维持了原判决。

在本案中，法院判决原告胜诉，依据的不是担保责任，而是侵权法中的严格责任。这就是美国产品责任法中著名的“格林曼规则”。该规则标志着严格责任在产品责任领域被正式确立了下来。

该判决表明，法院的侧重点从生产者的行为转移到产品的性能上来了。只要产品存在缺陷，并造成人身或财产损害，该产品的生产者就应承担责任，不管生产者有无过失，也不管生产者是否提供了担保，从而避免了在过失责任下的举证困难问题，也消除了担保责任下的种种限制。该案确立的严格责任原则和特雷诺法官的意见，对美国《重述二》第 402A 条款有着深刻的影响。

3. 严格责任原则的发展

严格责任理论在其后向着两个方向发展：一是严格责任朝着更有利于消费者的方向发展，比如“市场份额原则”的提出；二是美国又开始考虑对严格责任的适用作出适当的限制，从而更为公平地分配生产者和消费者之间对产品危险的风险分担。如《重述三》对产品的制造缺陷采用的是严格责任，但是对产品的设计缺陷和警示缺陷，消费者原则上需要通过证明产品存在更合理的替代设计或警示以减少或消除现有存在的危险，才可以证明产品确有缺陷，从而要求生产者或销售者承担责任。

在严格责任下，原告的举证责任仅限于：第一，产品确实存在缺陷或不合理的危险；第二，正是该产品的缺陷给使用者或消费者造成了损害；第三，产品存在缺陷是在生产者或销售者把该产品投入市场时就有了。只要原告能证明上述三点，被告就必须承担赔偿责任。

严格责任理论对消费者提起产品诉讼非常有利，但这并不意味着疏忽责任理论和担保责任理论的消失。相反，在美国产品责任诉讼中还是有很多的案件消费者选择疏忽责任或担保责任作为诉讼的责任基础。但是，更多的案件消费者还是会选择严格责任理论来处理。

上述三个原则是美国产品责任理论中的基本原则，随着市场经济的发展，消费者对保护自己的合法权益越来越重视，在上述三个原则的基础上，又出现了市场份额原则和误示责任原则。市场份额原则是指当原告不能明确举证他的损害是由谁的缺陷产品所致时，就以各个被告人的市场份额作为法院判决的根据，由各个被告对原告的损害承担无限连带责任，这也有利于保护消费者合法的利益，加强对产品质量的监督。加州最高法院在 1980 年作出的辛德尔诉阿伯特实验室一案的判决中首先确立了该原则。误示责任原则是指销售者通过广告、报纸、杂志、电视、电台或其他方式向公众宣传其产品时，对其产品的特征和性质作出了不正确的表示，以致消费者产生了错误的认识、判断而购买、使用了该产品，因此受到的损害，销售者应承担侵权责任。该原则是以侵权行为之诉为特征，因此，原被告之间不需要存在合同关系。但是，原告需要证明销售者通过宣传媒介向公众作出了不符合实际情况的表示，是使其信以为真，购买、使用了与表示不符的产品，从而是导致损害的直接原因。

二、产品责任的构成要件

承担产品责任的条件因各种产品责任的理论不同而有所不同，下面是在严格产品责任的情况下，产品生产者应当承担产品责任的条件：

1. 必须有损害或损失的事实

即受害者遭受了人身的损害或财产的损失。没有这种实际的损害或损失事实的存在，就不属于产品责任法的调整范围。如果仅仅是产品质量低劣，产品的价值与价格严重不符，但是没有引起其他实际损失，消费者就只能根据合同法等规定向具有直接合同关系的销售者进行索赔。

2. 产品具有缺陷

所谓“缺陷”，主要是指产品存在对使用者或消费者的人身、财产安全不合理的危险。由于原告要证明产品存在缺陷有困难，因此产生了缺陷推定原则。根据缺陷推定原则，原告只需证明：在按通常使用的方法使用某种产品，却发生了损害的结果，而这种损害通常不可能是因这种使用发生的，就可以推定产品存在缺陷。

3. 产品缺陷是造成损害或损失的直接原因

无论以何种侵权责任原则向生产者、销售者要求赔偿，侵权行为与损害结果之间存在因果关系是一个必要条件。一般来说，产品的缺陷与损害结果之间必须存在着直接的因果关系，这种因果关系的判断分为事实上的因果关系和法律上的因果关系。

4. 产品缺陷是在生产者把该产品投入市场时就存在的

这是指产品在脱离卖方控制时，产品的缺陷就已经存在，脱离卖方控制之后，没有其他原因使产品发生足以产生此种缺陷的变化。通常受害者应当证明自己得到该产品之后，没有改变其结构和用途，并且是按照说明书的要求或通常使用的方法使用该产品，但仍然导致了损害的结果，引起这种结果的发生，且并非因为使用不当或其他原因。

上述四个条件均需要原告负责举证，但是在使用推定原则的情况下，被告如要推翻推定，必须提出反证。

三、承担产品责任的抗辩理由

对于原告的指控，被告有权进行抗辩，以排除或减轻其产品责任。抗辩的理由主要有以下几点。

1. 对过失责任的抗辩

（1）原告自己的过错行为，即受害人因自己的过失而对加害产品的缺陷未能发现或对缺陷可能引起的损害未能适当地加以预防所应承担的一部分责任。也就是说，原告负有保护自己的安全义务，如果因为疏忽大意未能发现或者阻止本应能够避免的危害，就应对此承担一定的责任。在1977年特尔克拉诉麦克伍斯案中，原告在操作一台印刷机时未使用安全保护装置而导致事故发生，原告受伤。法院认为原告未使用安全装置这一行为本身证明他自己存在过错，因此判决原告败诉。

为避免原告一旦存在过失就可能完全丧失取得任何赔偿的权利的不公平结果，美国法院通常采用双方过错原则，当双方都存在过错时，根据原告的疏忽行为在导致伤害发生的原因中所占的比例减少原告的赔偿额，也就是按照双方的过错程度各自承担相应的责任。

（2）自冒风险，即原告明知产品有危险，仍自动或故意加以使用致使其受到损害，责任应由原告自己承担，在1976年高伯乐斯诉西部滚轧机公司案中，原告因使用一台碾米机受伤起诉被告。因为原告明知玉米未晒干就进行加工会发生危险，但是仍然使用该机器加工，所以法院以自冒危险为由判决原告败诉。

（3）明显的危险或非正常的使用等。

2. 对违反担保责任的抗辩

担保责任原来是一种契约责任。因此，被告可能提出的抗辩有：

（1）原告与被告之间没有任何合同关系。

（2）损害发生后，原告没有在合理的时间内告诉被告。

（3）有关的文字和内容仅为商业宣传，不构成一种对消费者信赖的担保。

3. 对严格责任的抗辩

虽然严格产品责任对消费者保护最为有利，但是被告仍可以下列理由进行抗辩：被告未将其产品投入流通；在产品投入流通时缺陷并不存在；一般的人很容易发现缺陷的存在；被告已经对缺陷产品作出了充分的说明和指示；原告自行改变产品的结构和用途；原告明知危险而使用缺陷产品。

4. 对误示责任原则的抗辩

（1）吹嘘。如果被告能够证明其产品的说明仅仅是一种主观上的看法、观点，明显具有吹嘘或夸耀的意思，那么原告可能难以依据误示说得到赔偿。

（2）原告没有信赖错误说明。根据误示说，原告必须证明被告对其产品作了实质性的误示，并且原告合理地信赖这种误示。如果被告能够证明原告并没有信赖其错误说明，或者被告的错误说明对原告决定购买和使用被告产品并非是决定性的，法院就可能判决原告败诉。

四、产品责任诉讼中原告可以请求损害赔偿的范围

1. 人身伤害的赔偿范围

人身伤害赔偿是指产品具有缺陷而对他人生命、身体和健康造成的损害。赔偿的范围不仅涉及受害人的可预见的医疗性支出，还对受害人因伤残、生病所造成的痛苦、疼痛等予以补偿，具体包括：医疗费和康复费；误工费；谋生能力降低或丧失所产生的损失；肉体伤残痛苦的补偿；伤残带来的自卑感等精神痛苦的补偿。其中，精神痛苦的补偿数额在很多案件中被判得很高。受害人死亡的，受害人的继承人或亲属可追索上述费用。如一位妇女在得知其丈夫或儿子开车时因车子部件缺陷而车毁人亡时，当即晕倒在家中一病不起，法院判决该车子的制造商对该妇女的医疗费和精神方面的费用一并赔偿，理由是该部分的损失属于可预见的范围。但是，一孕妇在马路上看见一辆有缺陷的车子撞死了一个路人而吓晕了，法院却认为该缺陷车子的制造商对该孕妇的损失不负责赔偿，因为它超出了可预见的范围。

2. 财产损失的赔偿范围

财产损失赔偿是指缺陷产品之外的其他财产的损坏、灭失，而对于缺陷产品本身则可依据买卖合同获得赔偿。财产损失的范围一般认为只是受到损害财产的直接经济损失，但是合理预见的间接损失目前也是多数法院判决所支持的。

3. 惩罚性的损害赔偿范围

惩罚性损害赔偿是指侵权行为人恶意实施的某种行为，或对行为有重大过失时，以对行为人实施惩罚和追求一般抑制效果为目的，法院在判令行为人支付通常赔偿金的同时，还可以判令行为人支付高于受害人实际损失的赔偿金。

惩罚性赔偿制度是美国产品责任法的一项重要制度。《统一产品责任示范法》第一百二十条规定："原告通过明显的令人信服的证据证明，由于销售者对产品使用者、消费者或可能受到产品损害的其他人员的安全采取轻率漠视的态度，致使原告受到损害，原告可以得到惩罚性损害赔偿。"该项制度在美国被广泛地加以应用，但是由于其对于加害人而言并非是一个必须给付的赔偿，因此对惩罚性赔偿金的适用，法院要综合考虑一些因素后，才能确定是否给予惩罚性赔偿及其金额。

五、产品责任诉讼的管辖权和法律适用

在国际贸易中，本国产品输出国外或外国产品输入本国，因产品的缺陷，使他国或本国消费者和用户遭到人身和财产损害，消费者可以对进口商、经销商和零售商起诉，也可以向产品输出国的制造商起诉，要求损害赔偿。当然，本国产品出口到其他国家时因产品缺陷使外国消费者或用户遭受损害，外国消费者同样可以要求出口商和制造商承担产品责任。由于各国产品责任法的差异，往往就涉及复杂的管辖权和法律适用问题。

1. *产品责任诉讼的管辖权*

当美国消费者或用户在美国法院对外国的出口商或生产者提起产品责任诉讼时，美国的法院有一种扩大管辖权的倾向。美国各州都制定了一些法律用以确定美国法院对不居住在美国的被告是否享有对人的管辖权的标准，这种法律叫作“长臂法”。在 1945 年联邦最高法院审理的“国际鞋业公司诉华盛顿州法院”一案中，法院放弃了“领土主权原则”的传统，确立了长臂管辖的“最低联系标准”。1955 年，伊利诺伊州首开先河，制定了延伸司法管辖权的法令，即长臂管辖权法令。

所谓“最低联系标准”，通常指被告经常直接或通过代理人在该州境内从事商业活动，或因其行为或不行为在该州境内造成伤害。只要符合这个标准，法院就可以取得对该被告的管辖权，有权受理该案，有权依照法定程序传唤国外的被告出庭，并有权依法作出判决。

在大多数情况下，美国法院认为，只要国外的被告与法院所在的州有某种联系，法院就有权对被告行使管辖权；一旦法院作出判决，美国原告就可以通过适当的程序向被告所在国的法院要求承认和执行这一判决。

2. *产品责任诉讼的法律适用*

法院在确定管辖权之后，接下来是法律适用的问题。在涉外产品责任诉讼中，按照美国的冲突法规则通常是适用损害发生地法来确定当事人的责任，即产品在什么地方对消费者或用户造成了损害，就适用哪个地方的法律来确定产品生产者和销售者的责任。但是，这项原则受到了一些批评，特别在涉及汽车事故的产品责任案件中，由于汽车经常跨越州甚至国境行驶，如果完全按照出事地点的法律来确定汽车的生产者或销售者的产品责任，有时可能对原告不利。

因此，美国现在的多数州法院倾向于原告在数个与案件有联系的连接因素中选择对自己最为有利的法律。这些连接因素有加害地、受害地、产品购买地、原告或被告住所地或营业地、法院地等。

第三节　欧洲各国的产品责任法

欧洲各国产品责任法的发展比美国晚。20 世纪 80 年代以前，欧洲各国都没有对产品责任实行专门立法，主要是以民法典中有关合同和侵权行为的规定为依据来处理涉及产品责任的案件。1985 年 7 月欧共体理事会正式通过了《关于对有缺陷的产品的责任的指令》(以下简称《产品责任指令》)，1988 年起由各成员国正式开始实施，并要求各成员国通过立法程序将其纳入国内法予以实施。随后，欧共体各国及欧洲自由贸易区相继颁布了产品责任法。

一、英国的产品责任法

英国有关产品责任的立法体现在 1989 年生效的《消费者权益保护法》，该法的第一章即关于产品的责任的规定，其主要内容有：

（1）产品的范围。根据该法，产品是指任何产品，包括不论是作为零部件还是作为原材料或是作为其他物件组装到另一产品中的产品。

（2）产品缺陷。该法规定，如果产品未能提供人们有权期待得到的安全，该产品即存在缺陷；产品的“安全”包括组装进该产品的各种产品的安全和与财产损害、人身伤亡风险有联系的安全。

（3）产品责任主体。根据该法规定，产品责任主体包括：生产者；通过将其名字标示在产品上或使用某种商标或其他识别标记，以表明自己是该产品生产者的任何人；为了在其商业活动中向他人提供产品而将产品从非欧共体成员国进口到欧共体成员国者；产品的提供者等。

（4）抗辩理由。根据该法，被告在产品责任诉讼中可进行抗辩的理由包括：缺陷可归因于执行法律的强制性规定或履行共同体义务；被告未供应该产品；被告不是在其商业活动中将产品提供给他人；在相关的时间里，产品不存在该缺陷、科学技术尚未达到这种水平；组装产品中的零部件或原材料缺陷由该组装产品的设计者或生产者造成的等。

（5）损害赔偿。产品责任的损害赔偿包括人身伤害或财产损失，但是不包括：缺陷产品本身和缺陷产品组装的任何产品的损失；损害财产不是通常用作个人使用、占有和消费的产品。

（6）产品责任的适用原则，英国法院一直主张适用侵权行为地法律，只是英国法院认为侵权行为地应是损害发生地。生产者生产的产品因缺陷造成他人人身和财产损害时，不论生产者是否有过错，都应向受害人进行赔偿。生产者的产品责任构成，不以生产者对其产品存在的缺陷有过错为条件，受害人也无须对生产者的过错承担举证责任。但是，对于产品存在缺陷以及产品缺陷与损害之间的因果关系，受害人需要负举证责任。

二、德国的产品责任法

德国于 1989 年通过了《产品责任法》，将欧共体《产品责任指令》纳入了本国国内法。德国《产品责任法》的主要内容包括：

（1）产品与缺陷的含义。产品是指一切产品，但是不包括未经加工的初级产品。缺陷是指产品未提供人们有权期待的安全。

（2）产品责任适用原则。该法采用严格责任原则，如果产品存在缺陷造成了他人人身伤害或财产损失，生产者要负责赔偿。

（3）责任主体。责任主体包括：生产者；任何人在商业活动中，为销售、出租、租借或为经济目的的任何形式的分销，将产品进口到适用欧共体条约的地区，也看作为生产者；在产品责任者不能确认的情况下，销售者应当被看作为生产者，除非销售者在接到要求的一个月内将产品生产者的身份或向他提供产品的人告知了受害者。

（4）生产者的免责条件。免责条件包括：未将产品投入流通；产品投入流通时，造成损害的缺陷并不存在；产品投入流通时，当时的科学技术水平尚不能发现存在的缺陷；产品的缺陷是由于为使产品符合投入流通时的国家强制规定而造成的；产品既非为销售或为经济目的的任何形式的分销而制造，亦非在商业活动过程中制造或分销。

（5）损害赔偿。因产品事故造成受害人死亡的，生产者应赔偿死亡者生前的医疗费用以及治疗期间丧失或减少收入能力而带来的经济损失；造成人身伤害，应赔偿医疗费，以及受害人因收入能力丧失或减少而造成的损失；因产品责任造成受害人财产损失的，生产者也应负责赔偿。

三、法国的产品责任法

有关产品责任的案件，法国是以法国《民法典》为依据的，该法典规定了买卖法的一般原则和侵权责任的一般原则。

法国一直以过失责任作为确定民事责任的基本原则，但在处理产品责任案件时，法院可以通过引申解释法国《民法典》第一千六百四十五条的规定，达到美国严格责任的处理结果。按照第一千六百四十五条的规定，如果出卖人明知标的物有瑕疵时，除应返还收取的价金外，还应赔偿买受人的全部损失。这里的全部损失包括侵权行为引起的损害赔偿以及其他的间接损失，以保护依据合同对卖方起诉的消费者的利益。

法国法院在处理产品责任案件时，无论是对基于买卖合同提起的诉讼，还是以侵权为理由提起的诉讼，都采用一项确定的推定，即推定出卖人知道其产品存在缺陷，从而使卖方承担严格责任。例如在合同诉讼中，当消费者对卖方提起合同诉讼时，把有缺陷的产品出售给消费者的卖方，将被推定为以恶意行事，这样他就不能以他不知道该产品有缺陷而推卸自己的责任。

此外，法国法院还扩大了担保之诉的范围，使之延伸到销售环节中的供应商和制造商，如被告是零售商和批发商，他们可以向该产品的制造商发出“第三方通知书”，使后者加入诉讼。同时，与制造商没有合同关系的原告也可以对他直接起诉，但同卖方有合同关系的原告不能提起侵权之诉。

在侵权之诉中，法国法院也同样采用这项确定的推定，即确定出卖人知道他所销售的产品有缺陷。因此，当他将该产品投放市场而没有就该产品缺陷提起警告时，他就存在疏忽，这样一来，原告就无须证明被告是否有疏忽，而只需要证明产品有缺陷，并造成其人身伤害和财产损失，被告就要对此承担责任。这种侵权法上的严格责任使那些与出卖人没有合同关系的人，如买方家属、朋友、客人和旁观者都可以获得法律上的保护。

关于国际产品责任案件的管辖权，法国法院采取了根据当事人国籍确定管辖权的原则，但是对本国当事人作了特别有利的规定。根据法国新的《民事诉讼法》规定，法国法院在管辖权问题上有了新的发展。在侵权行为管辖上，除了被告所在地法院的普通管辖权之外，还扩大了侵权地法院的管辖权，即既可以由损害事件发生地法院管辖，也可以由损害承受地法院管辖。在法律适用方面，法国法采用侵权行为地中的加害行为地法。

第四节　关于产品责任的国际公约

随着国际贸易的急剧增长，各国产品在国际范围内的流动日益频繁，国家之间的产品责任争端与案件也随之增多。第二次世界大战后，各国越来越重视产品责任的国际调整问题。在统一的产品责任法没有形成以前，国际上已经有三个区域性的产品责任公约，并且全部集中在欧洲，具体包括：《关于造成人身伤害与死亡的产品责任的欧洲公约》（简称《斯特拉斯堡公约》）、《关于产品责任适用法律的公约》（简称《海牙公约》）和《关于对有缺陷产品责任的指令》（简称《产品责任指令》）。

一、《斯特拉斯堡公约》

欧洲各国由于传统上的密切联系，最先感受到产品责任的国际化发展与各国产品责任法律制度巨大差异之间的矛盾，以及所带来的对产品流通和自由竞争的阻碍。为了解决这一问题，20 世纪 70 年代以来，欧洲国家的领导机构，积极致力于统一产品责任的国际立法工作，并缔结了专门性的国际公约。《关于造成人身伤害与死亡的产品责任的欧洲公约》是由欧洲理事会拟订并于 1976 年召开的理事会会议上通过的，欧洲理事会各成员国于 1997 年 1 月 27 日在斯特拉斯堡正式签订，并供开放签字参加，所以又称《斯特拉斯堡公约》。目前，该公约已生效，成员国有法国、比利时、卢森堡和奥地利等。该公约由正文与附件组成，其中正文有 17 条，基本内容有下列 7 点：

1. 适用范围

该公约适用范围仅限于对人的伤害、致死方面的案件，调整由于缺陷产品造成人身伤害和死亡所引起的赔偿责任范围，而不包括缺陷产品对财产造成的损害所引起的产品责任。

2. 归责原则

该公约规定了严格责任原则，并且如果数人对同一损害都有责任时，他们之间承担连带责任。

3. 关于产品的定义

该公约规定“产品”一词是指所有动产，包括天然动产或工业动产，无论是未加工的还是加工过的，即使是组装在另外的动产内或组装在不动产内。例如，桥梁是不动产，但是建筑桥梁用的钢筋水泥可作为动产对待，如果桥梁内钢筋水泥等建筑材料有缺陷致使桥梁断裂造成人员伤亡，那么该钢筋、水泥的生产者应承担产品责任。

4. 关于缺陷的定义

该公约第二条 C 款规定：考虑包括产品说明在内的所有情况，如果一件产品没有向有权期待安全的人提供安全，则该产品有缺陷。

5. 关于责任主体

公约将生产者确定为产品责任的承担主体，并进一步解释了生产者的范围：产品或零配件的生产者；任何以将产品投入流通为目的的按照商业惯例进口产品的人；任何使自己名字、商标或其他标志特征出现在产品上将其作为自己产品的出示者；产品没有标明生产者时，每个供应者被看作是生产者，除非根据索赔人的要求，供应者将生产者或前供应者的身份在合理的时间内告诉索赔人。

6. 赔偿或免责

公约没有对赔偿进行最高限制，而是相反，确立了最低限制。对每个死者或伤者的赔偿额不得低于相当于 7 万特别提款权的国内货币；对同类产品的相同缺陷造成的一切损害赔偿额不得低于相当于 1 000 万特别提款权的国内货币。

但是如果存在以下情况，生产者可以不承担责任：生产者未将商品置于市场销售；在产品投入流通时，造成损害的缺陷尚不存在或缺陷是投入流通后由第三方造成的；该造成损害之缺陷产品不是用于销售、出租或为经济目的的分销，而又非在商业过程中制造或分销；受害人本身的过失。不过在最后一种情况下，应考虑所有情况后决定减少或免除生产者的责任。如果损害既是产品缺陷，又是由第三方的行为或疏忽造成，则不应该减轻生产者的责任。此外，第八条规定生产者的责任不得以任何免责或解除义务的条款加以排除或限制。

7. 时效

该公约规定了诉讼时效为 3 年，自申请人发觉或必须合情合理地发觉损害、缺陷及生产者的身份之日起计算。公约规定如果诉讼未在自生产者将造成损害的单个产品投入流通之日起 10 年内提出，则受损害者丧失对生产者要求赔偿的权利。

二、《海牙公约》

由海牙国际私法会议于 1973 年 10 月 2 日通过的《产品责任法律适用公约》，在解决产品责任冲突方面发挥了重大的作用。该公约自 1977 年 10 月 1 日正式生效。目前，克罗地亚、芬兰、法国、卢森堡、荷兰、挪威、塞尔维亚等国家批准了该公约。《海牙公约》是目前国际上唯一的产品责任方面的冲突法公约，其宗旨是在国际范围内解决产品责任的法律适用问题。该公约的前言指出，公约意图对产品责任的国际诉讼建立普遍的准据法适用规则。值得注意的是，该公约实施涉及法律的选择，并无意对产品责任的实体法规则施加任何影响。

1. 《海牙公约》的适用范围

根据《海牙公约》第一条规定，公约适用于产品责任准据法的确定。产品责任的范畴是指产品生产者或其他人对产品所造成的损害，包括因对产品的错误描述以及对产品质量、性质或使用方法缺乏充分的警示而导致损害而产生的责任。但是，如果产品的所有权或使用权是由责任人直接转让给受害者的话，那么他们之间的责任不适用《海牙公约》。

由此可见，该公约不适用于具有合同关系的生产者和消费者之间产生的产品责任。该公约对具有合同关系的产品责任的适用进行了排除，主要在于避免与现在的规范合同关系的冲突法规则之间的冲突，从而有利于该公约的接受和推广。

该公约第二条对“产品”和“损害”作出了定义。为了尽量扩大其适用范围，《海牙公约》的适用范围非常广泛，包括天然产品和工业产品、制成品和非制成品以及动产或不动产。“损害”是指包括人身损害和财产损害以及相应的经济损失，除非与其他损害相关联，产品本身的损害以及因此而导致的经济损失不应包括在内。

该公约第三条界定的产品“责任主体”的范围包括：成品或零部件的生产商；天然产品的生产者；产品的供应者；产品的修理者、保管者以及在产品制造和销售的商业流通环节中的其他人，此外，上述主体的代理人或雇员的责任也适用该公约。

2. 准据法的确定

《海牙公约》第四条至第七条对产品责任纠纷的法律适用问题作出了规定，其突出特点是由两个以上的连接点来确定适用的准据法，单独的连接点不具有决定性的作用，以此保证所适用的准据法与案件有密切的联系。这些基本规则如下：

（1）以损害地所在国的国内法为准据法。《海牙公约》第四条的规定，以损害地所在国的国内法为准据法时，必须同时满足下列条件之一：该国又是直接受害人的经常居住地所在国；该国是被控责任人的主要营业地所在国；该国是直接受害人的产品获取地所在国。

（2）以直接受害人的经常居住地所在国的国内法为准据法。公约第五条规定，以直接受害人经常居住地所在国的国内法为准据法时，也必须满足下列条件之一：该国是被控责任人的主要营业地所在国；该国是直接受害人的产品获取地所在国。

上述两项规则有先后顺序，公约首先考虑的准据法是损害地，但是公约也赋予受害人一定的选择权。

（3）以被控责任人主要营业地所在国的国内法为准据法。公约第六条规定，在上述1.2两项规则不能适用的情况下，准据法为被控责任人主要营业地所在国的国内法，除非请求人根据损害地所在国的国内法提出请求。该项规定尽管可能不会给受害方带来诉讼上的便利，但至少不会给受害方带来诉讼上的不便，或者说毕竟给了受害方一个选择的权利。

（4）排除适用规则。公约第七条规定，即使按照公约第四条至第六条的规定本应适用损害地所在国法律或受害人经常居住地所在国法律的情况下，如果被控责任人能证明他不可能合理地预见产品会由商业渠道进入上述国家，那么上述国家的国内法将不被适用。本条规定给了责任人一个有条件地排除适用损害地法或受害人经常居住地法的机会，如果排除适用能够成立的话，那么责任人主要营业地所在国的国内法将被适用。

3. 准据法的适用范围

该公约第八条规定了准据法的适用范围，具体包括：责任的条件和范围；免除责任、限制责任和划分责任的依据；可予赔偿的损害种类；赔偿的形式和范围；损害赔偿的权利可否转让或继承的问题；可依自己的权利要求损害赔偿的人；委托人对其代理人的行为或雇主的行为承担责任的问题；举证责任；关于时效的规定，以及关于时效起算、中断和中止的规定等。

4. 其他规定

公约规定，根据其所确定的准据法必须得到适用，只有这种适用明显地与该国的公共政策或公共秩序相抵触或不一致时，才可以拒绝适用。关于准据法，只要依据公约所提供的规则是确定的，即使所确定的是非缔约国的法律，也是本公约所允许的。

关于公约的适用顺序，在第十五条有规定，对于缔约国参加的，或可能参加其他专门方面的公约中有关产品责任的规定，本公约不应优先适用。如果某国既是欧盟《产品责任指令》的缔约国，又是《海牙公约》的缔约国，则在产品责任的确定上，前者优先于后者适用。

三、《产品责任指令》

欧盟是目前世界上最具有代表性的区域性国际组织之一。为了协调各成员国有关产品责任的法律，欧共体理事会于1985年7月25日通过了《关于对有缺陷产品责任的指令》，即《指令1985》。根据该指令第十九条的规定，各成员国有义务在指令颁布后3年内将指令的内容转化为国内法。

《指令1985》实施后，为了进一步提高产品责任的保护水准，应对部分领域的产品安全危机，欧盟议会和理事会于 1999 年 5 月 10 日通过了《指令 1999》，该指令共 4 条，围绕《指令 1985》第二条的修订扩大了产品责任的适用范围。

1. 产品

《指令 1985》第二条规定，“产品”是指除初级农产品和狩猎产品以外的所有动产产品，即使其已被组合在另一动产或不动产之内，电力也包括在“产品”之内。初级农产品包括种植业、畜牧业、渔业产品，但是不包括经过加工的此类产品。到了 20 世纪 90 年代，随着“疯牛病”危机的爆发，农产品安全成为欧盟各成员国关注的突出问题。为了让消费者重拾对农产品安全的信赖，进一步统一各成员国法律的规定，《指令 1999》第一条明确规定，产品包括所有动产，而没有任何例外的规定。这也意味着把初级农产品和狩猎物纳入到“产品”的范围，并且不允许各成员国对此提出保留或排除适用。

2. 缺陷

根据《指令 1985》第六条的规定，如果一个产品不能提供人们有权期待的安全性，产品即为有缺陷。在界定产品是否有缺陷的问题上，《指令 1985》指出应将产品的使用说明、可以合理预见的产品使用状况和产品投入流通时间等相关因素考虑在内。

3. 责任主体

根据《指令 1985》第三条规定，产品责任的承担者是指产品的生产者。生产者具体包括：成品生产者；原料生产者或者零部件生产者；通过在产品上标明其姓名、商标或其他可辨别的特征，表明其为生产者的任何人；在不减损产品生产者责任的情况下，任何将产品输入到欧共体（欧盟）市场用于销售、租用、出租或任何形态之商业销售者，都将被认为指令意义上的生产者，并将承担与生产者相同的责任；如果生产者不能被确认，产品的供应商将被看作生产者，除非在合理时间内其能够向消费者告诉生产者或向其提供产品的供应商的身份。

4. 规责原则

根据《指令 1985》规定，产品责任规责原则为严格责任，即无过错责任。受害者提出赔偿请求，只需要证明产品存在缺陷、缺陷产品所造成的损害以及两者之间的因果关系，而无须证明生产者是否有过错。

5. 责任的免除或减轻

根据《指令 1985》第七条规定，如果生产者能够证明存有下列情况，则不要承担责任：生产者未将产品投入流通；根据情况表明造成损害的缺陷可能是在产品投入流通时并不存在或者是在投入流通后形成的；产品并非用于销售或以经济为目的的任何形式之分销，也并非由生产者在商业经营过程中制造或分销；产品缺陷是由于执行政府的强制性法规所致；以产品投入流通时的科学技术水平无法发现缺陷的存在等。《指令 1985》同时指出，如果损害的造成也可以归因于受害人自身的过错，生产者的责任可以相应地减轻甚至免除。

6. 损害赔偿

根据《指令 1985》第九条规定，损害包括人身伤害和财产损害。对于人身伤害，特别提到本规定不影响各成员国规定受害者可以提出精神损害赔偿。对于财产损害，规定不包括缺陷产品本身，并对缺陷产品以外的其他财产的损害规定了赔偿门槛，以避免过多的产品责任诉讼。

7. 诉讼时效

《指令1985》第十条规定，原告提起赔偿请求的诉讼时效为3年，从原告知道或应当知道损害、缺陷和被告的身份之日起计算。但是如果自缺陷产品投入流通后10年内，受害者没有提起诉讼请求，那么受害者将不再享有此权利。

第五节 我国的产品责任法

一、我国产品质量法的制定过程

1993年2月22日第七届全国人民代表大会常务委员会第三十次会议通过《中华人民共和国产品质量法》（以下简称《产品质量法》），根据2000年7月8日第九届全国人民代表大会常务委员会第十六次会议《关于修改〈中华人民共和国产品质量法〉的决定》予以修正；根据2009年8月27日第十一届全国人民代表大会常务委员会第十次会议《关于修改部分法律的决定》第二次修正。

2018年12月29日第十三届全国人民代表大会常务委员会第七次会议通过全国人民代表大会常务委员会关于修改《中华人民共和国产品质量法》等五部法律的决定。

二、产品和产品缺陷的概念

1. 产品的概念

《产品质量法》第二条第二款规定："本法所称的产品是指经过加工、制作，用于销售的产品。"第三款规定："建设工程不适用本法规定；但是，建设工程使用的建筑材料、建筑构配件和设备，属于前款规定范围的，适用本法规定。"未经过加工的天然形成的产品，如原矿、原煤、石油、天然气等，以及初级农产品，如农、林、牧、渔等产品，不包括在内。对于军工产品，因国务院、中央军事委员会另有规定，因此，也不包括在该法所调整的产品范围内。

由此可见，该法关于产品的定义有两个条件：一是经过加工、制作；二是用于销售。

2. 产品缺陷的概念

《产品质量法》第四十六条规定："本法所称缺陷，是指产品存在危及人身、他人财产安全的不合理的危险；产品有保障人体健康和人身、财产安全的国家标准、行业标准的，是指不符合该标准。"该条规定缺陷的两个标准：一是不合理危险；二是不符合法定安全标准。

三、生产者和销售者的产品质量义务

（一）生产者的产品质量义务

生产者的义务包括作为的义务和不作为的义务。

1. 作为的义务

（1）产品质量应符合下列要求：不存在危及人身、财产安全的不合理危险，有国家标准、行业标准的应当符合该标准；具备产品应当具备的使用性能，但是对产品存在使用性能的瑕疵作出说明的除外；符合在产品或者其包装上注明采用的产品标准，符合以产品说明、实物样品的方式表明的质量状况。

（2）包装及产品标识应当符合下列要求：特殊产品，如易燃、易爆等产品，其标识、包装质量必须符合相应的要求，依照规定作出警示或者中文警示说明；普通产品，应有产品质量检验的合格证明，有中文标明的产品名称、生产厂的厂名和地址；根据需要标明产品规格、等级、主要成分；限期使用的产品，应标明生产日期和安全使用期或者失效日期；产品本身易坏或者可能危及人身、财产安全的产品，应有警示标志或者中文警示说明。

2. 不作为的义务

不得生产国家明令淘汰的产品；不得伪造产地，不得伪造或者冒用他人的厂名、厂址；不得伪造或者冒用认证标志、名优标志等质量标志；不得掺杂、掺假，不得以假充真、以次充好，不得以不合格产品冒充合格产品。

（二）销售者的产品质量义务

1. 进货验收义务

销售者应当建立并执行进货检查验收制度。该制度相对消费者及国家市场管理秩序而言是销售者的义务，相对供货者而言是销售者的权利。严格执行进货验收制度，可以防止不合格产品进入市场，可以为准确判断和区分生产者及销售者的产品质量责任提供依据。

2. 保持产品质量义务

销售者进货后应对保持产品质量负责，以防止产品变质、腐烂、丧失或降低使用性能，产生危及人身、财产的瑕疵等。如果进货时的产品符合质量要求，销售者造成质量问题的，销售者应当承担相应的赔偿责任。

3. 有关产品标识的义务

销售者在销售产品时，应保证产品标识符合产品质量法对产品标识的要求，符合进货时验收的状态，不得更改、覆盖、涂抹产品标识，以保证标识的真实性。

4. 不得违反禁止性规范

不得销售国家明令淘汰并停止销售的产品和失效、变质的产品；不得伪造产地，不得伪造或者冒用他人的厂名、厂址；不得伪造或者冒用认证标志、名优标志等质量标志；不得掺杂、掺假，不得以假充真、以次充好，不得以不合格产品冒充合格产品。

四、产品责任的归责原则和求偿对象

（一）产品责任的归责原则

归责原则是指确定行为人承担法律责任的理由和根据。

过去一般采用主观主义标准，以主观过错作为承担责任的依据；现在多数采取客观主义标准，只要因产品缺陷造成人身、他人财产损害的，不论有无过错，均应负赔偿责任。归责原则由过错原则发展为严格责任原则，反映了经营者与消费者在社会经济领域里力量消长的变化轨迹。该法对于生产者和销售者采用了不同的归责原则。

1. 生产者的严格责任

《产品质量法》第四十一条对生产者的责任作了如下规定:“因产品存在缺陷造成人身、缺陷产品以外的其他财产损害的，生产者应承担赔偿责任。”根据这条规定，因产品存在缺陷，造成他人人身、财产损害的，应由该产品的生产者承担赔偿责任，而生产者的赔偿责任，不是以生产者具有过错为责任成立要件，因此属于严格责任。

2. 销售者的过错责任

《产品质量法》第四十二条对销售者的责任做了如下规定:“由于销售者的过错使产品存在缺陷，造成他人人身、财产损害的，销售者应当承担赔偿责任。销售者不能指明缺陷产品的生产者也不能指明缺陷产品的供货者的，销售者应当承担赔偿责任。”该规定说明销售者的责任是以销售者具有过错为责任成立要件，因此属于过错责任，实际上是过错推定责任，销售者负有举证责任，否则不能免除赔偿责任。

(二) 产品责任的求偿对象

《产品质量法》第四十三条规定:“因产品存在缺陷造成人身、他人财产损害的，受害人可以向产品的生产者要求赔偿，也可以向产品的销售者要求赔偿。属于产品的生产者的责任，产品的销售者赔偿的，产品的销售者有权向产品的生产者追偿。属于产品的销售者的责任，产品生产者赔偿的，产品的生产者有权向产品的销售者追偿。”

这里所谓的生产者，既包括产品成品或零部件的制造商，还应包括在产品上标出自己的名称、商标或其他标志，以表明自己是该产品的生产者的自然人或法人。

至于产品的运输者、仓储者，作为产品进入流通领域的中间环节，他们负有保证产品在运输、保管中不受损害的义务，违反该义务造成产品缺陷并导致损害的，也应当承担责任。但是，由于运输者、仓储者不是直接面对消费者，所以他们不向受害人直接承担责任，而是由生产者、销售者先承担责任，再依据产品责任向运输者、仓储者追偿。

五、生产者的法定免责条件

《产品质量法》同时规定了法定的免责条件，即生产者能够证明下列情况之一的，不承担赔偿责任：①未将产品投入流通的；②产品投入流通时，引起损害的缺陷尚不存在的；③将产品投入流通时的科学技术水平不能发现缺陷存在的。

六、产品责任的损害赔偿范围

《产品质量法》确定的损害赔偿范围包括人身损害、财产损害和精神损害。

1. 人身损害

因产品存在缺陷造成受害人人身伤害的，侵害人应当赔偿医疗费、治疗期间的护理费、因误工减少的收入等费用；造成残疾的，还应当支付残疾者的生活自助工具费、生活补助费、残疾赔偿金以及由其所抚养的人所必需的生活费等费用；造成死亡的，应当支付丧葬费、死亡赔偿金以及由死者生前抚养人所必需的生活费等费用。

2. 财产损害

因产品存在缺陷造成受害人财产损失的，侵害人应当恢复原状或者折价赔偿，受害人因此遭受其他重大损失的，侵害人应当赔偿损失。所谓“其他重大损失”是指受害人因财物毁损所发生的经济上的损失，相当于《民法典》合同编关于违约责任的第五百八十四条所规定的“可以获得的利益”的损失。

3. 精神损害

《产品质量法》未明确使用精神损害的概念。根据最高人民法院2001年发布的《关于确定民事侵权精神损害赔偿责任若干问题的解释》，人身损害中规定的残疾赔偿金与死亡赔偿金即为精神损害抚慰金的表现形式。

七、产品责任诉讼时效

《产品质量法》规定了普通时效和排除时效。

1. 普通时效

《产品质量法》第四十五条第一款规定：“因产品存在缺陷造成损害要求赔偿的诉讼时效期间为二年，自当事人知道或者应当知道其权益受到损害时起计算。”对于时效的中止和中断按照我国的《民事诉讼法》的规定处理。

2. 排除时效

《产品质量法》第四十五条第二款规定：“因产品存在缺陷造成损害要求赔偿的请求权，在造成损害的缺陷产品交付最初消费者满十年丧失；但是，尚未超过明示的安全使用期的除外。”可见，损害赔偿的请求权是一种实体权利，因受到损害而发生，随后才产生时效的计算问题。

八、违反产品质量的赔偿责任

1. 销售者先行负责及赔偿义务

我国的产品质量法同时又是一部产品质量责任法。《产品质量法》规定，售出的产品有下列情况之一的，销售者应当负责修理、更换、退货；给购买产品的消费者造成损失的，销售者应当赔偿损失：①不具备产品应当具备的使用性能而事先未作说明的；②不符合在产品或其包装上注明采用的产品标准的；③不符合以产品说明、实物样品等方式表明的质量状况的。

2. 销售者的追偿权

依照前款规定负责修理、更换、退货、赔偿损失后，属于生产者的责任或属于向销售者提供产品的其他销售者的责任的，例如供货者，销售者有权向生产者、供货者进行追偿。

由于在绝大多数情况下，用户、消费者只知道销售者为何人，且双方存在着买卖合同关系，法律规定首先由销售者承担赔偿责任是非常明智的。同时，为了充分尊重合同当事人的定约自由权，该法规定，生产者之间，销售者之间，生产者与销售者之间订立的买卖合同、承揽合同对责任承担顺序有不同约定的，按照合同约定执行。

本章小结

本章主要学习了产品责任和产品责任法的概念和特征；美国的产品责任法相关法律规定；欧洲各国的产品责任法相关法律规定；关于产品责任的三大国际公约相关法律规定以及我国的产品责任法相关法律制度等主要内容。

复习思考题

一、简答题

1. 简述产品责任的概念与特征。

2. 我国《产品质量法》规定的生产者和销售者的义务有哪些？

3. 简述产品责任的归责原则和求偿对象。

4. 简述产品责任的损害赔偿范围。

二、案例分析题

1. 2021年2月5日，原告黄某向被告张某购买了6枚“高空礼花弹”。原告黄某在燃放时，“高空礼花弹”在地面炸开。原告黄某当即被炸伤，花去医药费等共计8 000元。假设被告销售给原告的“高空礼花弹”属于“三无”产品。

请问：原告起诉被告，法院该如何进行判决？为什么？

2. 某饮水机厂于2020年10月开始成批生产饮水机，为推销产品，该厂派推销员在街头散发宣传单，称该产品已通过地矿部实验检验，经多层过滤后，饮用水质量符合国家矿泉水标准。郑某见该宣传广告后，便到该饮水机厂销售点，以1 000元的价格购买了一台，后发现该产品根本没有质量检验合格证或全国免检等相关证明，便向厂方要求退货。厂方称有关质量检验正在办理中，很快就能通过，拒绝退货。郑某无奈，向法院起诉，要求饮水机厂退还货款并赔偿损失。

庭审中，饮水机厂辩称，其与郑某的买卖合法有效，且商品没有检测出质量问题，因而不同意退还货款。请问：

（1）饮水机厂的辩解合法吗？为什么？

（2）依据产品责任法，法院应该如何进行判决？

3. 甲、乙两人到四川火锅店去吃火锅，在吃的过程中，煤气瓶发生爆炸，炸伤了甲和乙。甲花医药费10 000元，乙炸断了一只手，花医药费10万元。乙由于断手，女朋友和他分手了，导致乙非常痛苦，后来得了精神病。

经调查，煤气瓶由丙公司生产，质量没有问题；煤气由丁公司充气，质量有问题，气不纯，导致发生爆炸的。爆炸时，小张正好路过，也被炸伤，花医药费15万元，断了两只脚，残疾了，丧失了劳动能力，他有一个5岁的小孩。

请问：本案该如何处理？

4. 李某在2020年11月份时从本市某商场购买了“南极”牌电冰箱一台，使用了3个月后，冰箱起火，李某损失7 000多元。事发后，李某找到商场，商场同意赔偿了3 000元，李某认为商场至少赔5 000元。双方遂起纠纷，李某以产品责任为由诉到法院。法院审理后认为，认定产品质量问题，应由技术监督部门出具鉴定书。但技术监督部门提出，该冰箱已烧毁，又无库存，无法鉴定。法院开庭，认为不能排除消费者使用不当造成冰箱起火的可能性，虽然冰箱没有合格证，但产品质量问题证据不足，驳回起诉。

请问：法院的判决是否正确？为什么？

5. 某于2020年6月在旧货市场买1台“新月”牌二手电冰箱，卖主称该电冰箱安全期长，为15年，是1992年9月被人从厂家买走，已经在旧货市场卖过两次，从未坏过。价款600元，并保证质量，不让试机。王某将电冰箱拉回家，使用4个月后发现电冰箱门带电，电火花燃着了周围家具，损失650元。王某到市场索赔，回复说：我们只收了600元，可以退给你，其它损失与我们无关。王某又找到电器厂要求赔偿损失。电器厂称：电冰箱使用已过10年，过了法定赔偿请求权期限，不予赔偿。请问：

（1）旧货市场职员在销售过程中有违法行为吗？

（2）旧货市场退还王某600元的理由是否成立？

（3）电器厂应否赔偿王某损失？

第十章

工业产权法

学习目标

掌握商标法和专利法的相关法律规定；能运用工业产权法的相关知识避免在企业运营或从事国际商事交往的过程中侵犯他人权利；能运用工业产权法维护自己的权益，处理有关的工业产权侵权纠纷。

引导案例

1. 甲公司聘请乙专职从事汽车发动机节油技术开发。因开发速度没有达到甲公司的要求，甲公司减少了给乙的开发经费。乙于2020年9月辞职到了丙公司，获得了更高的薪酬和更多的开发经费。2020年12月，乙成功开发了一种新型汽车节油装置技术。

请问：该项技术的专利申请权归谁？为什么？

2. 个体经营户黄某从事理发服务业，使用“一剪没”作为未注册商标长期使用，享有较高的声誉。黄某通过签订书面合同许可其在同一城区的表妹张某使用该商标从事理发业务。后张某以自己的名义申请“一剪没”商标使用于理发业务并获得注册。请问：

（1）该商标使用许可合同是否有效？为什么？

（2）张某以自己的名义申请“一剪没”商标进行注册是否侵犯了黄某的商标权？

（3）黄某是否有权自“一剪没”商标注册之日起5年内请求商标评审委员会撤销该注册商标？

知识支撑

在经济飞速发展的今天，世界各国都认识到知识产权是国家或企业的核心竞争力。所谓知识产权，是指“权利人对其智力劳动成果所享有的专有权利”，主要包括工业产权和著作权。而工业产权主要包括专利权和商标权。随着知识产权重要性的凸显，知识产权纠纷也越来越多，掌握知识产权法的基本理论知识，对避免侵犯他人权利和维护自身权益都是十分必要的。在国际商事活动中涉及最多的知识产权是工业产权，因此，本章只介绍工业产权中的专利权和商标权。

第一节　工业产权法概述

一、工业产权的概念和特征

1. 工业产权的概念

工业产权是指对应用于商品生产和流通中的发明创造和显著标记等智力成果享有的专有权利，是知识产权的重要组成部分。随着知识产权以及与贸易有关的知识产权在全球的交易越来越多，工业产权在整个国际商事活动中的地位越来越重要，工业产权的国际保护也越来越受到人们的重视。

根据《保护工业产权巴黎公约》（以下简称《巴黎公约》）的规定，工业产权包括专利、实用新型、外观设计、商标、服务标记、厂商名称、货源标记或者原产地名称以及制止不正当竞争的权利。在我国，工业产权主要指专利权和商标权。

2. 工业产权的法律特征

（1）专有性。国家赋予专利权人和商标权人专有的权利，也就是说，只有权利人才对依法确认的专利和商标享有占有、使用、收益和处分的权利，未经专有权人同意，任何单位和个人不得使用该项专利或商标，否则，即构成侵权。

（2）地域性。一项工业产权，要想在一个国家获得专有权，必须在该国申请并获得批准。但在该国享有专有权并不意味着在另一国也享有专有权，要想就同一工业产权在另一个国家享有专有权，必须向这个国家依法申请并获得批准。

（3）时间性。工业产权的保护有一定的期限，期限届满后，工业产权通常就不再受法律保护，成为社会公共财富，任何人都可以自由地使用。

二、工业产权法的概念和立法概况

工业产权法是指调整因确认、保护和使用工业产权而发生的各种社会关系的法律规范的总称。

（一）工业产权的国际保护

保护工业产权的国际条约主要有《保护工业产权巴黎公约》、《商标国际注册马德里协定》（以下简称《马德里协定》）、《与贸易有关的知识产权协议》（以下简称 THIPS 协议）等。

1.《巴黎公约》

《巴黎公约》于 1883 年在巴黎召开的国际外交会议上通过并签署，当时签字国有 11 个国家。我国于 1985 年 3 月 19 日正式成为该公约的缔约国。《巴黎公约》是世界上第一个保护工业产权的国际公约，首次确立了国际工业产权保护的国民待遇原则、优先权原则、独立保护原则和最低保护原则。《巴黎公约》的保护对象为发明、实用新型、外观设计、商标、服务标记、厂商名称、货源标记或原产地名称和制止不正当竞争。

2.《马德里协定》

《马德里协定》是《巴黎公约》框架内的一个特别协定，于1891年在马德里签订。我国于1989年10月4日加入该协定。《巴黎公约》在保护包括商标权在内的工业产权方面有非常大的影响力，但其仅仅规定了商标权的国际保护原则，对于取得商标权的程序问题并未作规定，很容易引起在各个成员国重复同一手续或程序的现象出现，对商标的国际注册造成不利影响。为解决这个问题，《巴黎公约》第十九条“专门协定”规定：“本同盟成员国保留有相互间分别签订关于保护工业产权的专门协定的权利，只要这些协定与本公约的规定不相抵触。”《马德里协定》就是根据上述条款签订的，内容主要是规定商标国际注册的程序问题。

3. THIPS协议

随着世界经济、贸易格局发生巨大变化，知识产权保护在世界范围内受到了越来越多的关注。THIPS协议就是在这种形势下产生的。该协议对知识产权的保护较之前的《巴黎公约》和《伯尔尼公约》都有了显著的加强，任何国家或地区要加入世界贸易组织，在知识产权协调方面，必须遵守该协议。由于许多国家都是世贸组织成员，因此该协议有着广泛的参与主体，在知识产权方面具有最重要的影响力。

（二）中国的工业产权法律制度

我国工业产权法包括《中华人民共和国商标法》（以下简称《商标法》）、《中华人民共和国商标法实施细则》、《中华人民共和国专利法》（以下简称《专利法》）、《中华人民共和国专利法实施细则》等专门的法律、法规，以及我国《宪法》《民法典》等有关法律中关于工业产权的法律规范。它们构成了我国现行的工业产权法律制度。我国的工业产权法律、法规，以及我国加入的工业产权方面的国际条约，对于我国保护专利权人、商标权人的合法权利，鼓励发明创造和合法竞争，促进科学技术进步，推广先进技术的使用，引进外国先进技术等，都起着重要的作用。

第二节 专利法

一、专利和专利法的概念

专利一般指专利权，即一国的专利主管机关依法在一定时期内授予发明创造者或者其权利继受者独占使用其发明创造的权利。享有专利权的人叫专利权人，专利权人可以依法独占实施自己的专利，其他任何单位和个人未经专利权人许可都不得实施其专利。

专利法是指调整在确认、保护和使用发明创造专有权的过程中形成的各种社会关系的法律规范的总称。

我国《专利法》于1984年颁布，经过了1992年、2000年、2008年、2020年四次修改。

二、专利权的主体

专利权的主体为专利权人，是指依法享有专利权，并承担相应义务的人。依照我国《专利法》的规定，我国的单位和个人，都可以在我国申请并取得专利权；在我国没有经常居所和营业所的外国人、外国企业或者外国其他组织，依照其所属国同中国签订的协议或者共同参加的国际条约，或者依照互惠原则，可以依照我国《专利法》的规定申请并取得专利权。

在中国没有经常居所或者营业所的外国人、外国企业或者外国其他组织在中国申请专利和办理其他专利事务的，应当委托国务院专利行政部门指定的专利代理机构办理。

关于专利权的归属，我国《专利法》把发明创造区分为职务发明创造、非职务发明创造、共同发明创造和委托发明创造。

1. 职务发明创造

职务发明创造是发明人或设计人因执行本单位的任务或者主要是借助本单位（包括临时工作单位）的物质技术条件所完成的发明创造。

执行本单位的任务包括：在本职工作中所作出的发明创造；履行本单位交付的本职工作之外的任务所作出的发明创造；退休、调离原单位后或在劳动、人事关系终止后 1 年内作出的，与其在原单位承担的本职工作或者原单位分配的任务有关的发明创造。

本单位的物质技术条件是指本单位的资金、设备、零部件、原材料或者不对外公开的技术资料等。

职务发明创造专利申请权属于该单位，申请被批准后，该单位为专利权人。发明人或设计人享有署名权和获得奖金、报酬的权利；被授予专利权的单位应当按照规定向对职务发明创造的发明人或设计人发给奖金；在发明创造专利实施后，单位应根据其推广应用的范围和取得的经济效益，对发明人或设计人给予合理的报酬。发明人或设计人的署名权可以通过书面形式声明放弃。

2. 非职务发明创造

非职务发明创造，是指不是为执行本单位的任务或没有利用本单位的物质技术条件所完成的发明创造。非职务发明创造，专利申请权属于发明人。申请被批准后，该发明人为专利权人。

3. 共同发明创造

共同发明创造是指两个或两个以上的单位或个人共同完成的发明创造。共同发明创造专利权的归属，有约定的依从约定，没约定或约定不明的，专利申请权属于共同完成发明创造的单位或个人。申请被批准后，申请专利的单位或个人为专利权人。

4. 委托发明创造

委托发明创造是指一个单位或者个人接受其他单位或者个人委托完成的发明创造。委托发明创造专利权的归属，有约定的依从约定，没约定或约定不明的，专利申请权归完成发明创造的单位或个人，申请被批准后，申请专利的单位或个人为专利权人。

另外，专利申请权和专利权都可以转让。中国单位或者个人向外国人转让专利申请权或者专利权的，必须经国务院有关主管部门批准。转让专利申请权或者专利权的，当事人应当订立书面合同，并向国务院专利行政部门登记，由国务院专利行政部门予以公告。专利申请权或者专利权的转让自登记之日起生效。

案例 10.1 工程师王某在甲公司的职责是研发电脑鼠标。下列哪些说法是错误的？

A. 王某利用业余时间研发的新鼠标的专利申请权属于甲公司

B. 如王某没有利用甲公司的物质技术条件研发出新鼠标，其专利申请权属于王某

C. 王某主要利用了单位物质技术条件研发出新型手机，其专利申请权属于王某

D. 如王某辞职后到乙公司随即研发出新鼠标，其专利申请权属于乙公司

【解析】应选 B、C、D。王某利用业务时间研发的新鼠标属于职务发明，因为王某在甲公司的职责就是研发电脑鼠标，该发明当然是执行本单位的任务，而不论是利用业余时间或正常上班时间，A 是正确的。即使王某没有利用甲公司的物质技术条件研发出新鼠标，只要是执行本单位的任务进行的研发，仍然属于职务发明，专利申请权属于甲公司，B 是错误的。王某主要利用了本单位物质技术条件，属于职务发明，其专利申请权属于甲公司，不是王某，C 的说法是错误的。王某辞职后一年内研发出的新鼠标，仍属于执行甲公司的任务所完成的职务发明，其专利申请权仍属于甲公司，因此 D 是错误的。

三、专利权的客体

专利权的客体，即专利法保护的对象，是指依法应授予专利的发明创造。根据我国《专利法》第二条的规定，专利法的客体包括发明、实用新型和外观设计三种。

1. 发明

发明是指对产品、方法或者其改进所提出的新的技术方案，包括产品发明、方法发明和改进发明三种。发明必须是一种技术方案，是发明人将自然规律在特定技术领域进行运用和结合的结果，而不是自然规律本身，因而科学发现不属于发明范畴。同时，发明通常是自然科学领域的智力成果，文学、艺术和社会科学领域的成果也不能构成专利法意义上的发明。

产品发明是指经过人工加工制造的具有特定性质或用途的物体的发明，如爱迪生发明了电灯，电灯是一种前所未有的产品，可以申请产品发明。

方法发明是指制造某种物质或解决某种技术问题的方法的发明，比如造纸的方法、培育新种子的方法、生产电灯的方法等，可以申请方法发明。

改进发明是指对已有的产品发明或方法发明所作出的实质性革新的技术方案。如给电灯填充惰性气体，其质量和寿命都明显提高，这是在原来基础上进行的改进，可以申请改进发明。

2. 实用新型

实用新型是指对产品的形状、构造或者其结合所提出的适于实用的新的技术方案。实用新型和发明一样，也是一种利用自然规律所作出的新的技术方案，但实用新型仅指具有一定形状的物品发明，该种专利只保护产品，该产品应当是经过工业方法制造的、占据一定空间的实体。其创造性和发明相比要求要低得多，通常被称为小发明。

产品的形状是指产品所具有的、可以从外部观察到的确定的空间形状。

产品的构造是指产品的各个组成部分的安排、组织和相互关系。

3. 外观设计

外观设计又称工业产品外观设计，是指对产品的形状、图案或者其结合以及色彩与形状、

图案的结合所作出的富有美感并适于工业应用的新设计。外观设计只涉及美化产品的外表和形状，不涉及产品的制造和设计技术，所以它的载体必须是产品。

产品是指任何用工业方法生产出来的物品，不能重复生产的手工艺品、农产品、畜产品、自然物不能作为外观设计的载体。通常，产品的色彩不能独立构成外观设计，除非产品色彩变化的本身已经形成一种图案。

四、专利法不予保护的对象

《专利法》第二十五条规定，对下列各项，不授予专利权：

（1）科学发现。它是指对自然界中客观存在的现象、变化过程及其特性和规律的揭示，科学理论是对自然界认识的总结，是更为广义的发现。

（2）智力活动的规则和方法。例如交通运输规则、各种语言的语法、速算法或口诀、心理测验方法、各种游戏及娱乐的规则和方法、乐谱、棋谱、计算机程序本身等不能授予专利。

（3）疾病的诊断和治疗方法。例如诊脉法、心理疗法、按摩、为预防疾病而实施的各种免疫方法、以治疗为目的的整容或减肥等都不能授予专利。但是，药品或医疗器械可以申请专利。

（4）动物和植物品种。但是，对于动物和植物的生产方法，可以授予专利。

（5）用原子核变换方法获得的物质。

（6）对平面印刷品的图案、色彩或者二者的结合作出的主要起标识作用的设计。

五、授予专利权的条件

1. 授予发明和实用新型专利权的条件

我国《专利法》第二十二条规定：“授予专利权的发明和实用新型，应当具备新颖性、创造性和实用性。”

（1）新颖性。新颖性是指该发明或者实用新型不属于现有技术，也没有任何单位或者个人就同样的发明或者实用新型在申请日以前向国务院专利行政部门提出过申请，并记载在申请日以后公布的专利申请文件或者公告的专利文件中。

《专利法》所称现有技术，是指申请日以前在国内外为公众所知的技术。但是，也有例外情况，我国《专利法》第二十四条规定：“申请专利的发明创造在申请日以前六个月内，有下列情况之一的，不丧失新颖性：在中国政府主办或者承认的国际展览会上首次展出的；在规定的学术会议或者技术会议上首次发表的；他人未经申请人同意而泄露其内容的。”

（2）创造性。创造性是指与现有技术相比，该发明具有突出的实质性特点和显著的进步，该实用新型具有实质性特点和进步。

创造性以新颖性为前提，而且与“现有技术”相比具有“突出的实质性特点”和“显著进步”，或“实质性特点”和“进步”，而不是大同小异。专利法对发明专利的创造性，比实用新型专利的创造性要求要高。

（3）实用性。实用性是指该发明或实用新型能够制造或者使用，并且能够产生积极的效果。

2. 授予外观设计专利权的条件

授予外观设计专利权只有新颖性的要求。《专利法》第二十三条规定了授予外观设计专利权的条件，即“授予专利权的外观设计，应当不属于现有设计；也没有任何单位或者个人就同样的外观设计在申请日以前向国务院专利行政部门提出过申请，并记载在申请日以后公告的专利文件中。授予专利权的外观设计与现有设计或者现有设计特征的组合相比，应当具有明显区别。授予专利权的外观设计不得与他人在申请日以前已经取得的合法权利相冲突。本法所称现有设计，是指申请日以前在国内外为公众所知的设计”。

六、授予专利权的程序

专利权的授予，申请人应向国家专利局提出申请并提交相关资料，专利局经审查和批准后发给申请人权利证书并予以登记和公告，自公告之日起，申请人享有专利权。

（一）申请

1. 申请原则

（1）先申请原则。两个以上的申请人分别就同样的发明创造申请专利的，专利权授予最先申请的人。国务院专利行政部门收到专利申请文件之日为申请日，如果申请文件是邮寄的，以寄出的邮戳日为申请日。

（2）单一性原则。我国《专利法》第三十一条规定：“一件发明或者实用新型专利申请应当限于一项发明或者实用新型。属于一个总的发明构思的两项以上的发明或者实用新型，可以作为一件申请提出。”一件外观设计专利申请应当限于一项外观设计。

（3）优先权原则。我国《专利法》规定了外国优先权和本国优先权。《专利法》第二十九条规定：“申请人自发明或者实用新型在外国第一次提出专利申请之日起十二个月内，或者自外观设计在外国第一次提出专利申请之日起六个月内，又在中国就相同主题提出专利申请的，依照该外国同中国签订的协议或者共同参加的国际条约，或者依照相互承认优先权的原则，可以享有优先权。申请人自发明或者实用新型在中国第一次提出专利申请之日起十二个月内，又向国务院专利行政部门就相同主题提出专利申请的，可以享有优先权。”

2. 申请文件

我国《专利法》第二十六条规定：“申请发明或者实用新型专利的，应当提交请求书、说明书及其摘要和权利要求书等文件。请求书应当写明发明或者实用新型的名称，发明人的姓名，申请人姓名或者名称、地址，以及其他事项。说明书应当对发明或者实用新型作出清楚、完整的说明，以所属技术领域的技术人员能够实现为准，必要的时候，应当有附图。摘要应当简要说明发明或者实用新型的技术要点。权利要求书应当以说明书为依据，清楚、简要地限定要求专利保护的范围。”

我国《专利法》第二十七条规定：“申请外观设计专利的，应当提交请求书、该外观设计的图片或者照片以及对该外观设计的简要说明等文件。申请人提交的有关图片或者照片应当清楚地显示要求专利保护的产品的外观设计。”

3. 专利申请日

专利局收到专利申请文件之日为申请日。如果申请文件是邮寄的，以寄出的邮戳日为申请日。申请人享有优先权的，优先权日为申请日。

（二）审批

1. 发明专利的审批程序

（1）初步审查。初步审查也称形式审查，是指对专利申请文件、委托事项以及是否属于法律禁止授予专利权的事项等进行审查。

（2）早期公开。我国《专利法》第三十四条规定：“国务院专利行政部门收到发明专利申请后，经初步审查认为符合《专利法》要求的，自申请日起满 18 个月，即行公布。国务院专利行政部门可以根据申请人的请求早日公布其申请。”

（3）实质审查。我国《专利法》第三十五条规定：“发明专利申请自申请日起三年内，国务院专利行政部门可以根据申请人随时提出的请求，对其申请进行实质审查；申请人无正当理由逾期不请求实质审查的，该申请即被视为撤回。国务院专利行政部门认为必要的时候，可以自行对发明专利申请进行实质审查。”

（4）授权登记公告。我国《专利法》第三十九条规定：“发明专利申请经实质审查没有发现驳回理由的，由国务院专利行政部门作出授予发明专利权的决定，发给发明专利证书，同时予以登记和公告。发明专利权自公告之日起生效。”

2. 实用新型和外观设计专利的审批程序

实用新型和外观设计专利没有实质审查程序。我国《专利法》第四十条规定：“实用新型和外观设计专利申请经初步审查没有发现驳回理由的，由国务院专利行政部门作出授予实用新型专利权或者外观设计专利权的决定，发给相应的专利证书，同时予以登记和公告。实用新型专利权和外观设计专利权自公告之日起生效。”

七、专利权人的权利与义务

（一）专利权人的权利

1. 独占权

专利权人的独占权是指专利权人有权自己制造、使用和销售专利产品或者使用专利方法的权利。

发明和实用新型专利权被授予后，除《专利法》另有规定的以外，任何单位或者个人未经专利权人许可，都不得实施其专利，即不得为生产经营目的制造、使用、许诺销售、销售、进口其专利产品，或者使用其专利方法以及使用、许诺销售、销售、进口依照该专利方法直接获得的产品。

外观设计专利权被授予后，任何单位或者个人未经专利权人许可，都不得实施其专利，即不得为生产经营目的制造、许诺销售、销售、进口其外观设计专利产品。

2. 转让权

专利权人有将自己的专利权转让给他人的权利。中国单位或者个人向外国人、外国企业或者外国其他组织转让专利申请权或者专利权的，应当依照有关法律、行政法规的规定办理手续。

转让专利申请权或者专利权的，当事人应当订立书面合同，并向国务院专利行政部门登记，由国务院专利行政部门予以公告。专利申请权或者专利权的转让自登记之日起生效。

3. 许可权

专利权人有通过许可合同许可他人实施自己的专利并收取专利使用费的权利。《专利法》第十二条规定："任何单位或者个人实施他人专利的，应当与专利权人订立实施许可合同，向专利权人支付专利使用费。被许可人无权允许合同规定以外的任何单位或者个人实施该专利。"

专利的独占实施许可，是指专利权人在约定的期间、地域和以约定的方式，将该专利权仅许可一个被许可人使用，专利权人依照约定不得实施该专利，也不得许可其他任何人实施该项专利。

案例 10.2 甲公司和乙公司签订了一份专利实施许可合同，约定乙公司在专利有效期内独占实施甲公司的专利技术，并特别约定乙公司不得擅自改进该专利技术。后乙公司根据消费者的反馈意见，在未经甲公司许可的情况下对专利技术做了改进，并对改进技术采取了保密措施。

请问：甲公司是否有权分享该技术？乙公司改进技术是否侵犯了甲公司的专利权？

【解析】甲公司无权分享该技术。乙公司改进技术没有侵犯甲公司的专利权。专利的独占实施许可，是指专利权人在约定的期间、地域和以约定的方式，将该专利权仅许可一个被许可人使用，专利权人依照约定不得实施该专利，也不得许可其他任何人实施该项专利。本案例中，专利权人甲已经将该专利独占许可给了乙公司，所以甲公司无权再使用该专利技术。乙公司的改进技术不属于非法垄断技术、妨碍技术进步的情况，法律对此不加以禁止，因此，乙的行为不构成侵犯专利权，也不构成违约。

4. 标示权

专利权人有在其专利产品或者该产品包装上标明专利标志的权利。

5. 请求保护权

当专利权人的权利受到侵犯时，专利权人有权向人民法院请求司法保护或是向专利管理部门请求行政保护。

（二）专利权人的义务

1. 缴纳年费

专利权人的主要义务就是向专利行政部门缴纳专利年费，专利权人应当自被授予专利权的当年开始缴纳年费，没有按照规定缴纳年费的，专利权在期限届满前终止。

2. 给职务发明的发明人或设计人奖励

被授予专利权的单位应当对职务发明创造的发明人或者设计人进行奖励；专利实施后，根据其推广应用的范围和取得的经济效益，对发明人或者设计人给予合理的报酬。

八、专利权的保护范围和期限

1. 专利权的保护范围

《专利法》第五十九条规定："发明或者实用新型专利权的保护范围以其权利要求的内容为准，说明书及附图可以用于解释权利要求的内容。外观设计专利权的保护范围以表示在图片或者照片中的该产品的外观设计为准，简要说明可以用于解释图片或者照片所表示的该产品的外观设计。”

2. 专利权的保护期限

《专利法》第四十二条规定：“发明专利权的期限为二十年，实用新型专利权和外观设计专利权的期限为十年，均自申请日起计算。”

案例10.3 美国某公司于2012年12月1日在美国就某口服药品提出专利申请并被受理，2013年5月9日就同一药品向中国专利局提出专利申请，要求享有优先权并及时提交了相关证明文件。中国专利局于2014年2月1日授予其专利。

请问：该专利的保护期限从什么时候开始计算？保护期限是多少年？

【解析】保护期限从2012年12月1日开始计算，因为享有优先权。由于该公司申请的是某口服药品的专利，应属于发明专利，所以保护期限为20年。

九、专利权的限制

1. 专利权的强制许可

专利权的强制许可也叫做非自愿许可，是指国务院专利行政部门依照法律规定，不经专利权人的同意，直接许可具备实施条件的申请者实施发明或实用新型专利的一种行政措施，其目的是为了促进获得专利的发明创造得以实施，防止专利权人滥用专利权，维护国家利益和社会公共利益。我国《专利法》中的强制许可分为三类：

（1）滥用专利权的强制许可。

（2）根据公共利益需要的强制许可。

（3）从属专利的强制许可。

案例10.4 中国某汽车轮胎厂发明了一种“新型汽车轮胎”，并依法获得了发明专利权，东北某汽车公司以合理的条件请求专利权人汽车轮胎厂许可其在东北地区实施专利，遭到专利权人的拒绝。后经申请获得强制许可权。该汽车公司获得实施该专利的强制许可后，许可其多家子公司同时实施该专利，并拒绝给付专利权人使用费。

请问：该汽车公司是否有权许可其子公司实施该发明专利？是否应给付专利权人使用费？

【解析】本案中汽车公司与其子公司之间虽有母子公司关系，但是母公司与子公司都具有独立的法人资格，母公司获得的强制许可权只能由其实施，不能许可他人实施，当然也不能许可其子公司实施。强制许可不同于合理使用，汽车公司必须给付专利权人专利使用费，无权拒绝专利权人的使用费给付请求。

2. 不视为侵犯专利权的情形

（1）专利产品或者依照专利方法直接获得的产品，由专利权人或者经其许可的单位、个人售出后，使用、许诺销售、销售、进口该产品的。

（2）在专利申请日以前已经制造相同产品、使用相同方法或者已经做好制造、使用的必要准备，并且仅在原有范围内继续制造、使用的。

（3）临时通过中国领路、领水、领空的外国运输工具，依照其所属国同中国签订的协议或者共同参加的国际条约，或者依照互惠原则，为运输工具自身需要而在其装置和设备中使用有关专利的。

（4）专为科学研究和实验而使用有关专利的。

（5）为提供行政审批所需要的信息，制造、使用、进口专利药品或者专利医疗器械的，以及专门为其制造、进口专利药品或者专利医疗器械的。

案例 10.5 下列哪项不属于专利侵权行为?

A. 甲公司与专利权人签订了独占实施许可合同后，许可其子公司实施该项专利技术

B. 获得强制许可实施权的甲公司许可他人实施该专利技术

C. 甲公司销售不知道是侵犯他人专利的产品并能证明该产品来源合法

D. 为提供行政审批所需要的信息，甲公司未经专利权人的同意而制造其专利药品

【解析】应选 D。甲公司获得专利独占实施权后无权再许可其他公司实施该专利，不论乙公司是否是甲公司的子公司。因此，A 选项中甲公司对外许可行为属于专利侵权行为，不应该选 A。取得实施强制许可的单位或者个人不享有独占的实施权，并且无权允许他人实施，因此选项 B 中甲公司的行为构成专利侵权，不应该选 B。C 选项中的行为构成专利侵权行为，只不过可以免除其赔偿责任，但是仍应承担停止销售等侵权责任，不应该选 C。根据《专利法》第六十九条的规定，D 选项是正确的。

十、专利侵权行为及赔偿

1. 专利侵权行为的概念

专利侵权行为是指在专利权有效期内，行为人未经专利权人的许可又无法律依据，以营利为目的的实施他人专利的行为。它具有下列特点：

（1）侵犯的对象是有效的专利，无效的专利不构成侵权行为。

（2）必须有侵害行为，即行为人在客观上实施了侵害他人专利的行为。

（3）以生产经营为目的，非生产经营目的的实施不构成侵权。

（4）违反了法律的规定，行为人未经专利权人的许可又无法律依据。

2. 专利侵权行为的表现形式

（1）制造发明、实用新型、外观设计专利产品的行为。

（2）使用发明、实用新型、外观设计专利产品的行为。

（3）许诺销售发明、实用新型、外观设计专利产品的行为。

（4）销售发明、实用新型、外观设计专利产品的行为。

（5）进口发明、实用新型、外观设计专利产品的行为。

（6）使用专利方法以及使用、许诺销售、销售、进口依照该专利方法直接获得的产品。

（7）假冒他人专利的行为。

未经专利权人许可，实施其专利，即侵犯其专利权，引起纠纷的，由当事人协商解决；不愿协商或者协商不成的，专利权人或者利害关系人可以向人民法院起诉，也可以请求负责专利管理工作的部门处理。

案例 10.6 我国中山某公司发现深圳某公司的网站上宣传一款风扇产品，并有产品标价等信息，而该中山公司对该款风扇拥有外观设计专利，深圳公司的该行为是否属于《专利法》调整的范围？是否属于专利侵权？

【解析】中山公司享有该款风扇的外观设计专利，为专利权人，深圳公司的行为可以认为是一种许诺销售的行为，有可能构成对中山公司外观设计专利权的侵权，显然是我国《专利法》调整的范围。

3．专利侵权行为的赔偿

侵犯专利权的赔偿数额按照权利人因被侵权所受到的实际损失确定；实际损失难以确定的，可以按照侵权人因侵权所获得的利益确定。权利人的损失或者侵权人获得的利益难以确定的，参照该专利许可使用费的倍数合理确定。赔偿数额还应当包括权利人为制止侵权行为所支付的合理开支。

权利人的损失、侵权人获得的利益和专利许可使用费均难以确定的，人民法院可以根据专利权的类型、侵权行为的性质和情节等因素，确定给予一万元以上一百万元以下的赔偿。

案例 10.7 甲是某产品的专利权人，乙于2020年4月1日开始制造和销售该专利产品。甲于2021年4月1日对乙提起侵权之诉。经查，甲和乙销售每件产品分别获利2万元和1万元，甲因乙的侵权行为少销售100台，乙共销售300台。

请问：乙应赔偿甲多少钱？

【解析】乙应赔偿甲200万元。本案例中，甲的损失是可以计算的，不能适用侵权人获利的方法计算。甲的实际损失应为其减少的销售量100台乘以单价利润2万元，总价值为200万元。

第三节　商标法

一、商标概述

（一）商标的概念

商标俗称牌子，是指能将企业提供的商品或服务与其他企业提供的商品或服务区分开来的标志。这种标志可以由一个或者多个具有特色的单词、字母、数字、图案、图片或者其组合构成。商标的作用主要有：作为识别产品的标志、标明商品的质量、具有广告宣传的作用和促进正当竞争。

我国在2001年10月27日以前的注册商标有：文字商标、图形商标和文字与图形结合的组合商标三种。为了与WTO规则接轨，根据《与贸易有关的知识产权协议》，我国于2001年对《商标法》进行了修改。修改后的《商标法》把注册商标变为文字、图形、字母、数字、三维标志和颜色组合，以及这些要素的组合，即增加了三维标志为商标的构成要素。2019年，我国对《商标法》进行了第四次修正。

（二）商标的分类

1．注册商标和未注册商标

经商标局核准注册的商标为注册商标，包括商品商标、服务商标和集体商标、证明商标；

商标注册人享有商标专用权，受法律保护。

未注册商标是指其使用人未申请注册或者注册申请未被核准的商标。

在我国，只有注册商标才有商标专用权，未注册商标的使用人不享有商标专用权，也不能禁止他人就同样的商标提起注册申请。

2. 商品商标和服务商标

商品商标是生产经营者在其生产、制造、加工、拣选或者经销的商品上使用的标记。例如大众、奥迪、宝马、奔驰等轿车的品牌标识。

服务商标是生产经营者在其提供的服务项目上使用的标记，例如维友服务商标。

3. 平面商标和立体商标

平面商标是指以文字、图形、字母、数字、色彩的组合或前述各要素的相互组合构成的商标。

立体商标是由产品的容器、包装、外形及其他具有立体外观的三维标志构成的商标。

4. 集体商标和证明商标

集体商标，是指以团体、协会或者其他组织名义注册，供该组织成员在商事活动中使用，以表明使用者在该组织中的成员资格的标志，例如龙井茶集体商标。

证明商标，是指由对某种商品或者服务具有监督能力的组织所控制，而由该组织以外的单位或者个人使用于其商品或者服务，用以证明该商品或者服务的原产地、原料、制造方法、质量或者其他特定品质的标志，例如天然翡翠证明商标。

二、商标权的取得

（一）商标权的取得途径

1. 原始取得

原始取得是指按我国《商标法》规定的注册程序进行商标注册后取得商标权。

2. 继受取得

继受取得是指通过合同转让和继承注册商标的程序取得的商标权。

（二）商标注册的原则

1. 自愿注册原则

根据自愿注册原则，当事人是否申请商标注册，由商标使用人自愿决定。我国对大部分商品或服务使用的商标，采取自愿注册的原则。未经注册的商标，可以在生产或服务中使用，但其使用人不享有专用权，也无权禁止他人在同种或类似商品上使用与其商标相同或近似的商标，但驰名商标虽未注册也受到保护。

我国也有一些商标采取强制注册原则。例如烟草制品，必须使用注册商标，未经核准注册的，不得在市场上销售。

2. 申请在先原则

两个或者两个以上的商标注册申请人，在同一种商品或者类似商品上，以相同或者近似的商标申请注册的，初步审定并公告申请在先的商标；同一天申请的，初步审定并公告使用在先的商标，驳回其他人的申请，不予公告。同日使用或者均未使用的，申请人应当协商解决；达不成协议的，由各申请人抽签决定。

我国《商标法》规定了申请在先的原则，但同时规定不得抢注。《商标法》第三十二条规定，申请商标注册不得损害他人现有的在先权利，也不得以不正当手段抢先注册他人已经使用并有一定影响的商标。

3. 优先权原则

（1）申请优先权。商标注册申请人自其商标在外国第一次提出商标注册申请之日起 6 个月内，又在中国就相同商品以同一商标提出商标注册申请的，依照该外国同中国签订的协议或者共同参加的国际条约，或者按照相互承认优先权的原则，可以享有优先权。

（2）展览优先权。商标在中国政府主办的或者承认的国际展览会展出的商品上首次使用的，自该商品展出之日起 6 个月内，该商标的注册申请人可以享有优先权。

（3）商标注册的申请人

自然人、法人或者其他组织对其生产、制造、加工、拣选或者经销的商品或提供的服务项目，需要取得商标专用权的，应当向商标局申请商品商标注册。

两个以上的自然人、法人或者其他组织可以共同向商标局申请注册同一商标，共同享有和行使该商标专用权。

外国人或者外国企业在中国申请商标注册的，应当按其所属国和中国签订的协议或者共同参加的国际条约办理，或者按对等原则办理。

（三）商标的构成条件

1. 商标申请注册的必备条件

（1）具有可识别性。任何能够将自然人、法人或者其他组织的商品与他人的商品区别开的可视性标志，包括文字、图形、字母、数字、三维标志和颜色组合，以及上述要素的组合，均可以作为商标申请注册。声音、气味等视觉无法感知的标志，不得申请注册商标。

（2）具有显著特点。申请注册的商标，应当有显著特征，便于识别，并不得与他人在先取得的合法权利相冲突。

2. 禁止作为商标使用更不能注册的标志

（1）同中华人民共和国的国家名称、国旗、国徽、军旗、勋章相同或者近似的，以及同中央国家机关所在地特定地点的名称或者标志性建筑物的名称、图形相同的。

（2）同外国的国家名称、国旗、国徽、军旗相同或者近似的，但该国政府同意的除外。

（3）同政府间国际组织的名称、旗帜、徽记相同或者近似的，但经该组织同意或者不易误导公众的除外。

（4）与表明实施控制、予以保证的官方标志、检验印记相同或者近似的，但经授权的除外。

（5）同“红十字”“红新月”的名称、标志相同或者近似的。

（6）带有民族歧视性的。

（7）夸大宣传并带有欺骗性的。

（8）有碍于社会主义道德风尚或者有其他不良影响的。

县级以上行政区划的地名或者公众知晓的外国地名，不得作为商标。但是，地名具有其他含义或者作为集体商标、证明商标组成部分的除外；已经注册的使用地名的商标继续有效。

3. 可以作为商标使用但不得申请注册的标志

（1）仅有本商品的通用名称、图形、型号的。

（2）仅仅直接表示商品的质量、主要原料、功能、用途、重量、数量及其他特点的。

（3）缺乏显著特征的。

（4）以三维标志申请注册商标的，仅由商品自身的性质产生的形状、为获得技术效果而需要的商品形状或者使商品具有实质性价值的形状，不得注册。

但是，（1）、（2）、（3）经过使用取得显著特征，并便于识别的，可以作为商标注册。

（四）商标注册程序

1. 申请

（1）申请文件。申请商标注册，应当依照公布的商品服务分类表按类申请，需要提交的申请文件有申请书、商标图样和证明文件。

（2）申请日。商标注册的申请日期，以商标局收到申请文件的日期为准。申请人享有优先权的，以优先权日为申请日。

2. 审查

商标注册申请的审查包括形式审查和实质审查两个方面：形式审查是商标局在收到注册申请后，对申请文件是否齐全、申请人是否符合资格作出的审查；实质审查是对商标是否具备注册条件的审查，由商标局就申请的商标是否具有可识别性、是否具有显著性、是否含有禁止性内容以及是否与他人注册的商标相混同等事项，进行审查并作出判断。

3. 初步审定

商标局对受理的商标注册申请，依法进行审查，对符合商标法各项规定的，由商标局初步审定，并予以公告。对初步审定的商标，自公告之日起 3 个月内，任何人均可以提出异议。

4. 核准注册

公告期满无异议的，或有人提出异议但经裁定异议不成立的，予以核准注册，发给商标注册证，并予公告。

三、商标权人的权利和义务

商标权是指商标所有权人对其注册商标享有的受国家法律保护的专有权。享有商标权的人是注册商标的所有权人，简称商标权人。

（一）商标权人的权利

1. 专用权

专用权是指商标权人对其注册商标依法享有的独占性使用权。具体包括：

（1）自己使用。商标权人自己有权在指定的商品或服务上使用其注册商标。

（2）禁止他人使用。商标权人有权禁止他人在相同或类似的商品或服务上使用与其注册商标相同或相近似的商标。

2. 转让权

转让权是指商标权人享有按照法定程序和条件将自己拥有的注册商标转让给他人的权利。转让注册商标，双方应当签订书面的转让协议，并共同向商标局提出申请。转让注册商标经核准后，予以公告，受让人自公告之日起享有商标专用权。受让人应当保证使用该注册商标的商品质量。

3. 许可权

许可权是指商标权人可以通过签订商标使用许可合同许可他人使用其注册商标的权利。许可人应当监督被许可人使用其注册商标的商品质量，被许可人必须在使用该注册商标的商品上标明被许可人的名称和商品产地。许可合同应该报商标局备案，不备案不影响其效力，但是不能对抗善意第三方，当事人另有约定的除外。商标使用许可合同的类型主要有独占使用许可、排他使用许可和普通使用许可三种。

案例 10.8 甲公司通过签订商标普通许可使用合同许可乙公司使用其注册商标“童声”，核定使用的商品为儿童服装。合同约定发现侵权行为后乙公司可以其名义起诉。后乙公司发现黄某销售假冒“童声”商标的儿童服装，黄某不能举证证明该批服装的合同来源。下列哪些说法正确?

A. 乙公司必须在“童声”儿童服装上标明乙公司的名称和地址

B. 该商标使用许可合同自备案后生效

C. 乙公司不得以其名义起诉，因为诉权不得约定转移

D. 黄某应当承担停止销售和赔偿损失的法律责任

【解析】应选 A、D。《商标法》第四十三条规定：“商标注册人可以通过签订商标使用许可合同，许可他人使用其注册商标。许可人应当监督被许可人使用其注册商标的商品质量。被许可人应当保证使用该注册商标的商品质量。经许可使用他人注册商标的，必须在使用该注册商标的商品上标明被许可人的名称和商品产地。”因此，A 是正确的。商标使用许可合同未经备案的，不影响许可合同的效力，但当事人另有约定的除外。未备案，不得对抗善意第三方。可见，B 是错误的。依据《商标法》相关规定，甲公司已经在合同中授权普通使用许可合同的被许可人提起诉讼，因此，C 选项表述错误。结合案件具体情况，可以判决侵权人承担停止侵害、赔偿损失的民事责任，因此 D 选项是正确的。

4. 标示权

商标注册人使用注册商标，可以标明“注册商标”字样或者标明注册标记“注”或“R”。在商品上不便标明的，应当在包装或者说明书以及其附着物上说明。

（二）商标权人的义务

1. 缴纳各项费用

申请商标注册和办理其他商标事宜的，应当缴纳费用。

2. 标明注册标记的义务

使用注册商标应标明标记，即标明“注册商标”的字样或者注册标记“注”或“R”。

商标权人应在核准的范围内使用注册商标，不得将注册商标使用在未经核准使用的商品或服务上；不得自行改变注册商标的文字、图形或其组合。

3. 保证商品质量的义务

使用注册商标，应保证其商品的质量；许可他人使用其注册商标的，应当监督被许可人使用其注册商标的商品或服务的质量。如果商品粗制滥造，以次充好，欺骗消费者的，由各级工商行政管理部门分别不同情况，责令限期改正，并可以予以通报或者处以罚款，或者由商标局撤销其注册商标。

4. 依法使用注册商标的义务

商标权人应按法律的规定进行注册商标的变更、续展、转让和许可。

四、商标权的保护范围和期限

1. 商标权的保护范围

注册商标专用权的范围，以核准注册的商标和核定使用的商品为限，但商标权的保护范围要比注册商标专用权的范围要广得多。普通商标权的保护及于与注册商标相同或近似的商标以及与核定使用的商品相同或类似的商品，即不得在相同或相类似的商品上使用与他人已经注册的商标相同或相近似的标志。驰名商标权的保护范围则扩大到不相同或不相类似的商品上，也不得使用与该已经注册的驰名商标相近似的标志，即便该驰名商标未在中国注册，其保护范围也及于在相同或类似的产品上不得使用近似的标志。

2. 商标权的保护期限

注册商标的有效期为 10 年，自核准注册之日起计算。注册商标有效期满，需要继续使用的，应当在期满前 6 个月内申请续展注册；在此期间未能提出申请的，可以给予 6 个月的宽展期。宽展期满仍未提出申请的，注销其注册商标。

五、商标侵权行为

商标侵权行为是指违反商标法的规定，假冒或者仿冒他人注册商标，或者从事其他损害商标权人合法权益的行为。

1. 假冒或者仿冒行为

假冒或者仿冒行为，是指未经注册商标所有人的许可，在同一种商品或者类似商品上使用与其注册商标相同或者近似的商标的行为。具体可分为四种：

（1）未经注册商标所有人的许可，在同一种商品上使用与其注册商标相同商标的行为。

（2）未经注册商标所有人的许可，在同一种商品上使用与其注册商标相近似商标的行为。

（3）未经注册商标所有人的许可，在类似商品上使用与其注册商标相同商标的行为。

（4）未经注册商标所有人的许可，在类似商品上使用与其注册商标相近似商标的行为。

2. 销售侵犯注册商标专用权的商品

这类侵权行为的主体是商品经销商，不管行为人主观上是否有过错，只要实施了销售侵犯注册商标专用权的商品的行为，都构成侵权。只是在行为人主观上是善意时，可以免除其赔偿责任。我国《商标法》第六十四条第二款规定："销售不知道是侵犯注册商标专用权的商品，能证明该商品是自己合法取得的并说明提供者的，不承担赔偿责任。"

3. 伪造、擅自制造他人注册商标标识或者销售伪造、擅自制造注册商标标识（略）

4. 未经商标注册人同意，更换其注册商标并将该更换商标的商品投入市场

该行为在国外称为商标的反向假冒。这种商标侵权行为较少，我国首例反向假冒案例发生在 1993 年，即媒体报道的"鳄鱼"和"枫叶"之间的纠纷。在该案例中，原告生产的西裤拥有"枫叶"牌商标，被告是"鳄鱼"牌西裤的代理商，被告将购买的"枫叶"牌西裤的商标撕掉，更换成"鳄鱼"牌西裤高价出售。

5. 给他人的注册商标专用权造成其他损害的行为（略）

六、对商标侵权行为的处理

因商标侵权行为引起纠纷的，由当事人协商解决；不愿协商或者协商不成的，商标注册人或者利害关系人可以向人民法院起诉，也可以请求工商行政管理部门处理。

工商行政管理部门处理时，认定侵权行为成立的，责令立即停止侵权行为，没收、销毁侵权商品和主要用于制造侵权商品、伪造注册商标标识的工具，违法经营额 5 万元以上的，可以处违法经营额 5 倍以下的罚款，没有违法经营额或者违法经营额不足 5 万元的，可以处 25 万元以下的罚款。对 5 年内实施两次以上商标侵权行为或者有其他严重情节的，应当从重处罚。销售不知道是侵犯注册商标专用权的商品，能证明该商品是自己合法取得并说明提供者的，由工商行政管理部门责令停止销售。

对侵犯商标专用权的赔偿数额的争议，当事人可以请求进行处理的工商行政管理部门调解，也可以依照我国《民事诉讼法》向人民法院起诉。经工商行政管理部门调解，当事人未达成协议或者调解书生效后不履行的，当事人可以依照我国《民事诉讼法》向人民法院起诉。

七、驰名商标的概念、认定和保护措施

1. 驰名商标的概念

驰名商标是指在一定地域范围内具有较高知名度并为相关公众知晓的商标。它具有巨大的商业价值，是不法经营者假冒或者仿冒的重点对象，因而商标法对驰名商标规定了特殊的保护措施。

2. 驰名商标的认定

驰名商标可以由特定的行政机关认定，也可以由人民法院在审理案件时认定。国家工商行政管理总局负责驰名商标的认定与管理工作，驰名商标的认定以当事人的申请为原则，当事人没有申请不得主动认定。人民法院在审理案件时，根据当事人的请求和案件的具体情况，可以对涉及的注册商标是否驰名依法作出认定。

认定驰名商标应当考虑下列因素：相关公众对该商标的知晓程度；该商标使用的持续时间；该商标的任何宣传工作的持续时间、程度和地理范围；该商标作为驰名商标受保护的记

录；该商标驰名的其他因素。

3. 驰名商标的保护措施

复制、摹仿或者翻译他人未在中国注册的驰名商标或者主要部分，在相同或者类似商品上使用，容易导致混淆的，应当承担停止侵害的民事法律责任，申请注册的，不予注册并禁止使用。未注册驰名商标的持有人没有获得商标专用权，因而不享有损害赔偿请求权。

就不相同或者不相类似商品申请注册的商标是复制、摹仿或者翻译他人已经在中国注册的驰名商标，误导公众，致使该驰名商标注册人的利益可能受到损害的，不予注册并禁止使用。

本章小结

本章主要学习了工业产权的概念与特征，专利和专利法的概念，专利权的主体、专利权的客体、授予专利权的条件、不授予专利权的情况、授予专利权的程序、专利权人的权利与义务、专利权的保护范围和期限、专利权的限制、专利侵权行为及赔偿；商标权的概念及分类，商标权的取得途径、原则、申请人，商标的构成条件、注册程序，商标权人的权利和义务，商标权的保护范围和期限，商标的侵权行为及处理，驰名商标的概念、认定和保护措施等主要内容。

复习思考题

一、简答题

1. 简述工业产权的概念和特征。
2. 简述专利权的主体和客体。
3. 简述授予专利的条件。
4. 简述不受专利法保护的对象。
5. 简述专利权人和商标权人的权利和义务。
6. 简述专利和商标侵权行为的种类。
7. 简述驰名商标的概念及认定。

二、案例分析题

1. A公司研发了一种新型油漆，于2020年1月投入生产，并于2021年4月申请注册了“星光”商标作为其油漆产品的注册商标。丙在2020年6月到12月期间擅自委托C公司制作了300个印有“星光”牌注册商标的油漆桶，并将其卖出，共获利5 000元。甲公司以每个15元的价格从市场上购入印有“星光”牌注册商标的油漆桶，回公司后，在桶内装入劣质油漆销售，共获利30万元。A公司发现市场上有人生产、销售假冒“星光”牌注册商标的油漆后，立即请求工商行政管理部门进行调查。经工商行政管理部门调查，市场上除有上述假冒油漆销售外，还有乙公司生产的印有“星光”牌注册商标的油漆，但乙公司与A公司于2020年6月签订了注册商标使用许可合同。请问：

（1）“星光”牌注册商标专用权归谁享有和行使？

（2）丙的行为是什么性质？

（3）C公司、甲公司的行为分别属于什么性质？

（4）乙公司的行为是什么性质？是否合法？

（5）“星光”牌注册商标的有效期限是几年？期满后如果需要继续使用，应该办理何种手续？

2. 甲于2017年5月10日申请一项汽车轮胎的实用新型专利，2020年6月1日获得专利权，2021年5月10日与乙公司签订了一份专利独占实施许可合同。请问：

（1）该合同属于技术转让合同吗？

（2）该合同的有效期为多少年？

（3）甲公司是否可以许可其子公司实施该专利技术？

（4）乙公司是否可以许可第三方实施该专利技术？

（5）乙公司是否可以以自己的名义起诉侵犯该专利技术的人？

3. 中国A皮革制品有限公司以山羊皮和绵羊皮为原料开发出一种新式皮衣，经过一段时间的试销后，市场销售额增长很快，并且顾客一致反映质地柔软、耐穿、防水性良好。该公司为了进一步扩大成果，拟将此皮衣申请注册商标。经过研究决定采用“保暖”牌、“绵羊”牌、“山羊”牌。

请问：该公司的商标能获得注册吗？为什么？

4. 甲鞋厂于2020年8月9日向中国专利局受理处邮寄了名为“保温鞋”的发明专利申请，邮戳日期为2020年8月9日，中国专利局受理处于8月12日收到了该申请文件。乙研究所在北京于2020年8月10日向中国专利局受理处直接递交了一份内容与甲鞋厂同样的名为“保暖鞋”的实用新型专利申请。请问：

（1）该发明创造专利权应授予谁？为什么？

（2）该发明创造专利的申请日是什么时候？

5. 2020年8月15日，法国一家公司完成了一种新式的空调外观设计。同年9月30日，该公司向法国专利局提交了外观设计专利申请。2021年2月13日，该法国公司又向我国专利局递交了同样的申请。而我国一家公司于2020年11月4日完成了相同的空调外观设计，并且于2021年1月5日向我国专利局递交了专利申请。

请问：如果该发明创造符合我国专利法规定的授予条件，专利权应该授予哪个公司？为什么？

第十一章

国际商事争议的解决

学习目标

掌握国际商事争议解决的基础知识，认识到我国涉外仲裁机构作出的国际商事仲裁裁决得到外国承认和执行的重要性；理解国际商事仲裁的特点，尽量选择仲裁解决国际商事纠纷；认识到选择不同的法律对案件审理结果的影响；认识到我国法院作出的判决得到外国法院承认和执行的重要性和难度。

引导案例

原告中山亿顺公司与被告一加拿大美高公司、被告二加拿大美高公司深圳代表处于2017年12月10日签署《制造协议》，约定由亿顺公司为美高公司制造并供应玩具产品，并在《制造协议》第31条中明确约定受我国香港法律管辖。原告于2020年向深圳市中级人民法院起诉称：2018年上半年开始，两被告开始拖欠原告的货款，直到2018年12月31日止，总共拖欠货款2 000万美元。被告向法院提出管辖权异议，认为中国深圳法院对本案没有管辖权。

请问：

（1）本案深圳市中级人民法院是否有管辖权？

（2）本案应否适用我国的香港法解决？

（3）如果本案被告败诉，应该如何执行该判决？

知识支撑

在从事国际经济贸易活动的过程中，由于交易复杂、主体利益差异、各国文化传统、法律制度不同，经常会产生各种各样的争议和纠纷。这些争议和纠纷的出现极大地影响了国际经济贸易活动的顺利开展，因此必须妥善解决。国际上解决商事争议的方式主要有协商、调解、仲裁和诉讼。我国鼓励双方当事人在出现纠纷时积极友好地协商解决，因为这是最经济、效率最高的解决方式。国际商事仲裁是当事人运用较多的纠纷解决方式，因为它体现了当事人的高度自主性，灵活性较强，但同时又具有专业性和强制力。

第一节 国际商事争议的解决方式

国际商事争议是指国际商事主体在国际商事交易过程中产生的有关权利义务关系的各种纠纷。有关国际商事争议的界定，与本书第一章有关“国际商法”中“国际性”与“商事关系”的界定一致。首先它必须含有国际因素或涉外因素，一般认为只要主体涉外或行为涉外即可以认为具有国际因素；其次它必须是因为商事关系产生的争议，“商事”一词应从广义上去理解，它包括一切经济活动，如买卖、代理、租赁、咨询、支付、运输、保险、银行、娱乐、旅游等。

在国际商事交往中，产生争议在所难免。解决争议的方式一般有：协商、调解、仲裁、诉讼。

一、协商

协商又叫磋商，是指争议发生后，双方当事人在互谅互让、和平友好的氛围中，自愿按照有关法律的规定及合同条款的约定进行谈判，最后达成双方都能接受的解决争议的协议。

协商的最大特点是没有第三方的参与，完全靠双方当事人自己解决，这是解决争议成本最低的方法。解决的结果完全建立在双方自愿的基础上。因为双方都充分表达了意愿，所以协商达成的协议一般都能自觉遵守。

另外协商不像仲裁和诉讼那样有严格的程序，双方可以根据实际情况选择合适的时间、地点和方式解决纠纷，具有很大的灵活性。

在我国的对外贸易中，绝大部分的争议都是通过这种方式解决的。我国也鼓励采用这种方式，因为它最经济、效率最高，而且不会破坏双方的合作关系。

二、调解

调解是指争议发生后，经当事人申请，由民间组织、仲裁机构或法院作为第三方从中协调，提出解决问题的提议或方案，促使当事人在自愿基础上达成协议以解决争议的一种方法。

调解和协商的最大区别在于调解有第三方的介入，是在第三方的主持下解决争议。但调解和协商又没有本质上的区别，都是在双方当事人充分自愿的基础上达成协议，协议能否执行，完全依赖于双方当事人的自觉，调解人不能作出对双方当事人具有约束力的决定，双方达成的协议也不能申请强制执行。

实践中，调解主要有三种方式：

一是第三人参与下的调解。此处，第三人指在法院、仲裁机构以外的第三人，如在调解中心主持下的调解。

二是仲裁机构参与下的调解。世界上很多仲裁机构都受理调解，主要做法有两种：一种是把调解程序与仲裁程序分开，分别定有调解和仲裁规则；另一种是把调解归入仲裁程序，在仲裁程序开始前后，由仲裁庭主持调解。如调解成功，就撤销案件，如调解不成功，则进行仲裁。

三是在法院参与下进行调解。指当事人向法院起诉后，由法院召集有关当事人进行调解。诉讼中调解是我国法院处理涉外经济贸易纠纷所经常采用的方法。如果双方当事人在法院的主持下达成调解协议，法院制作调解书，一经送达双方当事人，即具有法律效力。如果未达成调解协议或是在调解书送达前一方反悔，法院则继续进行审判程序。

具体来说，调解有下列优越性：

（1）调解在双方自愿基础上进行，不会损害当事人之间的友好关系。

（2）调解程序灵活，费用低，解决争议比较快速。

（3）调解人的专业技术增加了解决争议的可能性，能令当事人信服。

（4）调解书对当事人具有法律效力，在法律特别规定下，调解书还具有强制执行的法律效力。

但是调解也具有局限性，如果当事人分歧比较严重，有时调解也很难成功，而且在调解书生效前，任何一方都可以反悔，这也使得调解前功尽弃。

三、仲裁

根据双方当事人产生纠纷前或产生纠纷后订立的仲裁条款或仲裁协议，可以将争议提交仲裁机构进行仲裁。仲裁是建立在双方自愿的基础上的，但仲裁结果对双方都有法律约束力。

四、诉讼

诉讼是指有关国家的法院在双方当事人及其他诉讼参与人的参加下，依照法定的程序对案件的受理、审理、裁判和执行的全部活动。法院裁判的结果对双方当事人都具有很强的约束力，当事人必须遵照执行。

第二节 国际商事仲裁

一、国际商事仲裁概述

（一）国际商事仲裁的概念

在汉语中，仲裁一词从字义上说，“仲”表示居中的意思，“裁”表示衡量、评断、作出结论的意思。

仲裁作为一个法律概念，又称“公断”，是指发生争议的双方当事人，根据其在争议发生前或争议发生后达成的协议，自愿将该争议提交仲裁机构处理，由仲裁机构作出裁决的一种纠纷解决方式。

国际商事仲裁，与国内仲裁相似，是指在国际商事活动中，发生争议的双方当事人，根据其在争议发生前或争议发生后达成的协议，自愿将该争议提交仲裁机构处理，由仲裁机构作出裁决的一种纠纷解决方式。

仲裁既具有协商和调解的灵活性和自愿性，其裁决又同诉讼裁判一样具有强制执行力，因此是使用比较普遍的国际商事纠纷解决方式。

（二）国际商事仲裁的特点

国际商事仲裁与国际商事协商、调解和诉讼相比，具有以下几个明显的特点：

1. 高度自主性

国际商事仲裁与诉讼相比，最大的一个优势在于选择国际商事仲裁的双方当事人具有高度的自主性，可以充分地表达自己的意愿。

（1）自主地排除法院的管辖权。国际商事关系中的双方当事人可以依据有关国家法律的规定，在法律允许的范围内，通过订立协议，自主地决定将他们之间已经发生的或将要发生的国际商事争议提交仲裁。合法的仲裁协议可以排除有关国家法院的管辖权。

（2）自主地选择仲裁机构。双方当事人可以根据自己的意愿自主地将有关争议提交给任何国家或地区的仲裁机构或临时仲裁庭仲裁，世界各国的立法对此都没有任何限制。

（3）自主地选择仲裁地点。因为仲裁的管辖权依赖于当事人事先仲裁协议的约定。当事人没有约定仲裁机构，任何仲裁机构都没有管辖权，所以仲裁地点是由双方当事人选定仲裁机构的时候确定的。

（4）自主地选择仲裁员。如果当事人选定了一个仲裁机构，他们就可以在该仲裁机构的仲裁员名册中自主地选择一名仲裁员组成独任仲裁庭进行仲裁，也可以选择多名仲裁员组成合议仲裁庭进行仲裁。

（5）自主地选择仲裁程序。在仲裁机构进行仲裁的过程中，仲裁机构、当事人和其他参与人从事仲裁活动所必须遵循的程序，如仲裁申请的提出、仲裁员的指定、仲裁庭的组成、仲裁审理及仲裁裁决的作出等都可以由当事人在仲裁协议中自主约定。各国仲裁法对此有着基本相似的规定。

（6）自主地选择所适用的法律。当事人可以自由选择仲裁时应适用的实体法，也可以选择仲裁过程中所适用的程序法。

2. 保密性

仲裁是以保密为原则的。这最适合于商事纠纷的解决，很多当事人都不愿意其他人知道其卷入诉讼，也不愿公开其商业秘密。双方以一种高度自主的、秘密的方式解决纠纷，对双方当事人经济贸易合作的损害也较少，有利于以后双方的继续合作。

3. 强制性

虽然当事人可以自主地选择是否仲裁、仲裁机构、仲裁地点、仲裁事项、仲裁员等，但并非意味着仲裁就没有强制性。仲裁的强制性体现在两个方面：

（1）各国立法都规定，如果双方当事人达成仲裁协议约定将某纠纷提交仲裁，任何一方当事人就无权再向有关法院提起诉讼。

（2）世界各国的立法和司法实践都明确承认仲裁方式解决有关国际商事争议的合法性，都规定遵照合法的仲裁程序作出的仲裁裁决对双方当事人具有约束力，一方不自觉履行，另一方可以申请有关法院强制执行。

4. 专业性

国际商事争议往往涉及国际贸易、国际技术转让等国际领域专业性、技术性的问题，只有具有相关专业知识的专业人员才能解决。由于一国国内法院的法官一般都是固定的，这些法官不太可能什么领域都懂，因此在解决国际商事争议时很难胜任。但是仲裁就灵活多了，当事人可以聘请有关专业的专家学者或知名人士担任仲裁员。由于他们学有所长、精通业务，因此他们能够在较短时间内找出问题所在，提出令人满意的解决方案，迅速及时地解决纠纷。

5. 终局性

由于仲裁的高度自主性，又由于它的专业性，因此一旦双方当事人选择将争议提交仲裁，仲裁庭作出的仲裁裁决就具有终局性，对双方当事人都具有约束力，双方当事人都必须执行，不得提出上诉。这是仲裁与诉讼不同的地方，也是仲裁在程序上比诉讼简单的地方。

总之，国际商事仲裁具有高度的自主性，可以迅速及时、专业、秘密地解决问题，既避免了诉讼的烦琐程序，又减少了心理对抗，双方当事人可以在友好的氛围中解决纠纷，继续合作。所以在国际经贸往来中，双方当事人一般更愿意选择仲裁作为解决争议的手段，在国际货物买卖合同中，通常都包含通过仲裁解决争议的仲裁条款。

二、国际商事仲裁机构

国际商事仲裁机构是由国际商事关系中的双方当事人自主选择，用以解决其商事争议的民间机构。根据组织形式的不同，国际商事仲裁机构分为临时仲裁机构和常设仲裁机构。

（一）临时仲裁机构

临时仲裁机构，是指根据双方当事人的仲裁协议，在争议发生之后由双方当事人选择的仲裁员临时组成的，负责审理当事人之间的有关争议，并在审理终结并作出裁决后即行解散的仲裁机构。组织临时仲裁机构对案件进行审理具有极大的灵活性，因为它没有固定的组织、章程、规则和地点。有关临时仲裁机构的组成及其活动规则、仲裁程序、法律适用、仲裁地点、裁决方式，以至于仲裁费用等都可以由有关当事人双方协商确定。19 世纪中期常设仲裁机构出现以前，临时仲裁机构一直是唯一的国际商事仲裁机构。即使在当前情况下，常设仲裁机构已经遍布全球，临时仲裁机构在国际商事仲裁机构中仍占有极为重要的地位，在英国、美国、日本等地仍被广泛采用。

（二）常设仲裁机构

常设仲裁机构，是指依据国际条约和一国国内法所设立的，具有固定的组织、固定的地点和固定的仲裁程序规则的永久性机构，一般都备有仲裁员名册供当事人选择。

常设仲裁机构自 19 世纪出现后迅速在全世界范围得到发展。目前，常设国际商事仲裁机构几乎遍及世界上所有国家，业务范围也涉及各个商事领域。本书仅介绍几个影响力较大的常设仲裁机构。

1. 国际性常设仲裁机构

国际性常设仲裁机构主要有国际商会仲裁院。

2. 国别性常设仲裁机构

国别性常设仲裁机构主要有瑞典斯德哥尔摩商会仲裁院、英国伦敦仲裁院、美国仲裁协会、苏黎世商会仲裁院。

3. 中国的国际商事仲裁机构

（1）中国国际经济贸易仲裁委员会。中国国际经济贸易仲裁委员会于1956年成立，总会设在北京，并先后在深圳、上海和重庆设立华南分会、上海分会和西南分会。中国国际经济贸易仲裁委员会北京总会及其华南分会、上海分会和西南分会是一个统一的整体，是一个仲裁委员会。总会和分会使用相同的《仲裁规则》和《仲裁员名册》，在整体上享有一个仲裁管辖权。中国国际经济贸易仲裁委员会以仲裁的方式，独立、公正地解决经济贸易中的争议，以保护当事人的正当权益，促进国际经济贸易的发展。

（2）中国海事仲裁委员会。中国海事仲裁委员会成立于1959年，总部设在北京。是中国国际贸易促进委员会属下的一个专业性常设仲裁机构。中国海事仲裁委员会以仲裁的方式，独立、公正地解决海事、海商、物流争议以及其他契约性或非契约性争议，以保护当事人的合法权益，促进国际国内经济贸易和物流的发展。

三、国际商事仲裁协议

（一）国际商事仲裁协议的概念

仲裁协议是指双方当事人自愿将他们之间已经发生或者可能发生的争议提交仲裁解决的书面协议，是双方当事人所表达的采用仲裁方式解决纠纷意愿的法律文书。它是仲裁机构行使管辖权的依据，即排除法院管辖的依据。只有当事人之间有仲裁协议，才可以将争议提交仲裁。

（二）国际商事仲裁协议的特征

仲裁协议本质上是一种合同，但是与一般的合同又有一定的区别。仲裁协议具有下列特征：

1. 体现当事人的意志

仲裁协议是国际商事争议各方当事人自愿将其争议提交仲裁处理的法律依据。订立仲裁协议的时间可以是争议发生后，也可以是争议发生前。

2. 它是仲裁机构对案件进行管辖的依据

仲裁机构对争议案件是否能受理、是否有管辖权，主要依赖于当事人之间是否有书面仲裁协议。

3. 排除法院的管辖权

凡当事人之间订立了仲裁协议，就不能将案件提交法院解决。除非一方起诉，另一方应诉，则推定另一方放弃了仲裁的意愿。

案例11.1 广州A公司与荷兰B公司签订一份机械进口合同。合同约定，如双方发生与合同有关的任何争议，均提交瑞典斯德哥尔摩商会仲裁院仲裁。后因B公司未按期履行合同，A公司向所在地法院广州市中级人民法院提起诉讼，要求B公司承担违约责任。B公司提出异议，认为本合同存在有效的仲裁条款，应提交仲裁，法院没有管辖权。请问：B公司说法是否正确？

【解析】此案涉及仲裁协议的排他性问题。根据仲裁协议的排他性特点，争议当事人在订有有效仲裁协议的前提下，应将争议提交仲裁。当事人达成仲裁协议，一方向法院起诉未声明有仲裁协议，人民法院受理后，另一方在首次开庭前提交仲裁协议的，人民法院应当驳回起诉。

4. 独立性

仲裁协议独立存在，合同的变更、解除、终止或者无效，不影响仲裁协议的效力。

案例 11.2 广州 A 公司与荷兰 B 公司签订一份机械进口合同。合同约定，如双方发生与合同有关的任何争议，均提交中国国际经济贸易仲裁委员会在北京仲裁。后因 B 公司未按期履行合同，A 公司在北京提起仲裁。B 公司提出异议，认为本合同因违反了荷兰法律的强制性规定，应认定为无效，仲裁条款随之无效，因此不能仲裁。请问：本案能否提交仲裁解决?

【解析】此案涉及仲裁协议或仲裁条款的独立性问题。根据仲裁协议的独立性，即使合同被确认为无效，也不影响该合同中仲裁条款的法律效力。

（三）国际商事仲裁协议的类型

除日本、瑞士外，世界上绝大多数国家要求仲裁协议为书面形式，《中华人民共和国仲裁法》（以下简称《仲裁法》）也作了同样的规定，国际商事仲裁协议主要有以下几种类型：

1. 仲裁协议书

仲裁协议书是指在国际商事争议发生后，双方经协商单独订立的、愿意将现有争议提交仲裁的书面协议。仲裁协议书与合同是分开的，独立存在的，而且一般较为详尽。

2. 合同中的仲裁条款

合同中的仲裁条款是指国际商事关系的当事人在争议发生前订立的，表示愿意将可能发生的争议提交仲裁解决的协议，这种协议一般包含在主合同内，作为合同的解决争议的条款存在。

这种形式是仲裁协议最基本、最常见的形式。仲裁条款虽然存在于合同中，但它是独立的，合同的变更、解除、终止或无效不影响仲裁条款的效力。

很多常设仲裁机构都有自己的示范仲裁条款，推荐给当事人订立合同时采用。中国国际经济贸易仲裁委员会的示范仲裁条款是这样的："凡因本合同引起的或与本合同有关的任何争议，均应提交中国国际经济贸易仲裁委员会，按照申请仲裁时该会现行有效的仲裁规则进行仲裁。仲裁裁决是终局的，对双方均有约束力。"

3. 其他书面形式的仲裁协议

当事人在进行国际商事活动时，也可以在双方往来的函电（如信件、电报、电传、传真、电子数据交换、电子邮件等）中，约定将他们之间已经发生或将来可能发生的争议提交某仲裁机构仲裁。这类文件也是仲裁协议。

4. 当事人通过援引达成的仲裁协议

当事人通过援引达成的仲裁协议是在仲裁实践中出现，并已被最高人民法院《关于适用〈中华人民共和国仲裁法〉若干问题的解释》（以下简称《仲裁法解释》）确定的一种仲裁协议的类型。

当事人通过援引达成的仲裁协议是指当事人之间并没有直接订立仲裁协议，而是通过引用另一个合同、文件中所订立的仲裁条款作为他们之间将纠纷提交仲裁的依据，或者当事人只在合同或仲裁协议中明确表示仲裁的意愿，其他仲裁协议所应包括的具体内容则按照某个现有的文件中的仲裁条款来认定。《仲裁法解释》第十一条明确规定“合同约定解决争议适用其他合同、文件中的有效仲裁条款的，发生合同争议时，当事人应当按照该仲裁条款提请仲裁。涉外合同应当适用的有关国际条约中有仲裁规定的，发生合同争议时，当事人应当按照国际条约中的仲裁规定提请仲裁”。

（四）国际商事仲裁协议的内容

仲裁协议的内容关系到当事人的切身利益，关系到仲裁协议的有效性。因此当事人应尽可能使仲裁协议的内容明确具体，以保证双方发生的争议能提交仲裁以及仲裁程序能顺利进行。一般来说，一项仲裁协议会包括仲裁事项、仲裁地点、仲裁机构、仲裁规则和仲裁裁决的效力等内容。我国的《仲裁法》规定仲裁协议应至少包含以下内容：

1. 请求仲裁的意思表示

双方当事人均自愿将纠纷提交某特定仲裁机构进行仲裁，接受仲裁机构的审理，接受仲裁机构作出的合法有效的仲裁裁决的约束，并愿自觉履行裁决。

当事人约定争议可以向仲裁机构申请仲裁也可以向人民法院起诉的，仲裁协议无效。但是一方向仲裁机构申请仲裁，另一方未在《仲裁法》第二十条第二款规定期间内提出异议的除外。

2. 仲裁事项

仲裁事项是指提交仲裁的争议范围，即当事人愿意将哪些争议提交仲裁，如双方当事人约定与质量有关的问题提交仲裁。只有当事人约定仲裁的事项，仲裁机构才有管辖权，仲裁机构如对未约定仲裁的事项进行了审理，则属于越权，会导致仲裁裁决不能发生法律效力。

在当事人申请本国法院执行有关仲裁裁决，或申请外国有关法院承认和执行仲裁裁决时，法院都会考察仲裁裁决是否符合仲裁事项规定的范围。只有属于该范围的裁决，法院才可能予以承认执行，超出该范围的，法院将不予执行。

仲裁事项必须是有关国家法律或判例允许仲裁的事项。如果仲裁协议中约定了不可仲裁的事项（如我国规定婚姻、收养、监护、扶养、继承纠纷不能仲裁），该仲裁协议会被认定为无效。

3. 选定的仲裁委员会

当事人应约定具体的仲裁机构，否则仲裁无法进行；如果是常设仲裁机构，则要写明该仲裁机构的准确名称；如果是临时仲裁机构，则要求写明仲裁庭的具体组成。

我国《仲裁法》规定以上三项内容是必需的。实务中，为了使仲裁程序能够更顺利、高效地进行，当事人应在仲裁协议中作更详尽的约定，因此，仲裁协议中一般还会包含仲裁地点、仲裁规则、仲裁裁决的效力等内容。

关于仲裁地点，通常情况下是与仲裁机构所在地一致的。仲裁地点往往包含在仲裁机构名称中，如果当事人没有明示排除，仲裁庭通常也将仲裁机构所在地作为仲裁地。如当事人选择中国香港特别行政区国际仲裁中心进行仲裁，则仲裁地点在香港。

关于仲裁规则，一般包括仲裁申请的提出、答辩的方式、仲裁员的确定、仲裁庭的组成、仲裁的审理、仲裁裁决的作出及裁决的效力等内容。通常各个常设仲裁机构都有自己的一套仲裁规则，当事人也可以自己约定仲裁规则。如果当事人没有声明或约定，则一般适用其约定的某仲裁机构的仲裁规则；世界上还有些常设仲裁机构允许当事人采用其他仲裁机构的仲裁规则。

关于仲裁裁决的效力，世界上多数国家的仲裁法或相关法律，一般都规定仲裁裁决具有终局效力，当事人不得就该案件再向法院起诉，也不得向任何其他机构提出变更仲裁裁决的请求。但也有少数国家，如英、法、奥地利规定，只有当事人在仲裁协议中明确约定裁决是终局的，该裁决才具有终局效力，否则当事人仍可向法院诉讼。为避免不必要的纠纷，当事人尽可能在仲裁协议中明确约定仲裁裁决的效力。

四、国际商事仲裁的程序

各常设仲裁机构一般都根据本机构仲裁规则规定的仲裁程序进行仲裁。也有些常设仲裁机构允许当事人采用其他仲裁机构的仲裁规则。我国国际商事活动中当事人一般选择中国国际经济贸易仲裁委员会或瑞典斯德哥尔摩商会仲裁院进行仲裁，本书仅介绍中国国际经济贸易仲裁委员会仲裁程序的主要内容。

1. 仲裁申请

国际商事争议要通过仲裁的方式解决必须由当事人向约定的仲裁机构提出仲裁申请。

根据《中国国际经济贸易仲裁委员会仲裁规则》第十二条的规定，当事人申请仲裁时应：

（1）提交由申请人或申请人授权的代理人签名及/或盖章的仲裁申请书。

（2）在提交仲裁申请书时，附具申请人请求所依据的证据材料以及其他证明文件。

（3）按照仲裁委员会制定的仲裁费用表的规定预缴仲裁费。

2. 仲裁案件的受理

根据《中国国际经济贸易仲裁委员会仲裁规则》第十三条的规定，仲裁案件的受理是指仲裁委员会根据当事人在争议发生之前或在争议发生之后达成的将争议提交仲裁委员会仲裁的仲裁协议和一方当事人的书面申请，受理案件的行为。

仲裁委员会秘书局收到申请人的仲裁申请书及其附件后，经审查，认为申请仲裁的手续完备的，应将仲裁通知、仲裁委员会仲裁规则和仲裁员名册各一份发送给双方当事人；申请人的仲裁申请书及其附件也应同时发送给被申请人。

仲裁委员会秘书局经审查认为申请仲裁的手续不完备的，可以要求申请人在一定的期限内予以完备。申请人未能在规定期限内完备申请仲裁手续的，视同申请人未提出仲裁申请；申请人的仲裁申请书及其附件，仲裁委员会秘书局不予留存。

仲裁委员会受理案件后，秘书局应指定一名案件秘书协助仲裁案件的程序管理工作。

3. 仲裁庭的组成

仲裁庭是由一个或若干个仲裁员组成的具体审理当事人争议的仲裁组织。仲裁案件受理后应按照仲裁法及仲裁规则组成仲裁庭以便对案件进行审理。

仲裁庭一般有独任仲裁庭和合议制仲裁庭。独任仲裁庭由一名仲裁员组成，合议制仲裁庭一般由三名仲裁员组成。根据《中国国际经济贸易仲裁委员会仲裁规则》的规定，仲裁委员会制定统一适用于仲裁委员会及其分会/中心的仲裁员名册；当事人从仲裁委员会制订的仲裁员名册中选定仲裁员。当事人约定在仲裁委员会仲裁员名册之外选定仲裁员的，当事人选定的或根据当事人之间的协议指定的人士经仲裁委员会主任依法确认后可以担任仲裁员。

《中国国际经济贸易仲裁委员会仲裁规则》规定仲裁庭一般由三名仲裁员组成。三人仲裁庭按以下规则组成：

申请人和被申请人应各自在收到仲裁通知后15天内选定或委托仲裁委员会主任指定一名仲裁员。当事人未在上述期限内选定或委托仲裁委员会主任指定的，由仲裁委员会主任指定。

第三名仲裁员由双方当事人在被申请人收到仲裁通知后15天内共同选定或共同委托仲裁委员会主任指定。第三名仲裁员为仲裁庭的首席仲裁员。

4. 仲裁案件的审理

关于仲裁案件的审理，《中国国际经济贸易仲裁委员会仲裁规则》作了如下规定：

仲裁庭应开庭审理案件，但双方当事人约定并经仲裁庭同意或仲裁庭认为不必开庭审理并征得双方当事人同意的，可以只依据书面文件进行审理。

仲裁庭审理案件不公开进行。双方当事人要求公开审理的，由仲裁庭决定是否公开审理。

不公开审理的案件，双方当事人及其仲裁代理人、仲裁员、证人、翻译、仲裁庭咨询的专家和指定的鉴定人，以及其他有关人员，均不得对外界透露案件实体和程序的有关情况。

当事人应对其申请、答辩和反请求所依据的事实提供证据加以证明，对其主张、辩论及抗辩要点提供依据，即“谁主张，谁举证”。

申请人无正当理由开庭时不到庭的，或在开庭审理时未经仲裁庭许可中途退庭的，可以视为撤回仲裁申请；被申请人无正当理由开庭时不到庭的，或在开庭审理时未经仲裁庭许可中途退庭的，仲裁庭可以进行缺席审理并作出缺席裁决。

5. 仲裁裁决的作出

关于仲裁裁决如何作出及仲裁裁决的效力，《中国国际经济贸易仲裁委员会仲裁规则》作了如下规定：

仲裁庭应在组庭后6个月内作出裁决书。

仲裁庭应当根据事实和合同约定，依照法律规定，参考国际惯例，公平合理、独立公正地作出裁决。

当事人对于案件实体适用法有约定的，从其约定。当事人没有约定或其约定与法律强制性规定相抵触的，由仲裁庭决定案件实体的法律适用。

仲裁庭在其作出的裁决书中，应写明仲裁请求、争议事实、裁决理由、裁决结果、仲裁费用的承担、裁决的日期和地点。当事人协议不写明争议事实和裁决理由的，以及按照双方当事人和解协议的内容作出裁决书的，可以不写明争议事实和裁决理由。仲裁庭有权在裁决书中确定当事人履行裁决的具体期限及逾期履行所应承担的责任。

裁决书应加盖“中国国际经济贸易仲裁委员会”印章。

由三名仲裁员组成的仲裁庭审理的案件，裁决依全体仲裁员或多数仲裁员的意见作出。

少数仲裁员的书面意见应附卷，并可以附在裁决书后，该书面意见不构成裁决书的组成部分。

仲裁庭不能形成多数意见时，裁决依首席仲裁员的意见作出。其他仲裁员的书面意见应附卷，并可以附在裁决书后，该书面意见不构成裁决书的组成部分。

除非裁决依首席仲裁员意见或独任仲裁员意见作出并由其署名，裁决书应由多数仲裁员署名。持有不同意见的仲裁员可以在裁决书上署名，也可以不署名。

作出裁决书的日期，即为裁决发生法律效力的日期。

裁决是终局的，对双方当事人均有约束力。任何一方当事人均不得向法院起诉，也不得向其他任何机构提出变更仲裁裁决的请求。

五、国际商事仲裁裁决的承认和执行

国际商事仲裁裁决的承认与执行，是指法院或其他法定的有权机关承认国际商事仲裁裁决的约束力并予以强制执行的制度。国际商事仲裁极大程度地体现了当事人的自愿，一般情况下仲裁机构作出的仲裁裁决当事人会自觉履行，只有在当事人不自觉履行时，对方当事人才会请求有关国家的法院予以强制执行。由于国际商事仲裁具有涉外性，其裁决经常涉及外国的当事人或外国的财产。要执行外国当事人的财产或执行当事人在外国的财产，其难度比执行国内仲裁裁决要大得多，而一旦作出的裁决无法执行，则对于当事人来说，其权益就无法保障，所以国际商事仲裁裁决的承认和执行问题非常重要。

各国对于承认和执行仲裁裁决的问题，一般都区分国内仲裁裁决和外国仲裁裁决，对两种不同的裁决采取不同的态度和要求不同的条件。包括我国在内的世界上大多数国家对确认本国仲裁机构作出的国际商事仲裁裁决的效力以及执行本国仲裁机构作出的国际商事仲裁裁决时都比较简单，一般是胜诉方向有管辖权的法院提出强制执行的申请，法院在收到申请后只对裁决作形式审查。经审查，法院认为该裁决在形式上和程序上都符合法律要求，即对裁决予以强制执行，承认和执行外国仲裁裁决则要严格得多。

（一）承认和执行外国仲裁裁决的国际公约

各国在承认和执行外国仲裁裁决方面存在较大分歧。为了便于国际商事仲裁裁决在外国得到更好的执行，使胜诉方的权益能够真正落实，国际社会共同作出了很多努力，先后产生了3个公约，目前影响最大的是1958年在联合国主持下订立的《纽约公约》。到目前为止，已经有145个国家和地区参加了该公约。该公约于1987年4月22日对我国生效。

《纽约公约》主要内容如下：

（1）各缔约国之间应互相承认和执行在另一缔约国境内作出的仲裁裁决。在承认和执行另一缔约国的仲裁裁决时，不得较承认或执行内国仲裁裁决附加更苛刻的条件或征收更多的费用。

（2）申请承认和执行裁决的一方当事人，应该提供原裁决的正本或其正式副本，以及仲裁协议正本或其正式副本。必要时还应提供译本。

（3）只有在下列情况下，缔约国才可以根据被申请人的请求，拒绝承认和执行裁决：

①仲裁条款或仲裁协议无效。

②被申请人未接到指定仲裁员或者仲裁程序的通知，或者未给予被申请人对案件进行申辩的机会。

③裁决事项不属于仲裁协议的范围。

④仲裁庭的组成或仲裁程序不符合仲裁协议或仲裁国的法律。

⑤裁决尚未生效（因有些国家规定裁决不是终局的），或已被仲裁地的有关当局撤销。

⑥依据执行地法，裁决的争议不可以仲裁的。

⑦裁决的内容违反了执行地国的公共秩序。

（二）我国关于承认和执行国际商事仲裁裁决的规定

1. 我国涉外仲裁机构的仲裁裁决在我国的执行

我国涉外仲裁机构的仲裁裁决在我国的执行比较简单。依据《民事诉讼法》第二百六十条、《仲裁法》第七十条以及最高人民法院《关于适用中华人民共和国仲裁法若干问题的解释》第二十九条的规定，如被执行人不能自动履行裁决，胜诉方可向由被执行人住所地或者被执行的财产所在地的中级人民法院申请强制执行。被执行人提出证据证明仲裁裁决有下列情形之一的，经人民法院组成合议庭审查核实，裁定不予执行。

（1）当事人在合同中没有订有仲裁条款或者事后没有达成书面仲裁协议的。

（2）被申请人没有得到指定仲裁员或者进行仲裁程序的通知，或者由于其他不属于被申请人负责的原因未能陈述意见的。

（3）仲裁庭的组成或者仲裁的程序与仲裁规则不符的。

（4）裁决的事项不属于仲裁协议的范围或者仲裁机构无权仲裁的。

仲裁裁决被人民法院裁定撤销或裁定不予执行的，当事人可以根据双方达成的书面协议重新申请仲裁，也可以向人民法院起诉。

2. 我国涉外仲裁机构的仲裁裁决在外国的承认和执行

我国涉外仲裁机构的仲裁裁决在外国的承认和执行，可以分为三种情况：

（1）该国为《纽约公约》缔约国。如果该国为《纽约公约》的缔约国，则当事人应根据该公约规定的程序和条件，直接向该国有管辖权的法院提出请求承认和执行的申请，由该国法院对裁决承认和执行。

（2）该国与我国有双边条约或协定。该国虽不是《纽约公约》的缔约国，但与我国有双边条约或协定，则当事人可依条约或协定的规定申请承认和执行。

（3）非《纽约公约》缔约国，也无双边条约或协定。如果该国不是《纽约公约》的缔约国，与我国也没有双边条约和协定，则当事人应直接向该国有管辖权的法院申请承认和执行，由该国依据其本国法律裁定是否承认和执行。

3. 外国仲裁裁决在我国的承认和执行

对于外国仲裁裁决在我国的承认和执行，也可以分三种情况：

（1）《纽约公约》缔约国作出的仲裁裁决。中国在加入该公约时作了互惠保留和商事保留声明。也就是说，中国只承认和执行来自缔约国且所解决的争议依中国法律属于商事关系的仲裁裁决，另外，中国只在互惠的基础上对在另一缔约国领域内作出的仲裁裁决承认和执行适用该公约。因此，在符合上述两个条件的基础上，申请人可依《纽约公约》直接向我国有管辖权的法院申请承认和执行。

（2）作出的仲裁裁决的国家与我国有双边条约或协定。该国虽不是《纽约公约》的缔约国，但与我国有双边条约或协定，则当事人可依条约或协定的规定向我国有管辖权的法院申请承认和执行。

（3）其他国家作出的仲裁裁决在我国的承认和执行。（1）、（2）中所列国家以外的其他国家的仲裁机构作出的仲裁裁决，需要在我国承认和执行的，应当由当事人向我国有管辖权的法院提起。与我国有互惠关系的，按互惠原则办理。没有互惠关系的，由我国法院根据我国法律裁定是否承认和执行。

第三节 国际商事诉讼

一、国际商事诉讼概述

国际商事诉讼是指国际商事法律关系的当事人一方向有管辖权的法院起诉，请求法院依照法定的程序解决双方争议的一种活动。

国际商事诉讼具有以下特点：

1. 国际商事诉讼含有涉外因素

国际商事诉讼是因“国际”商事法律关系产生争议而引起的诉讼，也就是说争议商事关系含有涉外因素，要不主体涉外，要不行为涉外，要不有关的诉讼标的物涉外。

2. 国际商事诉讼适用各国诉讼法的特别规定

由于各国利益难以统一，而且诉讼关系到一个国家的司法主权，因此到目前为止，国际上也没有成立专门受理国际商事争议的国际法院，也没有统一的诉讼法，各国法院在审理国际商事案件时，都只能依据各自国内有关的审理国际商事诉讼的特别规定。

3. 国际商事诉讼涉及的法律复杂

国际商事诉讼往往会涉及不同国家的实体法和程序法，既可能是国内法，也可能是外国法或者国际条约、国际惯例。

4. 国际商事诉讼涉及的内容复杂

国际商事诉讼的完成，一般都含有外国法的查明、国际司法协助、外国法院判决的承认和执行等内容，涉及的内容比国内民商事诉讼要复杂得多。

二、国际商事诉讼的管辖权

（一）确定管辖权的意义

国际商事诉讼的管辖权是指一国法院受理国际商事案件的权力和资格，即争议当事人可以去哪一国的法院起诉，哪一国的法院可以受理该案件。管辖权的确定直接关系到案件审理的结局。因为不同国家的法院审理案件往往会适用不同的法律，因而可能会对案件作出不同的判决，同一个案件，可能在美国法院审理一方胜诉，而在中国法院审理则另一方胜诉。

（二）确定国际商事诉讼管辖权的一般原则

管辖权问题关系到各国的政治经济利益和司法主权，因此国际上尚未形成确定国际商事案件管辖权的原则，各国大都针对不同类型的案件适用不同的标准和原则，大致可以归纳为以下几类：

1. 属地管辖原则

属地管辖原则又称地域管辖原则或领土管辖原则，它是指依一定的地域为联系因素，由该地域的所属国法院行使管辖权。世界上大多数国家都采用属地管辖原则。至于与地域有关的联系因素，一般有：被告的住所、居所、临时所在地；诉讼标的物所在地或被告财产所在地；行为地。

2. 属人管辖原则

属人管辖原则是指根据当事人的国籍来确定国际商事诉讼管辖权的原则。属人原则的目的在于保护本国当事人的利益，符合国家主权原则。很多国家都采用这一原则。

3. 协议管辖原则

协议管辖原则是指双方当事人在争议发生前或争议发生后，用协议的方式确定他们之间的争议应由哪一国法院审理的一种管辖原则。目前，各国一般都允许协议管辖，但对协议选择的法院有一定程度的限制。比如我国法律规定，协议管辖不得违反我国法律关于级别管辖和专属管辖的规定。

4. 专属管辖原则

专属管辖原则是指依据国际条约或某国国内立法的规定，来确定某国法院对特定的国际商事案件的排他性的管辖权。专属管辖权适用于有关一国的主权、社会公共利益、不动产等问题。专属管辖权是一种强制性的管辖，不允许当事人和法院变更管辖。

（三）我国法律关于涉外经济案件管辖权的规定

《中华人民共和国民事诉讼法》（以下简称《民事诉讼法》）对我国涉外经济案件管辖权作了如下规定：

1. 属地管辖

对在我国境内有住所的被告提起诉讼的，一般由被告所在地法院管辖；因合同纠纷或者其他财产权益纠纷，对在中华人民共和国领域内没有住所的被告提起的诉讼，如果合同在中华人民共和国领域内签订或者履行，或者诉讼标的物在中华人民共和国领域内，或者被告在中华人民共和国领域内有可供扣押的财产，或者被告在中华人民共和国领域内设有代表机构，可以由合同签订地、合同履行地、诉讼标的物所在地人民法院管辖。

由上述规定可知我国主要采用属地原则，以被告所在地为主要地域联系因素。其他地域联系因素可以是合同签订地、合同履行地、诉讼标的物所在地、可供扣押财产所在地、侵权行为地或者代表机构住所地。

2. 协议管辖

涉外合同或者涉外财产权益纠纷的当事人，可以用书面协议选择与争议有实际联系的地点的法院管辖。选择中华人民共和国人民法院管辖的，不得违反本法关于级别管辖和专属管辖的规定。

3. 专属管辖

因在中华人民共和国履行中外合资经营企业合同、中外合作经营企业合同、中外合作勘探开发自然资源合同发生纠纷提起的诉讼，由中华人民共和国人民法院管辖。

4. 默认管辖

涉外民事诉讼的被告对人民法院管辖不提出异议，并应诉答辩的，视为承认该人民法院为有管辖权的法院。

案例 11.3 中国甲土特产进出口公司（以下简称“甲公司”）向美国乙贸易公司（以下简称“乙公司”）出口一批茶叶，总价 50 万美元。双方在中国香港签约，合同规定在美国西雅图交货，但未约定争议解决条款。甲公司发货后，乙公司以茶叶质量不符合约定为由拒付货款。同期，乙公司恰有一批货物停泊天津港，甲公司遂向法院申请财产保全，扣押了该批货物，并向天津市中级人民法院提起诉讼。乙公司提出异议，认为本案应提交仲裁解决；如果诉讼解决，亦应由签约地中国香港或交货地美国的法院管辖，天津法院无管辖权。请问：乙公司的异议是否成立？为什么？

【解析】此案涉及仲裁与诉讼方式的选择适用问题。中美双方当事人在没有仲裁协议的前提下，当事人一方依法可采取诉讼方式解决纠纷。此案还涉及国际商事诉讼案件的管辖权问题。根据我国《民事诉讼法》的有关规定，被告在我国境内有可供扣押的财产，因此该财产所在地法院即享有管辖权。

三、外国当事人的诉讼地位

外国当事人的诉讼地位是指根据内国法或国际条约的规定，外国人在某一国家境内参加诉讼时享有什么样的权利，承担什么样的义务。

目前就这一问题各国普遍采用国民待遇原则，即在诉讼过程中，赋予本国的当事人什么样的诉讼权利，也赋予外国的当事人什么样的诉讼权利。但是各国都可能会有一些限制或辅之以对等原则。

我国就这一问题采取国民待遇原则加对等原则。如我国《民事诉讼法》第五条规定：“外国人、无国籍人、外国企业和组织在人民法院起诉、应诉，同中华人民共和国公民、法人和其他组织有同等的诉讼权利义务。外国法院对中华人民共和国公民、法人和其他组织的民事诉讼权利加以限制的，中华人民共和国人民法院对该国公民、企业和组织的民事诉讼权利，实行对等原则。”另外，我国如与其他国家有双边司法协助条约，也要遵守条约义务。

诉讼代理制度是世界各国普遍认可的制度。英美法系一些国家，允许当事人委托诉讼代理人参加诉讼，但诉讼代理人必须是律师，当事人也必须出庭；大陆法系国家允许一切诉讼活动委托律师（必须是律师）代理，当事人可以不出庭。

我国《民事诉讼法》第二百七十条规定："外国人、无国籍人、外国企业和组织在人民法院起诉、应诉，需要委托律师代理诉讼的，必须委托中华人民共和国的律师。"

我国《民事诉讼法》第二百七十一条规定："在中华人民共和国领域内没有住所的外国人、无国籍人、外国企业和组织委托中华人民共和国律师或者其他人代理诉讼，从中华人民共和国领域外寄交或者托交的授权委托书，应当经所在国公证机关证明，并经中华人民共和国驻该国使领馆认证，或者履行中华人民共和国与该所在国订立的有关条约中规定的证明手续后，才具有效力。"

四、国际司法协助

国际司法协助是指一国法院接受另一国法院的请求，代为履行某些诉讼行为，如送达诉讼文书、传讯证人、提取证据以及承认和执行外国法院的判决、裁定以及外国仲裁机构的仲裁裁决等。承认和执行外国法院的判决、裁定以及外国仲裁机构的仲裁裁决是特殊司法协助，其他的司法协助行为为一般司法协助。

（一）一般司法协助

根据我国《民事诉讼法》的规定，外国向我国及我国向外国请求送达司法文书、调查取证等诉讼行为，遵守以下规定：

（1）根据中华人民共和国缔结或者参加的国际条约，或者按照互惠原则，人民法院和外国法院可以相互请求，代为送达文书、调查取证以及进行其他诉讼行为。

（2）外国法院请求协助的事项有损于中华人民共和国的主权、安全或者社会公共利益的，人民法院不予执行。

（3）请求和提供司法协助，应当依照中华人民共和国缔结或者参加的国际条约所规定的途径进行；没有条约关系的，通过外交途径进行。

（4）外国驻中华人民共和国的使领馆可以向该国公民送达文书和调查取证，但不得违反中华人民共和国的法律，并不得采取强制措施。

（5）除前款规定的情况外，未经中华人民共和国主管机关准许，任何外国机关或者个人不得在中华人民共和国领域内送达文书、调查取证。

（二）承认和执行外国法院的判决

特殊司法协助包括承认和执行外国法院的判决、裁定以及外国仲裁机构的仲裁裁决，有关承认和执行仲裁裁决的问题在第二节已经介绍，本节主要介绍承认和执行外国法院的判决、裁定。

1. 承认和执行外国法院判决的条件

司法权是一国主权的重要体现。一般来说，一国法院作出的判决只在判决国才有效，如果要在判决国以外生效，必须得到另一国的承认。由于各国在经济领域的利益冲突以及对外国法院司法行为的不信任等原因，任何国家的内国立法或参与缔结的有关国际条约都明确规定了承认和执行外国法院判决时应遵守的条件。这些条件主要有：作出判决的外国法院享有合法的管辖权；外国法院的判决是确定的判决；外国法院进行的诉讼程序是公正的；外国法院的判决是合法取得的；外国法院的判决不与内国已经承认的相同诉讼的判决相冲突；作出判决的法院适用了被请求国冲突规范所指向的准据法；两国存在互惠关系；外国法院的判决不违反内国公共秩序。

2. 我国对承认和执行外国法院的判决的规定

我国对承认和执行外国法院的判决问题作了以下规定：

（1）人民法院作出的发生法律效力的判决，如果被执行人或者其财产不在我国领域内，当事人请求执行的，可以由当事人直接向有管辖权的外国法院申请承认和执行，也可以由人民法院依照我国缔结或者参加的国际条约的规定，或者按照互惠原则，请求外国法院承认和执行。

（2）外国法院判决需要我国人民法院承认和执行的，可以由当事人直接向我国有管辖权的中级人民法院申请承认和执行，也可以由外国法院依照该国与我国缔结或者参加的国际条约的规定，或者按照互惠原则，请求人民法院承认和执行。对于这些申请，认为不违反我国法律的基本原则或者国家主权、安全、社会公共利益的，裁定承认其效力，需要执行的，发出执行令；如果违反上述规定，则不予承认和执行。

本章小结

本章主要学习了国际争议解决的四种方式：协商、调节、仲裁和诉讼。国际商事仲裁的概念、特点，国际商事仲裁的机构，仲裁协议的概念、类型和内容，仲裁的程序，仲裁裁决的承认和执行；国际商事诉讼的概念、特点、管辖权，外国当事人的诉讼地位，国际司法协助等内容。

复习思考题

一、简答题

1. 国际商事争议的解决方式有哪些？
2. 什么是国际商事仲裁？它有什么特点？
3. 简述仲裁协议的概念和特征。
4. 简述仲裁协议的内容。
5. 简述国际商事仲裁的程序。
6. 简述关于我国承认和执行国际商事仲裁裁决的规定。
7. 简述承认和执行外国法院判决的条件和规定。

二、案例分析题

1. 甲与乙因遗产继承发生纠纷，双方书面约定由某仲裁委员会进行仲裁。后甲反悔，向遗产所在地法院进行起诉。法院受理后，乙向法院声明双方签订了仲裁协议。请问：法院能够受理本案？为什么？

2. 甲公司与乙公司签订了一份钢材购销合同，约定因该合同发生纠纷双方可以向A仲裁委员会申请仲裁，也可以向合同履行地B法院起诉。请问：

（1）双方达成的仲裁协议是否有效？

（2）双方达成的管辖协议是否有效？

（3）如果甲公司向A仲裁委员会申请仲裁，乙公司在仲裁首次开庭前未提出异议，A仲裁委员会能否对案件进行仲裁？

3. 某仲裁委员会对甲公司与乙公司之间的买卖合同一案作出裁决后，发现该裁决存在超裁情形，甲公司与乙公司均对裁决持有异议。请问：

（1）该仲裁委员会能否直接变更已经生效的裁决，重新作出新的裁决？

（2）甲公司或者乙公司能否请求该仲裁委员会重新作出裁决？

（3）该仲裁委员会能否申请法院撤销仲裁裁决？

（4）甲公司或者乙公司能否请求法院撤销此仲裁裁决？

4. 中国公民甲和外国公民乙因合同纠纷起诉到某市中级人民法院，法院判决乙败诉。判决生效后，甲欲请求乙所在国家的法院承认和执行该判决。请问：甲可利用的解决途径有哪些？

参考文献

[1] 国家司法考试辅导用书编写委员会 . 国家司法考试辅导用书：第一卷［M］. 北京：法律出版社，2019.

[2] 国家司法考试辅导用书编写委员会 . 国家司法考试辅导用书：第三卷［M］. 北京：法律出版社，2019.

[3] 张能宝 . 司法考试历年试题及考点归类精解［M］. 北京：法律出版社，2016.

[4] 陈弓，段晓军，成永军 . 新编经济法［M］. 北京：北京航空航天大学出版社，2013.

[5] 中国国际货运代理协会 . 国际货运代理理论与实务［M］. 北京：中国商务出版社，2013.

[6] 戴丽萍 . 新编国际商法原理、案例［M］. 广州：暨南大学出版社，2014.

[7] 何善华，陈广仁 . 国际货运代理实务［M］. 广州：暨南大学出版社，2013.

[8] 王小午，何善华 . 国际商法［M］. 武汉：武汉大学出版社，2012.

[9] 王明严，陈广 . 国际货物运输实务［M］. 北京：中国经济出版社，2012.

[10] 宁烨，杜晓君 . 国际商法［M］. 北京：机械工业出版社，2011.

[11] 杨露 . 国际商法实务［M］. 北京：科学出版社，2011.

[12] 郭双焦 . 国际商法实验教程［M］. 北京：北京大学出版社，2010.

[13] 孙敬宜 . 国际货运代理实务［M］. 北京：电子工业出版社，2009.

[14] 郑春贤 . 国际商法原理与案例教程［M］. 北京：机械工业出版社，2009.

[15] 谢海霞，金晓晨，宋成斌 . 国际商法［M］. 北京：对外经济贸易大学出版社，2009.

[16] 梁敏 . 国际商法［M］. 大连：大连理工大学出版社，2008.

[17] 朱敏霞 . 新编国际商法：案例与实务［M］. 南京：南京大学出版社，2008.

[18] 屈广清 . 国际商法［M］. 大连：东北财经大学出版社，2008.

[19] 姜作利 . 国际商法：英文版［M］. 北京：法律出版社，2007.

[20] 任宏涛 . 国际商法［M］. 哈尔滨：哈尔滨工业大学出版社，2007.

[21] 邹建华 . 国际商法［M］. 北京：中国金融出版社，2006.

[22] 沈四宝，刘刚仿 . 国际商法［M］. 北京：中国人民大学出版社，2005.

[23] 陶凯元 . 国际商法［M］. 广州：暨南大学出版社，2005.